GİRİŞİMCİNİN ELKİTABI

GLOBAL KOBİ YAYINLARI-4

THE ART OF THE START
Copyright © Guy Kawasaki, 2004
All rights reserved including the right of reproduction in whole or in part in
any form. This edition published by arrangement with Portfolio, a member of
Penguin Group (USA) Inc.

GİRİŞİMCİNİN ELKİTABI
Copyright © Kapital Medya Hizmetleri A.Ş. –İstanbul, 2007.
Bu kitabın tüm hakları Kapital Medya Hizmetleri A.Ş.'ye
aittir. Kaynak gösterilmeksizin kısmen veya tamamen alıntı yapılamaz,
hiçbir yöntemle kopya edilemez, çoğaltılamaz ve yayımlanamaz.

TELİF AJANSI: Aslı Karasuil Telif Hakları

YAYINCI: Kapital Medya Hizmetleri A.Ş.
YAYIN YÖNETMENİ: Pelin Özkan
EDİTÖR: Banu Adıyaman
GÖRSEL YÖNETMEN: Sena Altun Çakıroğlu
BASIM: Ekim 2009

YÖNETİM YERİ: Nispetiye Caddesi,
Akmerkez E Blok Kat: 6 Etiler/İSTANBUL
Tel: (212) 282 26 40
Faks: (212) 282 26 32
e-posta: kitap@kapital.com.tr

MediaCat
KİTAPLARI

ISBN: 978-9944-383-83-7

BASIM ve CİLT: Uniprint Basım San. ve Tic. A.Ş. • Hadımköy İstanbul Asfaltı Ömerli Köyü
Çatalca/İstanbul   Tel: (212) 798 28 40

Kendi İşini Kurmak İsteyen
GİRİŞİMCİNİN ELKİTABI

GUY KAWASAKI

Çeviri
Dinç Tayanç

Önsöz

Türkiye'de sayıları yüz binleri bulan KOBİ'lerimiz, ülkemiz ekonomisinin gelişimi için çok büyük önem arz ediyor, bu nedenle de her türlü desteği hak ediyorlar.

Bu bilinçle istihdam, üretim ve ihracat açısından ülke ekonomisinin vazgeçilmezi haline gelen KOBİ'lerin yanında olmak ve sorunlarına çözüm getirmek için Capital ve Ekonomist işbirliğinde hayata geçirilen Global KOBİ Platformu'nun ana sponsoru olduk.

Global KOBİ Platformu ile Türk ekonomisinin bel kemiği haline gelen KOBİ'lerimize ulaşma ve onlar için geliştirilen çözüm önerilerini sunabilme heyecanıyla bu yıl Türkiye'nin ve dünyanın önde gelen yönetim danışmanlarının desteğini de alarak KOBİ'lerimizle buluşmaya başladık.

Konya ile başlayan, Denizli ve Gaziantep ile devam eden Global KOBİ toplantıları heyecanı sürecek.

Sürdürülebilir ekonomimizin temeli olan siz değerli KOBİ'lerimizle bir araya gelmek üzere başta projenin mimarı Rauf Ateş olmak üzere bu projeyi hayata geçiren tüm Capital ve Ekonomist ailesine teşekkürlerimizi sunuyoruz.

Proje kapsamında Apple'ın kurucularından Guy Kawasaki'nin "Kendi İşini Kurmak İsteyen Girişimcinin El Kitabı" isimli eserini sizlerle paylaşıyoruz.

Platformun ve kitapların sorularınıza yanıtlar sunabilmesi temennisiyle keyifli okumalar diliyorum.

Tahsin Yılmaz
Genel Müdür
TTNET A.Ş.

Uzun yıllar önce, Rudyard Kipling Montreal'deki McGill Üniversitesi'nde bir konuşma yapmıştı. Konuşmasında, belleklerden çıkmayacak kadar çarpıcı bir noktaya değinmişti. Öğrencileri paraya, konuma ya da başarıya aşırı ilgi göstermemeleri konusunda uyararak şöyle demişti: "Günün birinde, bunların hiçbirine aldırış bile etmeyen bir insanla tanışacaksınız. İşte o zaman ne kadar yoksul olduğunuzu anlarsınız."

—Halford E. Luccock

Çocuklarıma: *Nic, Noah ve Nohemi'ye*
Bir çocuk, girişimciliğin temelidir ve benim tam üç çocuğum var. Beni zengin kılan da bu.

Teşekkür

Öğüt verirken dostunuzu memnun etmeye değil, ona yardım etmeye çalışın.

—Solon

Bu kitabı yazmama yardımcı olan herkese teşekkür borçluyum. Ama öncelikle Viking'den Rick Kot'a, çünkü bu kitap onun fikriydi. Dahası, çılgınca fikirlerime katlandı —hatta başlığına, alt başlığına ve kapak için yarışma açmama bile. Her yazarın, Rick gibi bir editörle çalışacak kadar şanslı olmasını dilerim. (Tersinin doğru olması şart değil.)

İkinci olarak gene Viking'den Patty Boza ile Alessandra Lusardi ve Portfolio takımına, Joe Perez, Will Weisser ve Adrian Zackheim ile "Majesteleri" Lisa Berkowitz'e teşekkürlerimi sunuyorum. Her başarılı yazarın arkasında mutlaka müthiş bir takım vardır.

Üçüncü olarak, beni hoşnut etmek için değil, gerçekten yardım etmek isteyen bir grup okuruma teşekkür borçluyum. Taslaklarımı okumak için saatlerini harcadılar. Sonsuz teşekkürlerimle: Marylene Delbourg-Delphis, George Grigoryev, Ronit HaNegby, Heidi Mason, Bill Meade, John Michel, Anne P. Mitchell, Lisa Nirell, Bill Reichert, Gary Shaffer, Rick Sklarin ve Andrew Tan.

Dördüncü teşekkürüm önerileri, düzeltme ve eklemeleriyle katkıda bulunanlara. Mohammed Abdel-Rahman, Anupam Anand, Imran Anwar, Dave Beackelandt, A.J. Balasubramanian, Steve Bengston, David Berg, Scott Butler, Tom Byers, Antonio Carrero, Lilian Chau, Pam Chun, Tom Corr, Stephen Cox, Deborah Vollmer Dahlke, Martin Edic, Bob Elmore, Eric Erickson, Elaine Ferré, Pam Fischer, Lenn Hann, Steve Holden, Hilary Horlock, Katherine Hsu, Doug Ito, Bill Joos, John Michel, Cindy Nemeth-Johannes, Sam Kahn, Tom Kosnik, Pavin Lall, Les Laky, Molly Lavik, "Her Şeye Açığım" Eric Lier, Anthony Lloyd, Robert MacGregor, Tom Meade, Chris Melching, Fujio Mimomi, Geoffrey O'Neill, Bola Odulate, Colin Ong, Steve Owlett, Lakiba Pittman, Gina Poss, Julie Pound, Warrick Poyser, Propon Takımı, Richard Putz, Anita Rao, Jim Roberts, Marty Rogers, John Roney, Aaron Rosenzweig, Michael Rozenek, Brian Rudolph, David Schlitter, John Scull, Izhar Shay, Marc Sirkin, Marty Stogsdill, Judy Swartley, Russ Taylor,

Larry Thompson, Amy Vernetti, Ryan Walcott, Shelly Watson, Tim Wilson, Ryan Wong ve Jan Jones'a.

Beşinci teşekkürüm bu kitabın pazarlamasında bana yardımcı olanlara: Alyssa Fisher, Sandy Kory, Tess Mayall, Ruey Feng Peh, Shifeng Li, Shyam Sankar, Betty Taylor ve Kai Yang Wang için.

Altıncısı ise sevgili eşim Beth'e. Yaşantımızın çok yoğun olduğu bir dönemde bu kitabı yazmaya oturduğumda bana katlandığın ve yaşamımın en güzel yirmi yılını paylaştığın için teşekkürler sevgilim.

Sekizinci sırada Patrick Lor ile bu grafik yoksulu yazara yardımlarından ötürü iStockPhoto.com'daki çocuklara teşekkürlerim geliyor.

Son olarak Ice Oasis Skating & Hockey Club'tan John Baldwin, Ruben Ayala ve Ken Yackel'e teşekkür borçluyum. Onlar olmasaydı, bu kitabı altı ay önce bitirebilirdim. Ama o zaman da Silikon Vadisi'nde buz hokeyi oynamaya yeni başlayan o beş yaşındaki muhteşem Havailiyi de tanımamış olurdum. Oysa bu, doldurmayı kesinlikle istediğim bir boşluktu.

İçindekiler

Önce Beni Okuyun   11

Meydana Getirme
1. Bölüm: Başlama Sanatı   15

İfade Etme
2. Bölüm: Konumlandırma Sanatı   37
3. Sunum Sanatı   49
4. İş Planı Yazma Sanatı   69

Hayata Geçirme
5. Bölüm: Özkaynaklarla Yaşama Sanatı   79
6. Bölüm: Eleman Alma Sanatı   97
7. Bölüm: Sermaye Oluşturma Sanatı   113

Büyüme
8. Bölüm: Ortaklık Sanatı   141
9. Bölüm: Marka Yaratma Sanatı   155
10. Yağmurculuk Sanatı   177

Yükümlülükler
11. Bölüm: Adam Olma Sanatı   193

Sonsöz   199

Önce Beni Okuyun

Bilim alanında yeni bir buluşla karşılaşıldığında duyabileceğiniz en heyecan verici sözcük "Evreka!" (Buldum!) değil, "Ne kadar komik..."tir.

—Isaac Asimov

Şirketlerin geçirdikleri aşamalar arasındaki gel-git, yin ile yang, şişme ve patlama aşamalarını tanımlamanın pek çok yolu vardır. İşte size bir başkası: mikroskoplar ve teleskoplar.

Mikroskop aşamasında dengeli düşünme, temellere ve "ana hatlara" dönüş çığlıkları duyulur. Uzmanlar her ayrıntıyı, her başlığı ve harcamayı didik didik inceler ve sonra da şaşmaz tahminler, ölçülüp biçilmiş uzun ömürlü pazar araştırmaları ve her şeyi kapsayacak bir rekabet analizi isterler.

Teleskop aşamasında ise, girişimciler geleceği daha yakına çekerler. "Bir sonraki büyük adımın" düşünü kurarlar, dünyayı değiştirmeyi ve ayak uydurmakta gecikenlerin de toz yutmalarını isterler. Kucak dolusu para boşa harcanır, ama bazı çılgın fikirler hedefi vurur ve dünya da ileriye doğru atılıverir.

Teleskoplar çalıştığında, herkes birer yıldızbilimcidir ve dünya da yıldızlarla doludur. Çalışmadıklarında ise, herkes mikroskobuna sarılır ve dünya ise çatlaklarla doludur. Gerçek ise, başarıya erişmek için hem mikroskoplara hem de teleskoplara gereksinim olduğudur.

Sorun, bu işin yüzlerce kitap, dergi ve konferansların arasına sıkışmış enformasyonları toplamak gerektirmesindedir. Bu aynı zamanda düzinelerce uzman ve profesyonelle konuşmak demektir —tabii eğer konuşma olanağı yakalayabilirseniz. Tüm zamanınızı öğrenmekten başka bir şey yapmadan geçirebilirsiniz. Ama girişimciliğin özü yapmayı öğrenmek değil, yapmaktır.

Girişimcinin Elkitabı, bu acıyı hafifletmek için yazıldı. Amacım, kuramlar ve gereksiz ayrıntılar arasında boğulmadan büyük bir şey yaratmanız için bilginizi, sevginizi ve kararlılığınızı kullanmanıza yardımcı olabilmek. Varsayımım, amacınızın dünyayı —incelemek değil— değiştirmek olduğudur. Eğer şu anda "Palavrayı kes de bunun için bana ne gerektiğini anlat" diyorsanız, o zaman doğru yerdesiniz demektir.

Belki merak ediyorsunuzdur, "siz" tam olarak kimsiniz? Aslında, "girişimci" bir iş unvanı değildir. Girişimci, geleceği farklılaştırmak isteyen insanların içinde bulundukları *ruh durumudur*. (Bu yalnızca Silikon Vadisi'ndeki yatırım sermayesi arayışlarıyla sınırlı da değildir.) Bu nedenle kitabımız, herhangi bir işe yeni atılma aşamasındakiler gibi geniş bir yelpazedeki insanlar içindir, yani:

- geleceğin büyük şirketini garajlarda yaratan delikanlılarla genç kızlar,
- düzenini kurmuş şirketlerde çalışıp da yepyeni ürün ve hizmetleri piyasaya süren yürekli ruhlar,
- okullar, kiliseler ve kâr amacı gütmeyen kuruluşlar kuran azizler içindir.

Büyük şirketler. Büyük bölümler. Büyük okullar. Büyük kiliseler. Kâr amacı gütmeyen büyük kuruluşlar. Başlangıç adımını attıkları temellere bakıldığında bunların hepsi de farklı olmaktan çok, benzerdir. Başarılarının anahtarı da bir yandan geleceği daha yakına getirirken, bir yandan da gözlerini mikroskoplarından kaldırmamalarıdır. Haydi, artık başlayalım.

Guy Kawasaki
Palo Alto, California
Kawasaki@garage.com

MEYDANA GETİRME

1. BÖLÜM

Başlama Sanatı

Herkes, kalbinin kendisini nereye çektiğini titizlikle gözlemlemeli ve ondan sonra da var gücüyle o yöne atılmalıdır.

—Hasidi deyişi

BİBİBF (BİR İŞE BAŞLAMAK İÇİN BÜYÜK FİKİRLER)

Bütün konuşmalarımda, "ilk 10" formatında bir liste kullanırım, bu kitaba da bir girişimcinin kalkıştığı işin üstesinden gelebilmesi için en önemli on maddeyi kapsayan bir listeyle başlamak istiyorum. Aslına bakarsanız, bu maddelerden on tane yok —olup olacağı beş tane var:

1. **ANLAM YARATIN.** (John Doerr'den esinlenerek). Bir işletme kurmanın en iyi nedeni, ona anlam yüklemektir —dünyayı daha güzel kılacak bir ürün ya da hizmet yaratmak. Bu yüzden de yapmanız gereken ilk iş, nasıl anlam yaratacağınıza karar vermektir.
2. **BİR MANTRANIZ OLSUN.** Misyon bildirgelerini unutun; uzun, sıkıcı ve alakasız şeylerdir. Kimse onları anımsayamaz —uygulayanların sayısı ise daha da azdır. Siz anlamınızı ve mantranızı bildirgenin dışında tutun. Bu, bütün ekibinizi doğru yola sürükleyecektir.
3. **İŞE GİRİŞİN.** Yaratmaya ve ürün ya da hizmetinizi sunmaya başlayın. Lehim havyalarını, çekiçleri, testereleri ve AutoCAD'i[1] —ürün ya da hizmetlerinizi gerçekleştirmek için kullanabileceğiniz ne varsa onu— düşünün. Derdinizi anlatmaya, sunumlara, yazışmalara ve planlanmaya odaklanmayın.

---

1 Ç.N. Tasarım ve plan yaratmak için kullanılan bir bilgisayar programı ve buna ilişkin yazılım.

4. **İŞ MODELİNİZİ SAPTAYIN.** Kurduğunuz işletme ne olursa olsun, para kazanacak bir yol bulmalısınız. Kalıcı bir iş modeli yoksa en büyük fikrin, teknolojinin, ürünün ya da hizmetin bile ömrü kısa olacaktır.
5. **KVG'NİZ (KİLOMETRE TAŞLARI, VARSAYIMLAR VE GÖREVLER) OLSUN.** Atacağınız son adım, üç tane liste çıkarmak olmalı: (a) varmanız gereken önemli kilometre taşları, (b) iş modelinizin bütünleşik parçası konumuna gelmiş varsayımlar, (c) bir işletme yaratmak için yerine getirmeniz gereken görevler. Bu hem disiplin getirir, hem de fırtınalı günler gelip çattığında işletmenizin yoldan çıkmamasını sağlar.

ANLAM YARATMAK

Asla itibar ve onur için yazmayı düşünmedim. Yüreğimdekilerin dışa vurulması gerekiyordu; bestelerimi yapmamın nedeni de budur.

—Ludvig van Beethoven

Girişimcilik hakkındaki kitapların çoğu, coşkun bir kendi kendini sınama süreciyle başlar ve bir işletme kurmaya hazır olup olmadığınızı sorar. İşte sizlere bazı tipik örnekler:

- Düşük ücretle uzun saatler boyunca çalışabilir misiniz?
- Ret üstüne reddedilmeyi kaldırabilir misiniz?
- Düzinelerce çalışanın sorumluluğunu taşıyabilir misiniz?

Gerçek ise ne bu tür sorulara baştan yanıt verebilmenin mümkün olduğu ve ne de bunların herhangi bir amaca hizmet ettikleridir. Öte yandan, konuşmak ve mangalda kül bırakmamak ucuz işlerdir. Ne de olsa bir şeyler yapma arzusunda olmanız, bunu yapacağınız anlamına gelmez.

Buna karşılık, kuşku ve çekincelerinizin olması da büyük bir işletme yaratamayacağınız anlamına gelmez. Yukarıdaki sorulara vereceğiniz yanıtlar, büyük bir fikir yakaladığınızda gerçekten neler yapacağınız konusunda pek az şey söyleyebilir.

İşin gerçeği, insan kendini kanıtlamış bir girişimci oluncaya kadar —hatta sonrasında bile— hiç kimsenin onun girişimci olup olmadığını *bilemeyeceğidir*. Herhangi bir yeni girişime atılmadan önce, kendi kendinize sormanız gereken bir tek soru vardır:

Bir *anlam yaratmak* istiyor muyum?

Anlam yaratmak demek para, güç ya da itibar sahibi olmak demek değildir. Hatta keyifle çalışılacak bir yer yaratmak da değildir. "Anlamın" bütün anlamları arasında anlam yaratmayı karşılayacakları şöyle sıralayabilirim:

- Dünyayı daha yaşanası bir yer yapmak.
- Yaşam kalitesini yükseltmek.
- Ölümcül bir hatayı düzeltmek.
- İyi bir şeyin yok olmasını önlemek.

Bu tür hedefler, önünüzdeki zorlu yolda yürümeye başladığınızda inanamayacağınız kadar yarar sağlarlar. Eğer bu soruya olumsuz yanıt verirseniz, gene de başarılı olabilirsiniz, ama anlam yaratmak olup olabilecek en güçlü motivasyon olduğundan, başarıya erişmeniz daha zor olur.

Bunu anlayabilmek, benim tam yirmi yılımı almıştır.

1983 yılında, Apple Bilgisayar'ın Macintosh Bölümü'nde işe başladığımda, var oluş nedenimiz IBM'i yenmekten başka bir şey değildi. Bütün istediğimiz, IBM'i gerisin geriye, o Selectric daktilo toplarını yaptığı günlere geri göndermekti.

1987'ye geldiğimizde, var oluş nedenimiz artık Windows ile Microsoft'u yenmek olmuştu. Tek istediğimiz de Microsoft'u yok edip Bill Gates'i Pike Place Pazarı'nda balık satmak zorunda bırakmaktı.

Bugün, 2004 yılında bendeniz Garage Technology Ventures adlı bir risk sermayesi şirketinin genel müdürüyüm. Bütün istediğim de insanların büyük ürünler yaratmalarına, büyük şirketler kurmalarına ve dünyayı değiştirmelerine katkıda bulunmak.

Büyük işletmelerin nedensellik ilişkisi, anlam yaratma arzularıdır. Bu arzuya kapılmanız başaracağınızın güvencesi değildir, ama başaramasanız bile en azından uğraşmaya değecek bir işi başaramadığınız anlamını taşır.

ALIŞTIRMA

Şu cümleyi tamamlayın: Eğer işletmeniz var olmasaydı, dünya daha kötü bir yer olurdu çünkü...

MANTRANIZ OLSUN

Gözlerinizi kapatın ve müşterilerinize nasıl hizmet edeceğinizi düşünün. İşletmeniz ne tür bir anlam yaratıyor? Çoğu insan, bunu bir işletmenin "Nedeni" ya da misyon bildirgesi olarak görür.

Bir misyon bildirgesi hazırlamak, genellikle girişimcilerin yapması gereken ilk işlerden biridir. Ne yazık ki bu süreç çoğunlukla inanılmaz bir sıradanlıkla sonuçlanan, acı ve gerilim veren bir süreçtir. Bu, birçok kişi, kendilerinden daha çok sayıdaki kişiyi (işverenler, hissedarlar, müşteriler ve ortaklar) mutlu edecek bir şey tasarlamaya girişiğinde, kaçınılmaz bir olgudur.

Çoğu misyon bildirgesinin yetersizliğinin temelinde, herkesin bunların şatafatlı ve herkesi kapsayacak şeyler olmasını beklemesi yatar. Bunun sonucu ise uzun, sıkıcı, sıradan ve anlamsız bir şaka gibidir.[2] Jeffrey Abrams, *The Mission Statement Book* adlı kitabında, şirketlerin tümünün de aynı sıradan şeyleri yazdığını kanıtlayacak tam 301 örnek verir. Gelin Abrams'ın örneklerinde aynı kelimelerin kaç kere yinelendiğine bir bakalım:

- En İyi—94
- Toplum/Topluluk—97
- Müşteriler—211
- Mükemmeliyet—77
- Lider—1016
- Kalite—169[3]

Talih (ya da benim durumumda *Forbes)* cesurlardan yanadır, ben de sizlere yaşamınızı kolaylaştıracak bir öğüt vereyim: Misyon bildirgenizi yazmayı erteleyin. Bunu ileride, başarılı olduğunuzda ve boşa harcanacak çok zaman ve paranız olduğunda da yapabilirsiniz. (Başarısız olursanız, misyon bildirgesi geliştirip geliştirmemiş olmanızın da bir önemi kalmaz zaten.)

Bir misyon bildirgesi ve de onun yükleyeceği bir sürü ağırlığa katlanmaktansa, kurumunuz için bir mantra yaratın. *Mantra*nın tanımını şöyle yapabiliriz:

Tıpkı Tanrı'ya yakarış, bir büyü, sihirli bir nota ya da mistik potansiyeller taşıyan bir dinsel metin gibi dualarınızda, meditasyonlarınızda ya da vecde kapıldığınızda yineleyip duracağınız kutsal bir sözel formül.[4]

Bakın ne müthiş bir şey bu mantra dedikleri! Böylesi bir güç ve duyguyu yaratabilmek kaç misyon bildirgesine nasip olabilir ki?

Mantranın güzelliği, herkesin olabildiğince kısa ve tatlı olmasını beklemesindedir. (Dünyanın en kısa mantrası tek bir Hindu sözcüğüdür: *Om.*) Mantranızı asla yazmak, yıllık raporunuzda yayımlamak ya da posterlerinize geçirmek zorunda kalmayabilirsiniz. Aslında, eğer mantranızı bu yollarla "zorlamak" zorunda kalmışsanız, zaten o doğru mantra değildir.

Aşağıda, iyi bir mantranın gücünü gösteren beş örnek var:

---

[2] Eğer bir misyon bildirgesi yaratmakta ısrarlıysanız www.artofthestart.com'a girin ve misyon bildirgeleri (mission statement) linkini tıklayın (http://www.unitedmedia.com/comics/dilbert/career/bin/ms2.cgi.) Bu sizi Dilbert misyon hattına bağlayacak ve binlerce dolar harcamaktan kurtaracaktır.

[3] Jeffrey Abrams, *The Mission Statement Book* (Berkeley: Ten Speed Press, 1999), 25-26.

[4] *The American Heritage Dictionary of the English Language*, 4. baskı, bşlk. *mantra*.

- Özgün atletik performans (Nike).[5]
- Aile boyu eğlence (Disney).[6]
- Her anınızı ödüllendirir (Starbucks).[7]
- Düşün (IBM).
- Kazanmak her şeydir (Vince Lombardi'nin Green Bay Packers'ı).

Şimdi Starbucks'ın "Her anınızı ödüllendirir" mantrasını bir de misyon bildirgesiyle karşılaştıralım, "Starbucks'ı, büyüdükçe kuruluş ilkelerimize bağlı kalmak koşuluyla, dünyanın en mükemmel kahvesini sağlayan kuruluş konumuna getirmek." Sizce hangisi daha akılda kalıcı?

Herhangi birinin ana babanıza ya da kurumunuzun danışma görevlisine ne iş yaptığınızı sorduğunu düşünün. "Özgün atletik performans" gibi üç sözcüklük bir karşılıktan daha iyisi olabilir mi?[8]

ALIŞTIRMA
Aşağıdaki boşluğa sığacak şekilde kurumunuzun mantrasını yazabilir misiniz?............................

Mantralar konusunda son bir görüş: Sakın ola ki mantralar ile sloganları birbirine karıştırmayın. Mantra çalışanlarınız içinidir; işlerinde ne yaptıklarını gösterecek bir rehberdir. Slogan ise müşterileriniz içindir; ürün ya da hizmetinizi nasıl kullanacaklarını gösteren bir rehberdir. Örneğin, Nike'ın mantrası "Özgün atletik performans"tır. Sloganı ise "Yalnızca yap."

ALIŞTIRMA
Aşağıdaki çizelge, çeşitli kurumların misyon bildirgelerini ve kendileri için kuramsal mantralarını içeriyor. Sizce hangisi daha güçlü?

---

[5] Scott Bedbury, *A New Brand World: 8 Principles for Achieving Brand Leadership in the 21st Century* (New York: Viking, 2002), 51.
[6] A.g.e. 52.
[7] A.g.e. 53.
[8] Aslında olabilirdi. Kurulduğu günlerde Garage'ın mantrası için "'funding' sözcüğünden FU'yu çıkarttık" üzerinde çok durmuştuk, ama fazla uzun geldiği için reddedilmişti. :)

ALIŞTIRMA

Aşağıdaki tabloda çeşitli kuruluşların gerçek misyon bildirgeleri ve onlar için hazırladığım varsayımsal mantraları yer alıyor. Sizce içlerinde en güçlüsü hangisi?

KURUM	GERÇEK MİSYON BİLDİRGELERİ	VARSAYIMSAL MANTRA
Southwest Airlines	"Southwest Airlines'ın misyonu, üst düzeydeki Müşteri Hizmetleri'ni sıcaklık, dostluk, kişiye saygı ve Şirket Ruhu çerçevesinde en iyi şekilde gerçekleştirmektir."	Otomobil kullanmaktan daha iyi.
Coca-Cola	"Coca-Cola Company dokunduğu herkese yarar ve serinlik sağlamak için vardır."	Dünyayı serinletir.
Wendy's	"Wendy's'in misyonu, önderlik inovasyonu ve ortaklıklar aracılığıyla müşterilerine ve toplumlara üstün bir ürün ve hizmet sunumu yapmaktır."	Sağlıklı fast-food.
Kızılhaç	"İnsanların acil durumlara hazırlıklı olmasına, korunmalarına ve karşı durmalarına yardımcı olmak."	Acıya son.
ABD Hava Kuvvetleri	"Amerika Birleşik Devletleri'ni savunmak ve hava kuvvetleriyle çıkarlarını korumak."	Gökyüzünde ve uzayda galibiyet.
United Way (Havai)	"Aloha United Way'in amacı, insanları daha sağlıklı ve daha şefkatli bir toplum yaratmak amacıyla liderliğiyle bir araya getirmektir."	İnsanları birleştirir.
March of Dimes	"March of Dimes araştırmacıları, gönüllüleri, eğitmenleri, işçilere ulaşıp el birliği içinde bebeklere sağlıklarını tehdit eden tehlikeler karşısında şans tanınmasını savunmaktadır: prematüre doğum, doğum arızaları, düşük kilolu bebekler."	Bebekleri kurtarın.

İŞE GİRİŞİN

Bu üçüncü adım, Word'ten bir iş planı hazırlamaya koyulmanızı, derdinizi tam olarak anlatabilecek bir sunum hazırlamak için PowerPoint'in başına oturmanızı ya da mali tahminler yapmak için Excel'e başvurmanızı körüklemek değildir. Yanlış, yanlış, çok yanlış!

Size bu öğüdü vermekteki amacım, Microsoft Office'in satışlarını düşürmek değil —unutmayın ki bendeniz anti-Microsoftçu olmayı çoktan bıraktım. Bu üç uygulamaya başvuracak zamanlar da vardır, ama şimdi değil. Yapmanız gereken (a) şeytanınızın dürttüğü belge yaratma isteğini dizginleyin ve (b) uygulamaya geçin.

Bunun anlamı bir prototip hazırlamak, bir yazılım yazmak, internet sitenizi açmak ya da hizmetlerinizi sunmak demektir. Bir işe başlamaktaki en büyük zorluk, başlamaktır. (Bu bir yazar için de geçerlidir, bir girişimci için de.) Unutmayın: Bugüne kadar hiç kimse *planlayarak* başarıya ulaşmış değildir.

Sürekli satmalısınız —satış stratejileri çizmeyi bırakın. Durup dinlenmeksizin sınamayı, sınamayı, sınamayı da bırakın —bu büyük şirketlerin oynayabileceği bir oyundur. Bunalırsanız aldırmayın. Mükemmel bir ürün ya da hizmet geliştirmek için beklemeyin. İyi, zaten yeterince iyidir. İleride ürününüzü/hizmetinizi geliştirecek çok zamanınız olacak. İşe ne kadar müthiş başladığınız önemli değil —önemli olan, ne müthiş bitirdiğinizdir.

İşe atılmanın baş düşmanı, düşünüp taşınmaktır ve bu aşamada asıl sorun da araştırma ve geliştirmenin "stratejik" yanlarını düşünmektir. *Ne kadar ileriye sıçrayabiliriz? Ya yaptığımız herkesin hoşuna gitmezse?* ve *Hedef tüketicimiz için bir tasarım mı yoksa kendi kullanmak istediğimizi mi yapmalıyız?* gibi sorular, yeni bir yatırımı hayata geçirdiğinizde sormamanız gereken sorulardır.

Bunun yerine, şu anahtar ilkelere uyun:

- **BÜYÜK DÜŞÜNÜN.** Çıtanızı yüksek tutun ve büyük bir şey hedefleyin. Eğer dünyayı değiştirecekseniz, bunu çekingenlikle ve sıkıcı ürün ya da hizmetlerle yapamazsınız. Kurulu düzenin en azından on kat üstündeki hedefleri vurmaya çalışın. Jeff Bezos Amazon.com'u yaratmaya koyulduğunda, 250.000 kitaplık kitapçılardan 25.000 tanecik daha fazla kitapla başlamamıştı. Online kitapçısında tam 3.000.000 kitap yer alıyordu.

- **BİRKAÇ RUH EŞİ BULUN.** Tarih, tek başına çalışan mucitleri sever: Thomas Edison (ampul), Steve Jobs (Macintosh), Henry Ford (T modeli), Anita Roddick (The Body Shop), Richard Branson (Virgin Havayolları). Ama tarih yanılıyor. Başarılı şirketler en azından iki, ama genellikle daha fazla ruh eşi bularak işe atılmış ve başarıya ulaşmışlardır. Her ne kadar tek bir kişi "yenilikçi" olarak tanınırsa da, aslında herhangi bir girişimin başarısı mutlaka bir takım çalışmasının ürünüdür.

- **İNSANLARI KUTUPLAŞTIRIN.** Bazılarının beğendiği bir ürün ya da hizmet yarattığınızda, başkalarının sizden nefret ettiklerini görürseniz sakın şaşırmayın. Amacınız, duygulara katalizörlük etmektir —yandaşlar ve karşıtlar. İnsanlar, yaptığınıza karşı çıkarlarsa, aldırmayın; çekinmenizden (ya da korkmanızdan) çıkacak yegane sonuç ilginizi kaybetmeniz olur.

    Sevgi-nefret tepkiselliğine güzel bir örnek otomobil tasarımıdır; insanların Mini Cooper, Infiniti Fx45 ve Toyota Scion xB gibi modeller karşısında nasıl ayrı düştüklerini bir düşünün. Tepkiler ya sarsılmaz hayranlıktır ya da bitip tükenmez bir nefret ve her ikisi de iyidir.

Mini Cooper
Fotoğraf: MINI USA

Infiniti Fx45
Fotoğraf: ©Nissan (2003). Infiniti ile Infiniti logosu, Nissan North America Inc.'ın tescilli markalarıdır.

Toyota Scion xB
Fotoğraf: Toyota Motor Sales, USA Inc.

Başlama Sanatı

- **TASARIMINIZ FARKLI OLSUN.** Hangi yönetim stilinin moda olduğuna bağlı olarak, siz de ürün ve hizmet tasarımının yalnızca bir tek yolu olduğuna inanma eğilimine girebilirsiniz. Bu doğru değildir. Asla tek bir mükemmel yol yoktur. İşte sizlere farklı ve hepsi de geçerli dört yaklaşım —ve daha fazlasının olduğuna da eminim.

    "BEN DE BİR TANE İSTİYORUM." Bu en güzel pazar araştırması yöntemidir —müşteri de tasarımcı da aynı kişidir. Bu yüzden de müşterinin sesi, tasarımcının kulağına şirket politikaları, kurulu düzene bağlı kalma ve pazar araştırmalarıyla kirlenmeksizin erişebilir. Örnek: Ferdinand Porsche şöyle diyor, "Başlangıçta çevreme bakındım ve rüyalarımın otomobilini göremediğim için de onu kendim yapmaya karar verdim."[9]

    "PATRONUM BUNU YAPAMAZDI (YAPMAZDI)." Her ne kadar kulağa "bir tane istiyorum" kadar romantik gelmese de, bu da iyi bir yoldur. Müşteri tabanını, rakipleri, tedarikçi kaynaklarını ve endüstri bağlantılarını zaten birikiminizle kavramışsınızdır. Hâlâ bir ürün ya da hizmet yaratmak ve müşteri edinmek istiyorsunuzdur, ama soruların çoğu yanıtlanmıştır. Örneğin, İsrail Ordusu'nun 8200 Birliği'nden ayrılanlar, askeriye için güvenlik yazılımları geliştirdikten sonra da Checkpoint gibi şirketler kurmayı sürdürmüşlerdir.

    "KAHRETSİN —ELBETTE MÜMKÜN!" Bu kuram, zor zamanlarda, mikroskopların gözde olduğu dönemlerde pek popüler değildir. Öyle zamanlarda, dünya muhafazakârlığa döner ve bütün pazarların "kanıtlanmış" olmasını ister. Eğri sıçraması, paradigma kaymasıyla patlama yapan pazarların daha baştan kendilerini fark ettirmelerine ender rastlanır. Örneğin, Motorola cep telefonlarını piyasaya sürdüğünde, kimse bunları kapışmamıştı. O günlerde *portatif telefonlar* gözdeydi, çünkü telefonlar hâlâ bir yere yerleşikti. Bu yüzden de müşterilerin taşıyabilecekleri telefonlar için bir pazar yoktu.

    "DAHA İYİ BİR YOLU OLMALI." Bu felsefeyle doğan bir kurum, yeni bir şey yaratarak dünyayı daha güzel bir yere dönüştürebileceğiniz gibi idealist bir temele dayanıyor demektir. Çoğu durumda, bu tür kurumların kurucularının iş dünyası ile mantıksal bir bağları bile yoktur. Örneğin: eBay. Kurucusu Pierre Omidyar'ın bütün istediği, satış yapabileceği "mükemmel pazar" için bir sistem geliştirmekti. (Aslında sevgilisinin Pez şeker makinesi satıcısı olmak istediği ise, her şey olup bittikten sonra yayılan bir PR masalından başka bir şey değildir.)

---

[9] *Forbes FYI* (Kış 2003): 21.

- **PAZAR ARAŞTIRMASINDA PROTOTİP KULLANIN.** Başlangıçta bir kurumun tam olarak ne yaratmak istediği ve müşterilerinin de tam olarak ne istedikleri konusunda yoğun bir belirsizlik vardır. Böyle anlarda, geleneksel pazarlama araştırmaları işe yaramazlar —çünkü ortada ne bir anket vardır ne de kendinizin bile zorlukla tanımlayabileceğiniz bir ürün ya da hizmetin müşteriler tarafından nasıl karşılanacağını gösteren bir tahmin göstergesi. Siz olsanız yazılımı, belleği ve gerçek dünyaya benzeyen renkleri olmayan yeni bir bilgisayar alır mıydınız —üstelik çöp kutusu da cabası?[10]

    Bu engelleri aşmak için yapılacak en güzel hareket bir prototip üretmek, hemen piyasaya atılmak ve bunu hızla yinelemektir. Eğer oturup gereksindiğiniz bütün enformasyonları edineceğiniz ideal ortamın doğmasını beklerseniz, pazar elinizden kaçıp gidebilir.

"İşe girişme" ilkesinden beklenen sonuç, öncelikle ürün ya da hizmetin sunumudur. Unutmayın: Mükemmel olmayacaktır. Ama sırf müşteri adaylarınız sevecek diye ürününüzde değişiklik yapmaya kalkmayın. Tam tersini yapın, müşterileriniz sevdiği için ürün ya da hizmetinizde değişikliğe gidin. Bunu dinsel söylemle anlatayım: Bazı insanlar, değişecek olurlarsa, Tanrı'nın kendilerini seveceğine inanırlar. Bazılar da Tanrı kendilerini sevdiği için değişmeleri gerektiğine inanır. Bu ikinci kuram, işe nasıl girişileceği ve yeni başlayanların işi nasıl sürdüreceklerinin prototipidir.

İŞ MODELİNİZİ TANIMLAYIN

Anlam yaratmak istiyorsunuz. Bir mantra ile yola çıktınız. Ürün ya da hizmetinizin prototipiyle işe başladınız. Atacağınız dördüncü adım, iş modelinizi tanımlamaktır. Bunu yapmak için de aşağıdaki iki soruyu yanıtlamanız gerek:

- Paranızı ceplerinde taşıyanlar kimlerdir?
- O paraları nasıl kendi cebinize aktaracaksınız?

Bu sorular incelikten yoksundur, ama bir kurum oluşturmaya başlarken gerçeği kavramamız için yararlıdır —hatta ve belki de özellikle en kâr getirmeyecek işlere, yani yalnızca ayakta kalabilmek adına para için savaşılacak işlere başlarken. Eğer ölürseniz, dünyayı değiştiremezsiniz, paranız tükenirse de ölürsünüz.

Daha kibar açıklayalım, ilk soru müşterilerinizi saptamanız ve onların hissettikleri acıları kavramanızla ilgilidir. İkinci soru ise gelirlerinizin giderlerinizi/maliyetlerinizi aşacağından emin olacağınız bir satış mekanizması yaratmanız hakkında. İşte sizlere iş modelinizi geliştirmenize yardımcı olacak bazı ipuçları:

---

[10] Biz ilk Macintosh'u böyle konumlandırmamıştık, ama elimizde olan da aslında buydu.

- **AÇIK VE NET OLUN.** Müşterilerinizi ne kadar kesin tanımlarsanız, o kadar iyi olur. Çoğu girişimci, ölüme "yazgılı" olmaktan korkar ve bu yüzden de başarı kazanamaz. Bununla birlikte, en başarılı şirketler, özgün pazarlar belirleyerek işe başlamış ve (çoğu kere beklenmedik şekilde) diğer segmentlere yönelerek büyümüşlerdir. Görkemli hedeflerle işe başlayıp da bunlara erişenlerin sayısı ise parmakla sayılacak kadar azdır.
- **YALIN OLUN.** Eğer iş modelinizi on sözcük ya da daha azıyla tanımlayamıyorsanız, o zaman bir iş modeliniz yok demektir. Yaklaşık on sözcük kullanmalısınız —dahası, bunları gündelik yalın terminolojiyle akıllıca kullanmalısınız. İşe başladığınız zamanın moda iş jargonunu (*stratejik, misyona odaklı, dünya sınıfı, sinerjik, öncü, ölçeklenebilir, girişimci sınıfı, vs.*) kullanmaktan kaçının. İş dili, iş modeli yaratmaz.[11] eBay'in iş modelini gözünüzün önüne getirin: Bir liste fiyatı ve bir komisyondan ibaretti. Nokta!
- **BİRİNDEN KOPYA ÇEKİN.** Ticaret, yüzyıllardır yapılageliyor ve akıllı insanlar olabilecek her türlü iş modelini şimdiye kadar çoktan keşfettiler. Teknolojide, piyasalarda ve müşterilerde yenilikler yaratabilirsiniz, ama konu yeni bir iş modeli keşfetmekse, bu hiç akıl kârı değildir. İş modelinizi, başarı kazanmış bir başkasınınkine uyarlamaya çalışın ve bunu kavrayın. Ne de olsa savaşacağınız daha birçok başka alan olacaktır.

Size vereceğim son ipucu, konuyu gidip kadınlara sormanız —yalnızca kadınlara. Benim kuramıma göre, erkek DNA'sı "katil" bir gendir. Bu gen erkekleri başka insanları, hayvanları ve bitkileri öldürmeye yönelterek kendini gösterir. Toplum, bu geni büyük ölçüde törpülemiştir; ama gene de başka bir kurumu öldürme amacındaki bir kurum yaratmak daha hâlâ toplumsal anlamda onaylanan bir girişimdir.

Bu yüzden de bir iş modeli konusunda bir erkeğe başvurmak, her iş modeli Y kromozomlarına sahip birine hoş geleceği için anlamsızdır. Örneğin, Sun Microsystems, Microsoft'u öldürmek ister. En son ne zaman üreticisinin kimi öldürmek istediğine dayanarak bir bilgisayar aldığınızı söyler misiniz?

Kadınlar ise, tam tersine, bu katil gene sahip değildirler. Bu nedenle de bir iş modelinin yaşayabilirliği konusunda erkeklerden daha iyi birer yargıçtırlar. *The Darwin Awards* adlı kitap, kadınların daha sağduyulu olduklarını sağlam kanıtlarla gözler önüne serer. Bu ödüller "kendilerini soylu bir budalalıkla gen havuzundan çıkarabilen bireylere" verilmektedir.[12]

Örneğin, 1998 yılında iki yapı işçisi, dairenin tam ortasında durup da altlarındaki tabanda çember şeklinde bir delik açmaya kalkışıp hayata veda etmişlerdi.[13] *The Darwin*

---

[11] Michael Shermer'dan esinle: *Why People Believe Weird Things* (New York: A.W.H.Freeman, 2002), 49..
[12] Wendy Northcutt, *The Darwin Awards II* (New York, Dutton, 2001), 2.
[13] A.g.e., 70.

Awards erkeklerin budalalıklarına tam dokuz bölüm ayırırken, kadınların budalalıklarına yalnızca bir tek bölümde yer verdi. Davanın tüm delillerini sunmuş bulunuyorum!

ALIŞTIRMA

1. **Adım:** Kurumunuzun aylık işletme maliyetlerini hesaplayın.
2. **Adım:** Ürününüzün her biriminin brüt kârını hesaplayın.
3. **Adım:** Adım 1'in sonuçlarını, Adım 2'nin sonuçlarına bölün.
4. **Adım:** Birkaç kadına gidip, bu kadar çok birim satma şansınız olup olmadığını sorun. Eğer olmadığını söylerlerse, demek ki bir iş modeliniz yoktur.

KVG'NİZ OLSUN
(KİLOMETRE TAŞLARI, VARSAYIMLAR VE GÖREVLER)

KVG, dağılmayı önleyici ve bir arada tutucu bir ağ olarak tanımlanabilir. Girişiminize başlamak için atacağınız beşinci ve sonuncu adım, kesinlikle dağılmamak olmalıdır. Bu olayımızda KVG; kilometre taşları, varsayımlar ve görevleri temsil etmektedir.[14]

KVG'nin amacı, yaptığınız işin boyutlarını kavramanız, varsayımlarınızı hızla sınamanız ve düşünce akımınızdaki kusurları bulup yakalamanızdır.

Kilometre taşları

Çoğu insan için, yeni başlangıçlar sınırsız hedeflere erişmekmiş gibi gözükür. Ne var ki bu hedeflerin bazıları diğerlerinin üzerinde yükselir. İşte bunlara kurumsal kilometre taşları diyoruz —başarı yolundaki önemli gelişmeleri temsil ettikleri için. Her yeni başlayanın mutlaka odaklanması gereken yedi kilometre taşı vardır. Eğer bunlardan birini kaçıracak olursanız, kurumunuz ölebilir.

- Konseptinizi sınayıp kanıtlayın.
- Tasarım spesifikasyonlarını tamamlayın.
- Bir prototipi bitirin.
- Sermaye oluşturun.
- Sınanabilir bir örneği müşterilerinize yollayın.

---

[14] Rita Gunther McGarth ve Ian C.MacMillan'ın "Discovery-Driven Planning" *Harvard Business Review* (Temmuz-Ağustos 1995)'ten esinlenerek.

Başlama Sanatı

- Ürününüzün son şeklini müşterilerinize gönderin.
- Başabaş analizi yapın.

Bu kilometre taşları, her türlü işe uyarlanabilir. Örneğin, yeni kurulan bir okul ekip olarak çalışan iki öğretmenin yeni bir müfredat programı kullanarak, daha fazla bireyselleştirilmiş eğitim verip veremeyeceklerini ve bir deneme sınıfının daha ileri düzeyde öğrenmesini sağlayıp sağlayamayacaklarını sınayarak konseptini kanıtlayabilir. Bu kanıtlanmış konseptle, müfredatının tasarımını tamamlayabilir, sermaye oluşturabilir, prototipini yaratabilir ve öğretime başlayabilir.

Bu arada, kurumların yaşamasını sağlamak açısından başka görevler de vardır (yakında bunlara da değineceğiz), ama hiç biri kilometre taşları kadar önemli değildir. Söz konusu kilometre taşlarının zamanlaması, yapmanız gereken diğer her şeyin zamanlamasını da belirleyeceğinden, emeğinizin yüzde 80'ini buna harcamalısınız.

ALIŞTIRMA

Basmakalıp misyon bildirgenizi yırtın ve onun yerine yukarıda sıraladığımız yedi kilometre taşının tamamlanması için belirlediğiniz tarihleri yazın. Bunu hem çalışanlarınızın hem de ziyaretçilerinizin okuyabilecekleri bir yere asın.

Güvenlik Supabı

Bu prosedürü her yeni ürün ya da hizmetiniz için yineleyin. Kurumunuzun tarihini yansıtacak bir izlence köşesi yaratın.

Varsayımlar

İkinci olarak, iş hakkında oluşturduğunuz temel varsayımların ayrıntılı bir listesini hazırlayın. Bu listede yer alacak unsurlardan bazıları şunlar:

- ürün ya da servis performans metrikleri
- pazar ölçeği
- brüt kâr
- satış elemanı başına satış (müşteri) aramaları
- müşteri adaylarının müşteriye dönüşme oranı
- satış döngüsünün uzunluğu
- müşterinin yatırım getirisi
- yollanan her birim için gelen teknik destek aramaları

- alacaklar ve borçlar için ödeme döngüsü
- ücretlendirme gereklilikleri
- parça ve donanım fiyatları
- müşteriye yapılan yatırımın getirisi

Bu varsayımları sürekli izleyin ve yanlış oldukları kanıtlandığında hiç zaman yitirmeden düzeltin. Varsayımlarınızı yukarıda anlattığımız yedi kilometre taşı ile ilintilendirebilmeniz idealdir. Böylelikle, bir kilometre taşına erişirken bir yandan da bir varsayımı sınayabilirsiniz.

Görevler

Üçüncü olarak, ayrıntılı bir başka liste hazırlayın —bu kez ürün ya da hizmetinizin tasarım, imalat, satış, yollama ve desteklenmesi için gerekli görevleri sıralayın. Her ne kadar yedi kilometre taşı kadar olmasa bile, bu da bir kurumun yaratılması için önemli bir adımdır. Bu listede şunlar vardır:

- büro kiralama
- kilit satıcıları bulma
- muhasebe ve bordro sistemlerinin oluşumu
- yasal belgelerin arşivlenmesi
- sigorta poliçelerinin izlenmesi

Bu görevler listesinin önemi, kurumunuzun toplam olarak neler başardığını görüp kavramanızı sağlaması ve başlangıcın karmaşa içindeki günlerinde gözünüzden bir şeylerin kaçıp gitmesini önlemesindedir.

MİNİ BÖLÜM:
ŞİRKETİÇİ GİRİŞİMCİLİK SANATI

Yenilikler çoğunlukla mevcut kurumların dışında doğar; kısmen başarılı kurumların statükoya bağlılıklarından, kısmen de kendisini değiştirecek fikirlere ayak diremelerinden.

—Nathan Rosenberg

Birçok hevesli girişimci, bugün büyük şirketler için çalışmakta. Tıpkı bütün girişimciler gibi, onlar da başlangıçta yepyeni ürün ve hizmetler yaratacaklarının düşlerini kurmuş ve bunu şirket içinde başarıp başaramayacaklarını merak etmişlerdi. Sorularının yanıtı "evet"tir. Bu mini bölümün amacı da bunun nasıl gerçekleştirileceğini açıklamaktan başka bir şey değildir.

aşağılanmaktan ve boyun eğmeye zorlanmaktan bıkıp usanırlar. Yerle bir edilebilirler, ama asla ölmezler. Onlara statükoya çomak sokmaya kararlı olduğunuzu gösterdiğinizde, desteklerini de kaynaklarını da yanınıza çekersiniz. Kısacası, yapmanız gereken böylesi insanların içindeki yeniliklerin gerçekleştiğini görme duygusunu, gerçekleşmesi için size fiilen yardım etmeye dönüştürmenizdir.

- **TEKTONİK DEĞİŞİMLERİ SEZİP DE SIÇRAMAK.** Bir şirketteki yapısal yozlaşmalar, şirket içi girişimciler için iyi bir gelişmedir. İster piyasalardaki değişiklikler gibi dışsal unsurlardan, ister yeni bir CEO gibi içsel unsurlardan kaynaklansın, tektonik değişimler değişiklik sinyalleridir ve çabalarınızı hayata geçirecek bir fırsat yaratabilirler. Yetenekli şirket içi girişimciler, böylesi değişimleri sezerler ve bunlar patlak verdiğinde yeni ürün ya da hizmetlerini ortaya çıkartmaya hazır olurlar. Buna karşılık, şirketteki statükocular ise tam tersini yaparlar: "Şimdi değişimi görüyorum. Eğer bana altı ay süre ve bir analiz ekibi verirseniz, yeni bir ürün stratejisi oluşturabilirim."
- **VAR OLANIN ÜZERİNE İNŞA ETMEK.** Büyük bir şirket içinde yenilik yaratmanın zorluklarına ilişkin pek çok örnek vardır, ama bunun yararları da vardır. Yeniliğinizi kolaylaştırmak için, var olan altyapıyı kullanmaktan çekinmeyin —zorundaysanız, işe aşırmakla başlayın. Yalnızca kaynak kazanmakla kalmayacak, diğer çalışanlar kendilerini ekibinizin bir parçası olarak görmeye başladıkça, yeni dostlar da kazanacaksınız. Eğer sırf kendiniz için çözüm arıyorsanız (uç bir örnek olarak, kendi fabrikanızı kurmaya kalkıştıysanız), sadece düşman edinirsiniz o kadar. İşe yeni kalkışan bir şirket içi girişimcinin en son isteyebileceği şey de iç düşmanlar edinmektir —piyasada zaten yeterince düşman vardır.
- **VERİ TOPLAMAK VE PAYLAŞMAK.** Bir avukatın ya da bir muhasebecinin sizin farkınıza varıp da projenizin varlık nedenini sorgulayacağı gün kaçınılmaz olarak gelip çatacaktır. Eğer şansınız varsa, o gün erken değil geç gelir, ama mutlaka gelecektir. O güne hazır olmak için (1) ne kadar harcayıp ne elde ettiğinizi gösteren verileri biriktirin ve (2) bunu açık yüreklilikle paylaşın. Büyük şirketlerde, veriler muhalifleri baskı altında tutar, ama muhalifler ortaya çıkınca da verilere erişmek için çok geç kalınmış olabilir.
- **BAŞKAN YARDIMCISINI AYAĞINA GETİRMEK.** Hemen yanıtlayın: Daha ilk adımda başkan yardımcısının projenizi imzalayacağını mı sanıyorsunuz? Hiç sanmayın. Bu son adımlardan biridir. Bir başkan yardımcısı, eğer projenizi "keşfeder" ve onu desteklemek için size yaklaşırsa fikrinizi "benimsemiş" demektir. Zamanını kollayıp da başkan yardımcısının "rastlantısal olarak" bu keşfi yapmasını sağlayabilirsiniz, ama bu önce izin alıp da sonra işe koyulmakla aynı şey değildir.
- **İŞ BİTİNCE EKİBİ DAĞITMAK.** Şirket içi girişimci ekibin güzelliği durmadan yeni ürün ve hizmetler yaratabilmesindedir. Ne yazık ki ekibi böylesine verimli

kılan bu yapışık kardeşlik, ileride kurumun geri kalanından ayrı (ve çoğunlukla da uzak) kalmaya devam edecek olursa tersine işler. Ekip üyeleri ne yapılacağını yalnızca ve yalnızca kendilerinin "bildiği" inancına kapılıp da kendi bürokrasisini yaratmaya başlarsa, ekibin verimliliği de fazlasıyla düşer.[16] Eğer ürün ya da hizmet başarı kazanırsa, ekibi dağıtmayı ve kurumun daha büyük olan yapısıyla bütünleşmeyi düşünmeye başlamalısınız. Sonra yeni bir ekip oluşturur ve yeni adımlar atmaya başlayabilirsiniz.

- **BEYNİ YENİDEN BAŞLATMAK.** Birçok şirket içi girişimci, bu kitabın geri kalanındaki etkinliklerin şimdiye kadar kazandıkları deneyimlere, öğrendiklerine ve hatta belki de büyük şirketlerde öğrettiklerine aykırı olduğunu düşünebilirler. Gerçek, var olan bir şirket içinde bir şeye başlamanın yeni davranış biçimleri oluşturmayı —özellikle de beyninizi yeniden başlatmayı— gerektirdiğidir. Aşağıdaki tablo sizi olabileceklere karşı hazırlamak için düzenlenmiştir:

KONU	BÜYÜK ŞİRKET	YENİ GİRİŞİM
Konumlandırma	Herkes için her şey olmak	Bir niş bulup sahiplenmek
Sunum	Altmış slayt, 120 dakika ve 14 puntoluk font	On slayt, yirmi dakika ve otuz puntoluk font
İş Planı Yazmak	Tarihsel verilere dayalı iki yüz sayfalık dışdeğerbiçim (ekstrapolasyon)	Yirmi sayfa dolusu iyimserlik
Özkaynaklara Dayanmak	Ritz Carlton yerine Hyatt Regency'de konaklama	Motel Six'te konaklamak yerine eski bir arkadaşın evinde kalmak
Eleman Alımı	Kurumsal kelle avcılığı, Fortune 500 ya da Big Four'un kayıtlarından aday taraması	"Anlayanları" ve hisse opsiyonu için kariyerlerini riske atanları kendine çekmek
Ortaklık	Medyanın hoşuna gidecek şekilde "ben kazanayım-sen kaybet" pazarlıkları	Satışları yükseltmek için insanlardan destek almak
Markalaşma	Super Bowl boyunca reklâm	Siperlerdekilere inanç aşılamak
Yağmurculuk	İki kez satanlara prim, satış temsilcilerine komisyon	Herkese ve her yönde yalakalık yapmak
Adam Olmak	Hukuk departmanına başvurmak	Size yardım edemeyenlere yardım etmek

---

16 Andrew Hargadon, *How Breakthroughs Happen: The Surprising Truth About How Companies Innovate* (Boston: Harvard Business School Press, 2003), 116-17.

Başlama Sanatı

SSS (SIKLIKLA SAKINILAN SORULAR)

S. İtiraf ediyorum: Korkuyorum. Çalıştığım işten ayrılmayı göze alamam. Acaba bu, başarılı olabilmekteki eksikliğimin bir belirtisi mi? Kendimi gerçek anlamda adayamıyor muyum?

Y. Elbette korkmalısın. Eğer korkmuyorsan, sende bir tuhaflık var demektir. Korkuların, doğru insan olmadığının belirtisi değildir. Başlangıçta, bütün girişimciler korkar. Sadece bazıları bu konuda kendi kendilerini kandırır, diğerleri ise kandırmaz.

Bir an önce işe girişip günden güne ilerlemeler kaydederek bu korkularının üstesinden gelebilirsin. Sonunda bir gün uyandığında da artık korkmadığını görürsün —ya da en azından yepyeni korkuların olur.

Ne olursa olsun, korktuğunu asla diğer çalışanlara itiraf etme. Bir CEO hiçbir zaman kötü bir gün geçirmez. Ama çizmeyi de aşma ve sanki hiçbir kaygın yokmuş gibi de davranma, çünkü o zaman herkes ödünün patladığını anlayacaktır.

S. Gizli fikirlerimi köpeğimden başkasıyla da paylaşmalı mıyım?

Y. Paranoyak bir girişimciden daha beteri, olsa olsa köpeğiyle konuşan paranoyak bir girişimcidir. Fikirlerini serbestçe anlatmakla kaybedeceğinden daha çok kazanacakların var —geribeslenim, bağlantılar, açılacak kapılar. Eğer fikrini yalın biçimde tartışman onu savunmasız kılıyorsa, o zaman gerçek anlamda bir fikrin yok demektir. (Gizlilik sözleşmeleri konusunda ayrıntılı bir açıklama için 7. Bölüm'deki SSS başlığına, "Sermaye Oluşturma Sanatı"na bir bak.)

S. İnsanlarla ne yaptığım hakkında konuşmam için ne kadar zaman geçmesi gerek?

Y. Hiç durma, hemen başla. Bunu yapmakla kafan sürekli olarak fikrinle meşgul olur —hem ileriye hem de geriye yönelik olarak. Ne kadar çok insanla konuşursan, fikirlerin de o kadar zenginleşir. Gözlerini yalnızca göbeğine dikersen, görüp göreceğin biriken pamuk olacaktır.

S. Sonu gelmeyecek bir girişimi sürdürmeye çabalamaktansa, artık pes etme zamanının geldiğini nasıl anlayabilirim?

Y. Eski teranedir, iyi bir girişimci asla pes etmez. Bu laf belki konuşmalar ve kitaplar için güzeldir, ama gerçek yaşam için geçersizdir. Eğer üç yakın arkadaşın sana pes etmen gerektiğini söylerse, onları dinlemelisin. O eski terane şöyle devam eder, eğer üç yakın dostun sana sarhoş olduğunu söylüyorsa, eve dönmek için taksi tutmalısın. Yeniden deneyecek olduktan sonra, kaybetmenin zararı olmaz.

S. İyi bir fikrim olduğunu düşünüyorum, ama iş yaşamında bir geçmişim yok. Şimdi ne yapmalıyım dersiniz?

Y. Birincisi, eğer elindeki bütün koz iyi bir fikre sahip olduğunu düşünmekse —örneğin "hızlı, ince ve virüssüz bir bilgisayar işletim sistemi"— ama bunu hayata geçiremiyorsan, o zaman elinde hiçbir şey yok demektir. Bu durumda, mühendislik işlerini gerçekleştirecek insanları bulmadan, başkalarının zamanlarını da boşa harcama derim.

Varsayalım ki fikrini yaşama geçirebiliyorsun, o zaman birlikte çalışabileceğin iki tür insan vardır. Önce kendine bir mentor bul. Bu zaman zaman seni yönlendirecek, ama asla gerçek anlamda bir şeyler yapmayacak senden daha yaşlı biri olmalı. İkincisi, bir iş ortağı bulabilirsin. Bu da seninle omuz omuza çalışmaya hazır ve yetenekleri seninkileri tamamlayacak birisi olmalı —isterse yarı zamanlı bile çalışabilir. Her iki tür insan da işine önemli katkılar sağlayacaktır.

S. Gerçek bir işletmem olduğu kaygısını ne zaman taşımalıyım; kartvizitler, antetli kağıtlar, büro?

Y. Kartvizitlerle antetli kağıtları hemen bastır. Ya biraz paraya kıy ve tasarımlarını bir profesyonele yaptır ya da boş yere zaman harcama. En küçük boyutların en etkilisi olduğundan kuşkun olmasın, Büroya gelince, müşteriler seni ziyaret etmeye başlayıncaya kadar bunun hiç önemi yok, yoksa ekibin için yer kalmaz.

S. Bir internet sitesine ihtiyacım var mı?

Y. Evet, özellikle de para toplayacak, çok sayıda müşteriye hizmet verecek, dünyayı tepeden aşağı değiştirecek ve likidite kazanacaksan. Müşteriler, ortaklar ve yatırımcılar daha ilk günden senin internet siteni aramaya başlayacaklardır.

OKUNMASI TAVSİYE EDİLEN KAYNAKLAR

Christensen, Clayton. *The Innovator's Dilemma: When New Technologies Cause Great Firms to Fail.* New York: HarperBusiness, 1997.

Drucker, Peter F. *Innovation and Entrepreneurship: Practice and Principles.* New York: Harper & Row, 1985.

Hargadon, Andrew. *How Breakthroughs Happen: The Surprising Truth About How Companies Innovate.* Boston: Harvard Business School Press, 2003.

Kuhn, Thomas. *The Structure of Scientific Revolutions.* Chicago: University of Chicago Press, 1962.

Shekerjian, Denise. *Uncommon Genius: How Great Ideas Are Born.* New York: Penguin Boks, 1990.

Ueland, Brenda. *If You Want to Write.* St. Paul: Graywolf Press, 1987.

Utterback, James M. *Mastering the Dynamics of Innovation: How Companies Can Seize Opportunities in the Face of Technological Change.* Boston: Harvard Business School Press, 1994.

İFADE ETME

2. BÖLÜM

Konumlandırma Sanatı

İzin verseniz kendimi tanıtayım. Adım, Wile E. Coyote... Dâhiyim. Ne bir şey satıyorum ne de üniversite eğitimi aldım. Gelelim konumuza. Sizler birer tavşansınız ve ben de akşam yemeğinde sizi yiyeceğim. Gelin, kaçmaya çalışmayın! Sizden daha güçlü, daha becerikli ve daha büyüğüm... Dahası, ben bir dâhiyim. Neden mi, hepiniz çocuk yuvası giriş sınavlarını bile zor bela geçebildiniz de ondan. Bu yüzden de son duanızı edebilmeniz için size o geleneksel iki dakikayı vereceğim.

—The Bugs Bunny/Road Runner Filmi'nden (1979)

BİBİBF

oğu insan "konumlandırmayı" kendilerine, yüksek ücretli ve de cahil danışmanların desteğini sağlamış pazarlama budalaları tarafından yüklenmiş bir angarya olarak görür. Oysa aslında konumlandırma, yönetim deneyim ve uygulamalarının çok ötesine geçer. Doğru düzgün yapıldığında, yeni bir kurumun kalbi ve ruhu demektir ve de şunları açıkça ortaya koyar:

- kurucuların neden kurumu kurduklarını
- müşterilerin neden onu sahiplenmesi gerektiğini
- nitelikli insanların neden bu kurumda çalışmaları gerektiğini

Wile E. Coyote, konumlandırmayı diğer bütün girişimcilerden daha iyi kavramıştır: O bir çakaldır[17] ve akşam yemeğinde de tavşanları yiyecektir. Kurumlar, yaptık-

---
[17] Ç.N. Coyote İngilizce "çakal" anlamındadır.

larını tam olarak açıklayarak kendilerini konumlandırmak zorundadır. Aslına bakacak olursanız, konumlandırma sanatı da tek bir basit soruyu yanıtlamanın ötesinde değildir:

Ne yapıyorsunuz?

Bu soruya iyi bir yanıt getirebilmek, kurumunuzun diğerlerine üstünlüğünü kavramak ve rakiplerinizin büyük çoğunluğundan nasıl bir farkınız olacağını açıkça saptamaktan geçer. Sonra da bu mesajı piyasaya aktarmanız gerekir. Bu bölümde, bu iki işi birden kestirme, farklı ve güçlü bir yoldan nasıl yapacağınızı öğreneceksiniz.

ÜSTÜNLÜĞÜ ELE GEÇİRMEK

Sizler, bir çakala yem olacak birer tavşan olmadığınız sürece, iyi konumlandırma esinlendirici ve enerji verici bir iştir. Paranın, pazar payının ve yönetim egolarının kendisine zarar vermesine hiç meydan vermez. Bunun için sahip olunması gereken nitelikler ise şunlardır:

- **POZİTİFLİK.** Girişimcilik bir savaş değildir, bu nedenle girişiminizi de savaş terimleriyle tanımlayamazsınız. Kurumunuzun amacı, bir başka kurumu iş alanının dışına itmek değildir. Müşteriler, rakiplerinize zarar verip vermeyeceğinize aldırmazlar. Onların istediği, şirketinizi ya da hizmetinizi sahiplenmeleri karşılığında ne gibi yararlar sağlayacaklarıdır.
- **MÜŞTERİ MERKEZCİLLİK.** Konumlandırmanın konusu, müşterileriniz için ne yaptığınızdır —*sizin* ne olmak istediğiniz değil. Bu yüzden de kurumunuzun "önder şirket" olduğunu açıklamanız, müşteri merkezci değil, benmerkezci bir davranıştan başka bir şey değildir. Ayrıca hayata geçirilmesi de zordur: Lider olduğunuzu nasıl kanıtlayacaksınız bakalım? Başka bir kurumun çıkıp *kendisinin* lider olduğunu açıklamasını nasıl engelleyeceksiniz —yani tıpkı sizin yaptığınızı yapmasını?
- **TEŞVİK EDİCİLİK.** Çalışanlarınız, yaptığınızın (konumlanmanızın) dünyayı daha yaşanası bir yer konumuna getireceğine inanmalıdır. Örneğin eBay'in çalışanları, insanların parasal başarı kazanmasına yardımcı olduklarına inanmışlardır. Bu tavır, çalışanlarınızı sınırlarını zorlamaya ve bunu yapmaktan keyif almaya teşvik eder.

Üstün konumlandırmanın güzel bir örneği Toyota Prius'tur. Otomobil, bir elektrik-benzin motoru kırması sayesinde, bir galon benzinle elli beş mili gidebilmektedir. Hızlı, seksi ve lüks bir otomobil değildir. Buna karşılık gerek satın alma gerekse kullanma ucuzluğu, güçlü ve benzersiz konumlandırmasını getiren nitelikleridir.

Konumlandırma Sanatı

Üstünlüğü ele geçirmeye yardım etmesine ek olarak, iyi bir konumlandırmayı harman beygirine de benzetebiliriz. Hem pratiktir hem de taktiksel ve stratejik amaçların müşteriler, yatırımcılar, çalışanlar, basın ve ortaklar tarafından kolayca anlaşılıp bunlara inanılmasını sağlar. Bu nedenle, iyi bir konumlandırmanın şu nitelikleri de taşıması gerekir:

- **KENDİ KENDİNİ AÇIKLAYICILIK.** İyi konumlandırma, davasını su götürmez biçimde açıklar. Para tasarrufu ve gelir artışı gibi niteliklerle birlikte zihin huzuru, bilgilenme ve eğlenme gibi daha üstün konseptleri de kapsar.
- **ÖZGÜNLÜK.** İyi konumlandırma, arzulanan müşteriyi hedefler. Eğer hedef müşteri iseniz, bunu hemen anlarsınız. Değilseniz, onu da anlarsınız. Örneğin, "ticari bankaların online işlemlerinde dolandırılma riskini azaltmak" ile kıyaslandığında, "internet sitelerinin güvenliğini yükseltmek" sıradan ve bulanık bir konumlandırmadır.
- **ÇEKİRDEK UZMANLIK.** Kurumunuzun çekirdek uzmanlık alanları —yan ürün ya da hizmetleri değil— iyi konumlandırmanın temelidir. Örneğin, Apple Computer'in konumlandırması, inovatif aygıtlar yaratmaktaki ustalığına odaklıdır. Enformasyon teknolojisi danışmanlık hizmetleri hakkında pek de iyi bir öykü anlatamaz.
- **AMACINA UYGUNLUK.** Bir kurumun çekirdek uzmanlık alanlarının püf noktası, müşterilerinin çekirdek gereksinmeleridir. Eğer sizin çekirdek uzmanlık alanlarınız ile müşterilerinizin çekirdek gereksinimleri örtüşmüyorsa, kurumunuz da konumlandırmanız da onlara çekici gelmeyecektir.
- **UZUN ÖMÜRLÜLÜK.** Başlangıç yıllarında IBM için en kötü konumlandırma "Mağazaların yazarkasa tedarikçisi" olabilirdi. Daha da beteri, şirkete Ulusal Yazarkasa adı bile verilebilirdi.[18]
- **FARKLILIK.** Konumlandırmanız, rakiplerinizinkini çağrıştırmamalıdır. Ne yazık ki birçok şirket, sanki rekabet *yokmuşçasına* —ya da tek rakipleri, kendileriymişçesine— konumlandırma yapar. (Bu konuda daha geniş bilgiyi bu bölümün ilerleyen sayfalarındaki "Zıtlar Testini Uygulayın" bölümünde bulacaksınız.)

ALIŞTIRMA
Konumlandırmanızı inceleyin. Tepkinizi seçin:
a) Kuruluş nedeninize nokta atışı yaptığınız için gurur duyuyorsunuz.
b) Bütün müşteri adayı ve alıcıları göz önüne aldığınız için güven hissediyorsunuz.

---

[18] IBM'in açınımı International Business Machines (Uluslararası Şirket Makineleri)'dir. Daha çok "şirket makinesi" satarken IBM kendisini yazarkasa pazarıyla kısıtlamamıştır.

KENDİNE BİR NİŞ BULMAK

F.W. Woolworth ilk mağazasını açtığında, aynı caddedeki bir tüccar yepyeni bir rekabet savaşı açmaya yeltendi. Kocaman bir pankart yaptırdı: "Aynı yerde elli yılı aşkındır iş yapıyorum." Ertesi gün, Woolworth da bir pankart asıvermişti: "Kurulalı daha bir hafta oldu: Elde kalmış stokum yoktur."

—Peter Hay, *The Book of Business Anecdotes*

Birçok girişimci, piyasa nişlerinden kaçınmaya çalışır. Önemli sektörlerin dışında kalmaktan, satışlarının azami seviyenin altında kalmasından ve bütün yumurtalarını aynı sepete koymaktan korkarlar. Geniş, yatay piyasalara çekici gelmeye can atarlar, çünkü çoğu başarılı şirketin geniş tabanlı olduğunu görmüşler ve kendilerinin de aynını yapmak zorunda oldukları inancına kapılmışlardır.

Örneğin Microsoft'u ele alalım. Microsoft olmayı kim istemez ki? 2004'te Adalet Bakanlığına karşı kazandığı zaferden beri kişisel bilgisayarlar için işletim sistemleri, sunucular, PDA'lar ve telefonlar ile birlikte Windows ve Macintosh için yan yazılımlar ve ayrıca kişisel bilgisayarlar için oyunlar, online erişim ve kendi oyun donanımlarını satmaktadır.

Eğer yeni bir Microsoft olmayı düşlüyorsanız, çok yönlü bir taarruz planı hazırlamanız gerektiğini düşünebilirsiniz. Doğru yaklaşımdan bundan çok farklıdır. Yeni bir Microsoft yaratmak için, küçük bir niş oluşturmalı, bir köprübaşı tutmalı[19] ve (biraz da şansınızla) oradan ileriye gitmelisiniz.

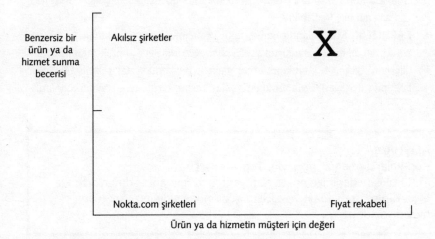

---

[19] Burada köprübaşı büyük şirketlerin henüz girmemiş olacakları kadar küçük ve eğer başarılı olursanız kritik kitleyi ele geçirip kâr sağlayabileceğiniz kadar da büyük bir pazar anlamındadır.

Konumlandırma Sanatı

Yeni başlayan biri olarak, ateşi alev makineleriyle değil, kibritle yakacaksınız. İşe yeni atılanların pek azının gücü alev makinesi almaya ya da bunları kullanmaya yeter. Diğer bir deyişle, sepetinize bir niş yerleştirip yumurtlamasını bekleyin, sonra yeni bir niş yerleştirip onun yumurtlamasını bekleyin... Çok geçmeden, piyasa egemenliğini elinize geçirmenize yetecek kadar çok nişiniz olduğunu göreceksiniz.

Yukarıda gördüğünüz grafik, niş pazarlama için kavramsal bir çerçeve sunuyor. Dikey eksen, kurumunuzun benzersiz ürün ya da hizmet sunma becerisini simgelemekte. Bu konuda ne kadar başarılıysanız, piyasada var olan diğerlerinden farklı bir şey sunma şansınız da o kadar yükselir. Yatay eksen ise ürün ya da hizmetinizin müşteri için ne kadar önemli olduğunu simgeliyor. Ne kadar sağa gidebilirseniz, ürün ya da hizmetiniz de o kadar değerlenir. Şimdi gelin bu grafiğin dört köşesini analiz edelim:

- **SOL ÜST.** Burası, budala şirketlerin konumlandıkları yerdir. Benzersiz, ama kimsenin umurunda olmayan ürün ya da hizmetler sunarlar.
- **SAĞ ÜST.** Burası, ele geçirmek istediğiniz köşedir. Burası müşterilerinizin sizi en beğendikleri ve onlara şiddetle istedikleri bir şeyi sunduğunuz için de marjınızın iyi olduğu noktadır.
- **SOL ALT.** Geriye baktığımızda, bu köşenin birçok nokta.com şirketinin tuttuğu köşe olduğunu görürüz. Bunlar, kimsenin umursamadığı ürün ve hizmetler sunmaktadırlar ve çoğu şirket de aynısını yapmaktadır. Bunun dışında her şey muhteşemdir.
- **SAĞ ALT.** Bu köşedeki sorun, yaşamın baştan sona bir fiyat savaşıyla geçmesidir. İnsanların sizin yaptığınızı satın almak istediklerinden kuşku yoktur, ama birçok şirket de aynını sunmaktadır. Bu köşede başarılı olabilirsiniz, ama hayatınız da angaryaya döner.

ADINIZDAN ÖDÜN VERMEYİN

Kurumunuza, ürün ya da hizmetinize vereceğiniz dikkat çekici bir ad, tıpkı pornografi gibidir: Tanımlanması zordur, ama gördüğünüzde hemen anlarsınız. İyi bir adla ortaya çıkmak, bir ürün ya da hizmet yaratmaktan daha kolay olmakla birlikte, gizlediği canavarlara o kadar da güvenmemelisiniz.

İyi bir adla piyasaya girmek için zaman ve çaba harcamaktan geri kalmayın —bu, konumlandırmanızı kolaylaştırır. İşte size bu süreçte işinize yarayacak bazı tüyolar:

- **İLK HARFİNİZİ ALFABENİN BAŞINDAKİLERDEN SEÇİN.** Kim bilir, belki günün birinde kurumunuzun ürün ya da hizmeti, alfabetik bir listede yer alabilir. Listenin üstlerinde olmak, gerilerinde olmaktan iyidir. Örneğin, yüzlerce şirketin katıldığı bir fuara girdiğinizi düşünün. Fuar kitapçığının en başlarında mı, yoksa son sıralarında mı görülmeyi tercih edersiniz?

Ayrıca X ya da Z ile başlayan adlardan da sakının, çünkü bunlar duyulduktan sonra telaffuz edilmesi zor harflerdir. Örneğin, "Xylinx" adını duyduktan sonra, onu "Xylinx" diye mi, yoksa "Zylinx" diye mi yazıldığını düşünürsünüz?

- **RAKAMLARDAN KAÇININ.** Bu hiç de iyi bir fikir değildir, çünkü insanlar ismi nümerik olarak mı (123), yoksa sözel olarak mı (Bir İki Üç) kullanacaklarını unutuverirler.
- **"FİİLLEŞEBİLİR" BİR AD SEÇİN.** Mükemmel bir dünyada, adınız konuşma diline girer ve bir fiil olur. Örneğin, insanlar belgeleri "xerox" ederler —fotokopilerini çekmek yerine.

Son zamanlarda, insanların sözcükleri "internetten aramak" yerine "google'ladıklarını" görüyoruz. Fiil olarak kullanılabilecek adlar (iki ya da üç heceyi aşmamak koşuluyla) kısa sözcüklerdir ve dil sürçmesine yol açmazlar. İlk sözcük fiilleşebilir türden olmadıkça (örneğin, "Google Technology Corporation" hâlâ iyi sayılır) ya da sözcüklerin akronimi zekice bir şeyler çağrıştırmadıkça çok sözcüklü adlardan sakının. Örneğin, Hawaiian Islands Ministry, papaz ve vaizleri eğiten bir kilise yan kurumudur ve kısaltması "HIM," "hymn"i[20] ya da Him'i[21] çağrıştıracak bir şekil almıştır.

- **KULAĞA FARKLI GELSİN ("FARKLI DÜŞÜN"ÜN ZITTI OLARAK).** Adınız, kulağa eşsiz gelmelidir. Örneğin (kötü bir örnek): Claris, Clarins, Claritin ve Claria. Bunlardan hangisinin yazılımı, hangisinin kozmetiği, hangisinin antihistaminiği ya da hangisinin online pazarlamayı simgelediğini anımsamak zordur. Anımsayabilseniz bile, dört kelimeyi de aynı kategoriye sokmanıza yol açar ki, bu da dört addan üçü için hiç de iyi sayılmaz.
- **KULAĞA MANTIKLI GELSİN.** Kulağa farklı gelmesine ek olarak, adınızın kulaklara mantıklı da gelmesi gerekir. Yani adınız, yaptığınızla örtüşmelidir. Bunun güzel bir örneği Pokemon karakterleridir. Adlandırmanın en zekice örnekleri arasındadır. Örneğin Geodude ve Lickitung'u bir düşünün.

Çocuklarınızdan sizlere Beautifly, Delcatty, Flygon ve Huntail karakterlerinin kartlarını göstermelerini isteyin, mantıklı adlar ve iyi konumlandırma hakkında söylediklerimin ne anlama geldiğini hemen anlayacaksınız.

- **TRENDİDEN KAÇININ.** Önemini geç anladık, ama işe başladığımız 1997 yılında Garage Technology Ventures'e bu adı koyarken iki hata yapmıştık. Birincisi, şirkete başlangıçta "garage.com" adını vermemizdi. Ne yazık ki *nokta.com*

---

[20] Ç.N. İngilizce'de ilahi.
[21] Ç.N. İngilizce'de O/Tanrı.

isimleri, internet dalgası sönüp gittiğinde olumsuz çağrışımlar yapacaktı, çünkü iş modeli olmayan piyasalarda iş zekâları olmayan kimseler tarafından yönetilen şirketleri temsil etmeye başlamışlardı.

İkinci hatamız ise, garage.com'daki "g"yi küçük harfle yazmamızdı. Bu sahte bir alçakgönüllülükten başka bir şey olmayan bir budalalıktı, ne var ki o günler öyleydi işte. Küçük harf "g" kullanmaktaki sorun, metin içinde seçilebilmesinin zorluğundan kaynaklanıyordu. Kelimenin özel isim olduğunu ifade eden görsel ipucu ortada yoktu —'guy' adlı birinin bunu bileceğini düşünebilirsiniz. Ayrıca, hiç kimse "garage.com" diye başlayan bir cümleyi ne yapması gerektiğini —büyük harfe çevirsin mi, çevirmesin mi— kestiremiyordu.

Geç de olsa, ana fikrin on yıllar boyunca kalımını sürdürecek ve ürün ya da hizmetimizi incelikle anlatacak bir adla ortaya çıkmamız gerektiğini anlayabilmiştik.

Öte yandan, bir de Kripsy Kreme adını düşünün. Ne alfabenin ilk harflerinden biriyle başlıyor ne de "crispy" ve "cream" doğru yazılmış. Dahası, şirketin ürettiği halkalar da ne çıtır ne kremalı. Bunun ana fikri de, gerçekten müthiş bir ürününüz varsa, her şeyin üstesinden geleceğiniz.

Son bir örnek: Calgary Uluslararası Havalimanı'nın tuvaletlerinde bir şirket için müthiş bir ada rastladım. Şirket, tuvaletlerin duvarları için reklâm bilbordları satıyordu ve adı da Flushmedia[22] idi. Muhteşem.

KİŞİSELLEŞTİRİN

Köpeği için her erkek Napolyon'dur; köpeklerin her zaman sevilme nedeni de başka bir şey değildir.

—Aldous Huxley

Geçenlerde, insanların evcil hayvanları için vakıflar yaratmasına yardımcı olacak bir online hizmete başlamak isteyen bir girişimciyle tanıştım. Kadıncağız, bazen sahiplerinin hayvancıklardan önce öldüğünü söyleyip kaygılanıyordu. Kaygısının nedenini ise, her yıl ABD'de dokuz milyon evcil hayvanın uyutulduğu gerçeğine dayanmaktaydı.

Bir risk sermayedarı olarak ilk tepkim, gerçekten de dokuz milyon hayvancığın uyutulabileceği, ancak bunların tümünün de sahipleri öldüğü için ortadan kaldırılamayacağı şeklindeydi. Olsa olsa küçük bir kısmı bu nedenle uyutuluyordu, bu nedenle de pazar sandığı kadar geniş değildi. İkinci tepkimi ise bir köpek (Rocky Kawasaki, bokser) sahibi olarak gösterdim ve ona hak verdim: Sahi, Rocky'ye ne olacaktı? Ne aile vasiyetnamelerinde adı geçiyordu ne de vakıflarımızdan birinde.

---

[22] Ç.N. Sifon medyası.

Buradan çıkartılacak ders şu: Ürün ya da hizmetinizi olabildiğince kişisel konumlandırın. "Rocky'ye ne olacak?" sorusu, "Dokuz milyon evcil hayvancığa ne olacak?" sorusundan çok daha vurucudur. Eğer beni kendi köpeğim hakkındaki kişisel endişelerimden yakalayacak olursanız, kaygımı kendi evcil hayvanları için kaygılanan dokuz milyon insanı kapsayacak şekilde genişletebilirim.

KİŞİSEL OLMAYAN	KİŞİSEL
İşletim sistemimiz, Yönetim Bilişim Sistemleri bölümlerinin kontrolü sağlayıp maliyetleri düşürebilecekleri bir endüstri standardındadır.	İşletim sistemimiz sizi daha yaratıcı ve üretken kılar.
Küresel ozon deliğini küçültür.	Melanoma[23] yakalanmanızı önler.
ABD'de düzinelerce ülkenin her yanına uçuşlar yapmaktadır.	"Artık ülkenin her yerine uçmakta özgürsünüz."
Bölgenizdeki okulun sınav ortalamalarını yükseltir.	Johny'ye okumayı öğretir.

Konumlandırma, kişiselleştirildiğinde daha da güç kazanır, çünkü insanoğlu bir ürün ya da hizmetin bir gereksinim boşluğunu nasıl dolduracağını düşlemek zorunda değildir.

"TÜRKÇE" KONUŞUN

Kendinize şöyle sorun: İlgimi çekti mi? Çıkarlarıma yarıyor mu? Zırhımı delip geçti mi? Türkçe mi söylendi: Merkezinde "ben" mi varım? Önemli mi?

—Reklâmcılık üstadı Allen Kay'in "Reklâmı iyi yapan nedir?" konulu sözleri.

Günün birinde bir şirketin CEO'su Garage'a geldi ve bizlere aşağıdaki konumlandırma bildirgesini sundu: "2048-bit Diffie-Hellman key exchange ve 168-bit triple-DES kullanarak, dijital ses, faks ve kablosuz iletişimler için 'davetsiz konukları' önleme olanağı sağlamak."

---

[23] Ç.N. Bir tür deri kanseri.

Konumlandırma Sanatı

Kodlama uzmanları için bu açıklama çok şey ifade eder. Geriye kalan bizler için ise, CEO sanki Fransızca konuşuyordu. Bizlerin de yardımıyla, açıklamasını şöyle değiştirdi: "İletişiminizi emniyete alıyoruz."

Ne satarsanız satın ya da onu kime satarsanız satın, yaptığınızı açıklamak için yalın sözcükler kullanın. Hangi sektörünüzün jargonu ne olursa olsun, konunun içindekilerden çok daha fazla insanın da yaptığınızı anlamaya gereksinmeleri olduğunu aklınızdan çıkartmayın.

> **ALIŞTIRMA**
>
> Konumlandırma bildirgenizdeki bütün kısaltmaları (akronimleri) ve teknik terimleri silip atın. Bildirgeniz zayıfladı mı dersiniz?

ZITLAR TESTİNİ UYGULAYIN

Çoğu şirket, ürün ya da hizmetini tanımlamak için aynı terimleri kullanır. Sanki hepsi de müşteri adaylarının ıssız bir adada yaşadıklarını ve daha önce bir ürün ya da hizmetin "yüksek nitelikli", "sağlam", "kullanımı kolay", "hızlı" ya da "güvenli" gibi terimlerle tanımlandığını hiç işitmediklerini sanır gibidir.

Ne demek istediğimi görmek için Zıtlar Testini uygulayalım: Sunduğunuz şeyi, rakiplerinizinkine zıt tarzda mı sunuyorsunuz? Eğer öyle yapıyorsanız, farklı bir şeyler söylüyorsunuz demektir. Yapmıyorsanız, o zaman tanımlamalarınız bir işe yaramayacaktır.

Örneğin, ürününüzü "kullanımı kolay, güvenli, hızlı ve geniş ölçekli" diye tanımlamanız hoş bir şeydir, tabii eğer rakipleriniz ürünlerini "kullanımı zor, güvensiz, yavaş

SIFAT	KANIT
Kullanımı kolay	Bir günde kurabilirsiniz ve son kullanıcının eğitilmesine gerek yoktur.
Güvenli	Bugüne kadar kimse hack'leyemedi.
Hızlı	Reel sonuçlar, hızın beş kat artığını gösteriyor.
Geniş ölçekli	Saniyede 20.000 işleme kadar yapabilir.

ve sınırlı" şeklinde tanımlıyorlarsa. büyük olasılıkla bunu yapmıyorlardır, o halde hiçbir şey söylemiyorsunuz demektir.

Ürününüzün seçkinliğini anlatmanın çok daha iyi bir yolu da somut kanıt noktaları sunarak insanların onun eşsiz niteliklerini kavramalarını sağlamaktır.

Kuşkusuz, zaman zaman, meramınızı anlatmak için bunca söz etme lüksüne sahip olmayabilirsiniz. Fakat bu tür kısıtlamalarla kırk yılda bir karşılaşırsınız. Benzersiz bir dil bulun ya da bilimsel kanıtlar sunun ve asla *kullanımı kolay, güvenli, hızlı* ve *geniş ölçekli* türünden alışıldık sıfatlarla tanımlanan yegâne ürünün sizinki olduğu zannına kapılmayın.

MESAJINIZI BASAMAKLANDIRIN

Bir kurumu konumlandırma sanatı çetin bir süreçtir, ama harcayacağınız emeğe değer. Ne yazık ki çoğu şirket, bunu gözden kaçırır ve yarım ağızla yazılmış bir iç ileti yollamaktan ya da ezberlenegelmiş bir konumlandırma bildirgesini yıllık faaliyet raporuna eklemekten öteye adım atmamaktadır. Utanç verici.

Herhangi bir konumlandırma sürecinin hayati adımı, pazarlama bölümü ve kurumun üst yönetiminden aşağıya, geçici personele ve danışmanlara kadar herkesin konumlandırmayı anlamasını sağlamaktır. Bunu önermenizi ayrıntılandıran kısa bir belge hazırlamak ve bunu herkesin katıldığı toplantılarda tartışmaya açarak başarabilirsiniz. Yöneticilerin, bütün çalışanların bunu anladığından emin olmaları gerekir. Bir dağdan aşağı akan bir çağlayan düşünün —ıslak olan yalnızca zirve değildir.

ALIŞTIRMA

Danışmadaki elemanınıza, kurumunuzun ne yaptığını sorun.

Güvenlik Supabı

İşe en son aldığınız elemanlarınıza, neden kurumunuza katıldıklarını sorun. Verecekleri yanıtlar iyi ve gerçek bir konumlandırma bildirgesi için zengin bir kaynak oluşturacaktır, çünkü hepsinde dışarıdan bakan birinin bakış açısı vardır ve fikirleri tazedir.

Tabii bu arada müdürlerinizle danışmanlarınızı da unutmayın. Kaç yönetim kurulu üyesinin bir kurumun ne yaptığını tanımlamakta zorlandıklarını görseniz şaşar kalırsınız. Bunun nedeninin onların kurumu "yönetmeleri", tam olarak bildiklerinin de

Konumlandırma Sanatı

yalnızca yönetmek olduğunu düşünebilirsiniz. Oysa aslında, bu insanlar gerçekte olup bitenlerden çok uzaklaşmışlardır —neler olması gerektiğinden ise çok daha uzaktırlar. Bir kurumun konumlandırılması, sadece pazarlamanın ve yönetimin işi değildir: Çalışanların her birinin işi budur. Bu öylesine önemli bir süreçtir ki, çalışanlar ayrılıp yerlerine yenileri geldikçe yinelemek zorundasınızdır. Bu olgu, kurumdan ayrılmayan, ancak konumlandırma hakkında tazelenmelerine gerek olan çalışanlar için bile geçerlidir. Bu işi altı ayda bir yapmanız yeterli sayılabilir.

KENDİNİZİ AKINTIYA BIRAKIN

Piyasanın sizi konumlandırmasına izin veremeyeceğiniz gibi, konumlandırmanızı tam anlamıyla "denetleyemeyeceğiniz de bir gerçektir.

İyi bir mesaj yaratmak için elinizden gelenin en iyisini yapar ve bunu basamak basamak çalışanlarınıza, müşterilerinize ve ortaklarınıza aktarabilirsiniz. Ama önünde sonunda piyasa garip, güçlü, zaman zaman gergin, ama çoğu zaman da harika bir şeydir: Kendi kararını kendi verir. Bunun olagelme nedeni umulmadık müşterilerin ürün ya da hizmetinizi hiç beklenmedik şekilde kullanmaya başlamaları olabilir. Örneğin, tablo programlı/veri tabanlı/kelime işlemcili bir bilgisayar bir anda bir masaüstü yayıncının aracı olup çıkabilir.

Böyle bir durum ortaya çıktığında (a) sakin olun, (b) piyasanın size anlatmak istediğine kulak verin. Kim bilir, belki de piyasa size bir iyilik yapmış ve sizin için doğal bir konumlandırma yolu bulmuştur. Bu konumlandırma ile yaşayabilir misiniz? Ne de olsa kendinizi olayların akışına bırakmanız, kendi uydurduğunuz doğal olmayan konumlandırmaya kapılıp sürüklenmenizden daha iyidir.

ALIŞTIRMA

1. Adım: Müşterilerinizin ürün ya da hizmetinizi kullandıkları sırada yaşadıkları deneyimleri tanımlayan bir paragraf yazın.
2. Adım: Bir müşterinizi arayıp kendisinden, ürün ya da hizmetinizi kullanmayı tanımlayan bir paragraf yazmasını isteyin.
3. Adım: İki tanımlamayı karşılaştırın.

SSS

S. Kurumum için bir konumlandırma bildirgesi hazırlamak için bir PR şirketi kullanmalı mıyım?

Y. Konumlandırma işini asla bir PR şirketine (ya da kendi dışınızdaki herhangi bir kuruma) bırakmayın. Bu, başkasına delege edilemeyecek kadar önemli bir görevdir. Konumlandırma, temel görevinizdir, tembellik etmeyin.

S. "Küçük oğul" gibi görünmenin stratejik bir avantajı var mıdır? Yoksa daha olgun ve oturmuş bir imaj mı sergilemeliyim?

Y. Yalanın ölçütü yoktur. Bir kere insanları kandırmaya başlarsanız, aynı yolda devam edip gidersiniz. Bu da tanıştığınız insanlar çoğaldıkça işleri daha karmaşıklaştırır. Neyseniz onu yansıtmak zorundasınızdır. Ama bu yetersiz sermayeye sahip, prematüre ve zayıf olduğunuzu sergilemeniz demek değildir, nasılsanız öyle gözükün ama eğer General Motors değilseniz, sakın General Motors'muşsunuz gibi görünmeye de kalkmayın.

S. Kuruma ad seçerken, alabileceğimiz boştaki alan adlarını göz önünde bulundurmalı mıyız?

Y. Kesinlikle. Böyle bir alan adı sahibi olmak yalnızca "cool" olmak değil, aynı zamanda müşterilerinizin, ortaklarınızın ve yatırımcıların kolaylıkla anımsayabilecekleri bir ada sahip olmak demektir.

S. Konumlandırmayı düşünürken, ileriye bakmalı ve çıkış stratejileri üzerinde de durmalı mıyım?

Y. Bir çıkış stratejisinin (üzerinde hiçbir denetiminiz olamayacak bir stratejinin) konumlandırmanızı nasıl değiştireceğini bilemem. Büyük bir kurum kurabilirsiniz —bir anlamda bu iyi bir konumlandırma olacaktır. Çıkış stratejilerini düşünmeyin —tabii aynı şekilde çıkış stratejilerinin konumlandırmanızı nasıl etkilemesi gerektiğine ya da etkileyebileceğine de aldırmayın.

OKUNMASI TAVSİYE EDİLEN KAYNAKLAR

Trout Jack. *Yeni Konumlandırma*. İstanbul: Optimist, 2006.

3. BÖLÜM

Sunum Sanatı

Konuşmanı kısa kes, bahtını karartabilir.

—Shakespeare, *Kral Lear*

BİBİBF

D üşünüyorum, öyleyse varım"ı unutun. Girişimcilerin şiarı "Sunum yapıyorum, öyleyse varım"dır. Sunum yapıp da kendini açıkça ortaya koymak yalnızca para kazanmak için yararlı değildir —herhangi bir konuda anlaşmaya varmanın da anahtarıdır. Anlaşma, birçok sonuçlar getirebilir: yönetimin bir ürün ya da hizmetin geliştirilmesine ortak olması, bir satışı bitirmek, bir ortaklığı korumak, bir çalışanı işe almak ya da bir yatırımı güvenli kılmak.

Soru: Bir girişimcinin meramını anlattığını nasıl söyleyebilirsiniz?

Yanıt: Dudakları oynuyordur.

Uzun süredir daha iyi sunum yapmak konusunda tam bir evangelist kesilmiş durumdayım, çünkü adına kulak çınlaması denilen bir rahatsızlığın pençesindeyim. Bunun anlamı, sağ kulağımın içinde sürekli ziller çalması. Bu uğurda başvurmadığım uzman kalmadı, ne var ki kimse bunun nedenini çıkartamadı —tabii nasıl tedavi edilebileceğini de.

Benden tuzu kesmemi istediler. (Miso çorbası ile suşiye bayılan bir Japon-Amerikalı için ne tavsiye!) Daha az çikolata yemem, daha az şarap ve peynir tüketmem tavsiye edildi. (Bu da California'da yaşayan bir Japon-Amerikalı için tutulamayacak bir tavsiye.) Sonra da daha az dertlenip daha çok uyumamı buyurdular. (Tam da Silikon Vadisi'ndeki bir teknoloji şirketinin CEO'suna göre bir buyruk!) Bendenizin ise bu tıbbi gizem konusunda başka bir açıklamam var: Kulağımda çalan zillerin nedeni, dinlediğim o binlerce saçma sunumdan başka bir şey olamaz.

Sunum yapmanın ana fikri; hızlı bir giriş yapmak, yaptığınız işin özünü açıklamak, üst perdeden konuşmak, dinleyicilerin tepkilerine kulak vermek ve sonra doğru yolu buluncaya kadar bıkıp usanmadan meramınızı anlatıp durmaktır. Bu bölümde, kurumunuzu ve ürün ya da hizmetinizi nasıl daha kısa, daha yalın ve daha etkili biçimde sunabileceğinizi öğreneceksiniz.

İLK ANDA KENDİNİZİ AÇIKLAYIN

Bugüne kadar bir girişimcinin para toplamak, bir çalışanın yeni bir ürün için yönetimin onayını almak ya da bir fikri ve ödeneği güven altına almak isteyen kâr amacı gütmeyen bir kurumun sunumunu dinleyip de *Keşke konuşmacı, sunumunun ilk on beş dakikasını hayat hikayesini anlatmaya ayırsaydı* diye düşünmediğim hiç olmadı. Siz onları ısındırmaya çalışadurun, dinleyicilerin tek merakı vardır, *kurumu ne yapıyor?*

Bu enformasyona ister dayanak noktası deyin, isterseniz altyapı ya da köprübaşı —yani dilediğiniz metaforu kullanın— dinleyicilerinizin bütün istediği, sunumun yerinde olmasıdır. Şimdi gelin herkese bir iyilik yapın: O mahut soruyu daha ilk anda yanıtlayın. Dinleyiciler bir kere ne yaptığınızı öğrendikten sonra, anlatacağınız her şeyi daha odaklanmış bir kulakla dinleyecek ve konu dışına sapmanızı bile hoş karşılayacaklardır.

ALIŞTIRMA
Çalar saatinizi bir dakika sonraya kurun. Saat çalana kadar o andaki meramınızı anlatmayı deneyin. Sonra dinleyicilerden, kurumunuzun ne yaptığını anlatacak bir cümle yazmalarını isteyin. Yanıtları toplayın ve söylediğinizi sandığınız sözlerle karşılaştırın.

Ne yazık ki çoğu girişimci hâlâ bir sunumun, açılışı mutlaka otobiyografi olan bir söylev olduğu inancından kurtulabilmiş değildir. Üstelik bu yürek burkan öyküden de dinleyicilerin kurumun hangi işte olduğunu ve ürünün ne olduğunu anlayacakları varsayılır. Bir daha düşünün. İşler aslında tam tersine yürür: Önce ne yaptığınızı anlatın ki dinleyiciler sizi anlayabilsin ya da en azından işinizin ayrıntılarına katlanabilsinler. Sunumunuzun başından havayı temizleyin ve kimsenin ne yaptığınızı tahmin etmesine meydan vermeyin. Sunumunuzu kısa ve şirin yapın:

- Yazılım satıyoruz.
- Donanım satıyoruz.
- Sosyal haklarından yoksun çocukları eğitiyoruz.
- Günahkârlara yardımcı oluyoruz.
- Çocuk istismarını önlüyoruz.

CÜCENİZİ YANITLAYIN

Garage'daki meslektaşlarımdan Bill Joos, IBM'de kariyerine başladığında, şirketin kendisini sunumları boyunca omzunda bir cücenin oturduğunu düşlemek konusunda eğittiğini anlatmıştı. Her defasında Billy bir şeyler söylediğinde, cüce ona fısıldayacaktı: "Eee, ne olmuş yani?"

Her girişimci omzunda bir cüce taşımalı ve ona kulak vermelidir. Ne yazık ki çoğu insan ya cücelerini kaybederler ya da bendeniz gibi kulak çınlaması çekmektedirler. Unutmayın: Anlattıklarınızın önemi, her zaman bırakın insanları şok etmeyi ya da kulak kesilmelerini sağlamayı, kendinden menkul bile değildir.

NE DEDİNİZ?	CÜCENİZ NE SORDU?	NASIL YANITLADINIZ?	NASIL AYRINTILANDIRDINIZ?
"İşitme aygıtlarımızda dijital sinyal işlemcisi kullanıyoruz."	Eee, ne olmuş yani?	"Ürünümüz seslerin netliğini artırıyor."	"Örneğin, çevrenizde bir sürü gürültülü sohbetin sürüp gittiği bir kokteyle katılırsanız bile, karşınızdakinin size ne söylediğini işitebilirsiniz."
"Taşınabilir bir aygıtla 128-bitlik şifreleme yapıyoruz."	Eee, ne olmuş yani?	"Bizim sistemimize girmek çok zordur."	"Örneğin, eğer bir otel odasındaysanız ve şirket merkezinizdekilerle güvenli bir telefon konuşması yapmak istiyorsanız."
"(Tanınmış bir kadın adı) Hanım da danışma kurulumuzda.	Eee, ne olmuş yani?	"Yaptığımız iş, en ünlülerin bile ilgisini çekiyor."	"Örneğin, kendisi daha şimdiden kendi endüstrisinin kapılarını bize açtı."
"Yeni okulumuzda Montessori yöntemleri uyguluyoruz."	Eee, ne olmuş yani	"Okulumuz çocuklara birer birey olarak odaklanıyor ve kendi çalışmalarını bağımsızca yürütmelerine olanak tanıyor."	"Örneğin, belli alanlarda öteki çocuklardan yetenekli olanlara daha hızlı ilerleme olanağı sağlıyoruz."

Ne zaman bir sunum yapmaya başlasanız, cücenizin sorusunu sorduğunu düşleyin. Onu yanıtladıktan sonra, bir sunumun en önemli sözcüğüyle sürdürün konuşmanızı: "Örneğin..."[24] Ondan sonra da konuşmanıza ürün ya da hizmetiniz hakkında gerçek dünyadan bir örnekle ya da bir senaryo ile devam edin.

Bir sunumda hiçbir şey "Eee, ne olmuş yani?"ye verilecek yanıtla "Örneğin"in bileşiminden daha güçlü olamaz.

DİNLEYİCİNİZİ TANIYIN

Acemi girişimciler, yapacakları müthiş bir sunumun, anında büyük bir etki yaratma yeteneği olduğuna inanırlar. Yanılırlar. Müthiş bir sunum yapmanın püf noktası, toplantı başlamadan önce yapacağınız araştırmadır.

Birincisi, dinleyicileriniz için neyin önemli olduğunu öğrenin. Bu enformasyonu, toplantı "sponsorunuzdan" aşağıdaki soruları sorarak öğrenebilirsiniz:

- Kurumumuz hakkında öğrenmek istediğiniz en önemli üç şey nedir?
- Fikrimizde sizi çeken ve bizlere toplantı olanağı sağlamanıza yol açan nedir?
- Toplantıdan önce hazırlanmam gereken özel konular, sorular ya da tuzaklar var mı?
- Toplantıya katılacakların en yaşlısı kaç yaşındadır? (Bunu bilmeye neden gereksindiğinizi çok geçmeden göreceksiniz.)

İkincisi, kurumun internet sitesini ziyaret edin, Google arama motorunu kullanın, raporları okuyun ve dinleyicileriniz hakkındaki çekirdek enformasyonu elde etmek için endüstrideki bağlantılarınızla görüşün. Soruşturmanız gereken alanlar şunlardır:

- **KURUMSAL GEÇMİŞ.** Kurumun misyon bildirgesi nedir? Kurumun kökeni nedir? Parasal kaynağı kimdir? Kim kurmuştur?
- **YÖNETİCİLER.** Kurumda kimler çalışmaktadır? Önceki konumlarında hangi kurumlarda çalışmışlardır? Okula nerede gitmişlerdir? Şu sırada hangi yönetim kurullarında ya da başka hangi kurumlarda çalışmaktadırlar?
- **GÜNCEL FAALİYETLERİ.** Bu konudaki sorular kurduğunuz kurumun türüne ve ne elde etmek istediğinize bağlı olarak değişir. Genelde, kesinlikle saptamanız gereken kurumun ne yaptığı ve yöneliminin ne olduğudur.

Üçüncü olarak da sunumunuzu güçlü ve anlamlı kılacak bağlantılar, oltalar ve açılar konusunda ekibinizle bir beyin fırtınası yaratın. Olasılıklar çoktur, ama dinleyicinin

---

[24] Richard C. Borden, *Public Speaking—as Listeners Like It!* (New York: Harper & Brothers, 1935), 53.

karşısına çıktığınızda bunları keşfetmeniz daha zordur. İşin püf noktası, bu araştırmayı önceden, üzerinizde daha az baskı varken yapmanızdır.

10/20/30 KURALINA UYUN

Bugüne kadar hiç çok kısa bir sunum dinlemedim. Aslında iyi bir sunum dinleyicileri konuşmayı uzatacak sorular sormaya iteceğinden, zaten çok kısa olamaz. İşte sizlere güzel bir sunumun içeriği, uzunluğu ve puntosu için iyi bir rehber:

- on slayt
- yirmi dakika
- otuz puntoyla yazılmış metin

On Slayt

Eğer dinleyicileriniz, sunumunuzdan tek bir şey anımsıyorlarsa şanslı sayılırsınız: kurumunuzun ne yaptığını. İşte o zaman sunumunuz, rakiplerinizin yüzde 90'ınınkinden iyi demektir. Amacınız her şeyi anlatmak değil, "yeterli" iletişimi kurmaktır.

"Yeterlinin" anlamı, bir sonraki adımı atmanıza yetecek kadardır —sonraki adımınız ne olursa olsun. Kaynak oluşturmak için yeni adım, şirket içinden daha fazla ortakla toplantı yapmanızdır. Satış için bir sonraki adım, test ya da küçük bir siparistir. Ortaklık için bir sonraki adım, kurum içinden daha fazla insanla bir araya gelmenizdir.

Şunu iyice anlamalısınız: Sunum yapmanın amacı, satışı bitirmek değil, ilgiyi tetiklemektir. Bu nedenle, bir sunum için salık verilen slayt sayısı da azdır —on ya da o dolayda. Görünüşte çok az olan bu sayı, sizi olmazsa olmaz ayrıntılara odaklanmaya zorlayacaktır. Sayıyı biraz çoğaltabilirsiniz, ama asla yirmi slaytı aşmamalısınız. Gereksindiğiniz slayt sayısı ne kadar azalırsa, fikriniz de o kadar iddialı olur.

Aşağıdaki üç tabloda, üç sunum türü için olmazsa olmaz slaytları açıklamaktadır:

- kâr amacı güden ve gütmeyen kurumlar için yatırımcı sunumu
- müşteri adayına yapılacak satış sunumu
- ortak adayına yapılacak sunum

Likidite hakkında birkaç söz: Hiçbir girişimcinin likiditeye ne zaman, nasıl erişeceğini ya da erişip erişemeyeceğini bilmemesine karşın, çoğu "Önümüzde iki likidite tercihi var: biri halka arz, diğeri de şirket iktisabı," yazılı bir slayt göstermekte ayak direr. Püfff, ne de bilgilendirici ama! Eğer bir yatırımcı kalkıp da çıkış stratejinizi soruyorsa, genellikle bu bir şey bilmediğindendir. Eğer siz onu bu iki seçenekle yanıtlarsanız, o zaman onunla pek çok ortak yanınız olduğuna hükmedilir.

Likidite hakkında bir slaytı, ancak elinizde şirketi satın alabilecek en azından beş olası şirketten oluşan bir liste varsa ve yatırımcı da bunları biliyor gibi görünmüyorsa —bu da sizin endüstriyi gerçekten bildiğinizin kanıtıdır— sunumunuza katabilirsiniz. Tam tersine, tutup Microsoft'un ya da sektörünüzün Microsoft'unun kurumunuzu satın alacağını söylerseniz, budala yatırımcılar dışındakileri korkutup kaçırıverirsiniz.

On temel slaytınızın dışında, teknolojiniz, pazarlamanız, hâlihazırdaki müşterileriniz ve diğer kilit stratejileriniz hakkında ayrıntılar içeren birkaç slayt daha gösterebilirsiniz. Eğer daha derinlemesine bir açıklama istenirse, bunun önceden yapılması daha yerindedir. Bununla birlikte, genellikle bu tür slaytlar, en önemli on slayt içinde yer almazlar.

Yirmi Dakika

Çoğu toplantı ya da randevunun süresi bir saattir; bununla birlikte, sunumunuzu yirmi dakikada tamamlayabilecek durumda olmalısınız. Bunun iki nedeni vardır. Birincisi, eğer sizinkinden önceki toplantı uzamışsa, bir saatiniz kalmaz.

İkincisi, tartışmalara zaman bırakmak istersiniz. İster yirmi dakikalık sunum ve onu izleyen kırk dakikalık tartışma olsun, ister bir slayt-bir tartışma, bir slayt-bir tartışma şeklinde ilerleyin, bu önemli değildir. Ancak, toplantı sönük gitmedikçe, bir saat içinde kırk beş slayt göstermenizi haklı çıkartacak bir senaryo da yoktur.

Belki aklınıza takılmıştır. *Guy, ayaktakımından, sıradan insanlardan ve palyaçolardan söz ediyor. Onlar sadece on slayt ve yirmi dakikayla sunum yapmalılar, ama biz değil. Bizlerin hızlı yükselen bir eğrimiz, paradigmaları değiştiren, ilk olan ve patent bekleyen bir teknolojimiz var.*

Aslında ben sizden de söz ediyorum. Köpek maması mı, sonsuz hayat mı, nano partiküller mi, optik aygıtlar mı ya da kanser tedavisi mi sattığınız umurumda bile değil: On slayt ve yirmi dakika, işte o kadar!

Otuz Puntoyla Yazılmış Metin

Bu tavsiyem asıl olarak risk sermayedarlarına yönelik sunum yapan girişimciler için, ama projektör kullanarak kurumunuz hakkında sunum yapacağınız her toplantıya uyarlanabilir. Şöyle düşünün: Nokta.com kıyımından yakasını kurtarabilmiş her risk sermayedarı, olasılıkla kırkını aşmıştır ve gözleri de bozulmuştur. Bu işin temel kuralı, puntoyu belirlemek için en yaşlı yatırımcının yaşını ikiye bölmek ve punto büyüklüğü olarak bu rakamı kullanmaktır.

Sunum Sanatı

Yatırımcı Sunumu (kâr amacı güden ve gütmeyen kurumlar için)

SLAYT	İÇERİK	YORUMLAR
Başlık	Kurumun adı; adınız ve unvanınız; irtibat bilgileri.	Dinleyiciler slaytı okuyabilirler —kurumunuzun ne yaptığını burada anlatırsınız. ("Yazılım satıyoruz." "Donanım satıyoruz." "Biz bir okuluz." "Biz bir kiliseyiz." "Çevreyi koruyoruz." Can alıcı noktalara dokunun!
Sorun	Dindirdiğiniz sıkıntıyı tanımlayın. Amacınız herkesin başını sallayıp "ikna olması"dır.	Çözüme bir sorun ararmış gibi gözükmekten kaçının. Pazarınızın geleceğine ilişkin danışman araştırmalarını ya çok az kullanın ya da hiç kullanmayın.
Çözüm	Bu sıkıntıyı nasıl geçireceğinizi ve yarattığınız anlamı açıklayın. Dinleyicilerin, ne sattığınızı ve değer önermenizin ne olduğunu açıkça anladıklarından emin olun.	Burası derinlemesine bir teknik açıklamanın yeri değildir. Sıkıntıyı nasıl gidereceğinizin yalnızca ana noktalarına değinin —örneğin, "Biz bir indirimli seyahat internet sitesiyiz. Yazdığımız yazılımla diğer bütün seyahat sitelerini tarıyor ve fiyatlarını tek bir rapora döküyoruz."
İş Modeli	Parayı nasıl bulduğunuzu; kimin ödediğini, dağıtım kanallarınızı ve brüt marjlarınızı açıklayın.	Genel olarak, benzersiz ve sınanmamış bir iş modeli, ürkütücü bir önermedir. Eğer gerçekten devrimci bir iş modeliniz varsa, onu kulaklara aşina gelen deyimlerle anlatın. Bu sizin için ürün ya da hizmetinizi zaten kullanmakta olan kuruluşların adlarını araya serpiştirme fırsatıdır.
Özündeki Büyü	Ürün ya da hizmetinizin ardındaki teknolojinizi ya da gizli sos tarifinizi tanımlayın.	Burada ne kadar az metin ve buna karşılık ne kadar çok diyagram, şema ve tablo olursa o kadar iyidir. Raporlar ile konseptlerin objektif kanıtları burada size yardımcı olacaktır.

Devam

Yatırımcı Sunumu (kâr amacı güden ve gütmeyen kurumlar için) *(devamı)*

SLAYT	İÇERİK	YORUMLAR
Pazarlama ve Satışlar	Müşterilerinize nasıl erişeceğinizi ve pazarlama avantajı noktalarınızı açıklayın,	Dinleyicileri az maliyetli etkili bir pazara giriş stratejiniz olduğuna ikna edin.
Rakipler	Rekabet ortamının bütünsel bir görünümünü çizin. Çok fazlası, çok azından daha iyidir.	Rakiplerinizi asla küçümsemeyin. Herkesin —müşterilerin, yatırımcıların, çalışanların— istediği, rakiplerinizin neden kötü olduklarını değil, sizin neden iyi olduğunuzu duymaktır.
Yönetim Ekibi	Ana yatırımcılarınızı olduğu gibi, yönetim ekibinizin, yönetim kurulunuzun ve danışma kurulunuzun anahtar oyuncularını belirtin.	Mükemmelin biraz altında bir ekibiniz olsa da aldırmayın. Yeni işe atılmış olanların hepsinin ekiplerinde birtakım delikler vardır —önemli olan, bu delikleri gördüğünüzü ve kapatmaya kararlı olduğunuzu sergilemenizdir.
Mali Tahminler ve Anahtar Metrikler	Yalnızca parasal değil, müşteri sayınız ve müşteriye dönüşüm oranı gibi anahtar metrikleri de kapsayacak beş yıllık bir tahmin sunun.	Mutlaka aşağıdan yukarı doğru bir tahmin yapın (daha fazlası için 5. Bölüm "Özkaynaklarla Yaşama Sanatı"). Uzun satış döngülerini ve mevsimselliği hesaba katın. İnsanların tahmininizin altında yatan varsayımlarınızı anlamaları da ürettiğiniz rakamları anlamaları kadar önemli.
Hâlihazırdaki Statü, Şimdiye Kadar Başarılanlar, Zaman Çizelgesi ve Fon Kullanımı	Ürün ya da hizmetinizin hâlihazırdaki konumunu, yakın geleceğin nasıl göründüğünü ve kazanmaya çalıştığınız parayı nasıl kullanacağınızı açıklayın.	Pozitif momentumunuz ile çekiş gücünüzün ayrıntılarını da paylaşın. Sonra da slaytı harekete geçme eğilimi yaratan bir kapanış yapmakta kullanın.

Satış Sunumu

SLAYT	İÇERİK	YORUMLAR
Başlık	Kurumun adı; adınız ve unvanınız; irtibat bilgileri.	Dinleyiciler slaytı okuyabilirler —kurumunuzun ne yaptığını burada anlatırsınız. ("Yazılım satıyoruz." "Donanım satıyoruz." "Biz bir okuluz." "Biz bir kiliseyiz." "Çevreyi koruyoruz." Can alıcı noktalara dokunun!
Sorun	Dindirdiğiniz müşteri sıkıntısını tanımlayın.	Müşterinin çektiği sıkıntıyı tam olarak tanımladığınızdan emin olun.
Çözüm	Bu sıkıntıyı nasıl geçireceğinizi açıklayın.	Burası derinlemesine bir teknik açıklamanın yeri değildir. Sıkıntıyı nasıl gidereceğinizin yalnızca ana noktalarına değinin.
Satış Modeli	Dinleyicilerin ne sattığınızı ve değer önermenizi açıkça anladıklarından emin olun.	Bu sizin için ürün ya da hizmetinizi zaten kullanmakta olan kuruluşların adlarını araya serpiştirme fırsatıdır. Eğer bu alanda güçlü bir öykünüz var ise, burada bahsetmek yerine "Mevcut Müşteriler" diye ayrı bir slayt ekleyebilirsiniz.
Teknoloji	Ürün ya da hizmetinizin ardındaki teknolojinizi ya da gizli sos tarifinizi tanımlayın.	Burada ne kadar az metin ve buna karşılık ne kadar çok diyagram, şema ve tablo olursa o kadar iyidir. Raporlar ile konseptlerin objektif kanıtları burada size yardımcı olacaktır.
Demo	Mümkünse, bu noktada hiç ara vermeden ürün ya da hizmetinizin canlı bir demosunu sergileyin.	Eğer iyi bir demo yapabilirseniz, bir demo bin slayttan iyidir.

Devam

Satış Sunumu *(devamı)*

SLAYT	İÇERİK	YORUMLAR
Rekabet Analizi	Rekabet ortamının bütünsel bir görünümünü çizin. Çok fazlası, çok azından daha iyidir.	Müşteri adayının hangi rakip ürün ya da hizmetleri kullandığını önceden öğrenin. Daha da iyisi, müşteri adayının bunları kullanırken karşılaştığı sorunları keşfedin. Bununla birlikte, gene de asla rakiplerinizi küçümsemeyin. Müşterilerin sizden duymak istedikleri rakiplerinizin neden kötü oldukları değil, sizin neden daha iyi olduğunuzdur.
Yönetim Ekibi	Ana yatırımcılarınızı olduğu gibi, yönetim ekibinizin, yönetim kurulunuzun ve danışma kurulunuzun anahtar oyuncularını belirtin.	Bunu yapmanızdaki amaç, olası alıcınızın, işe yeni atılmış bir kurumdan satın almak konusunda kendini daha rahat hissetmesini sağlamaktır.
İleriki Adımlar	Sunumunuzu bir deneme dönemi ya da test montajı gibi bir eylem çağrısıyla noktalayın.	

ALIŞTIRMA

Sunumunuz için hazırlanmış on dört puntodan küçük karakterlerle yazılmış ne varsa çöpe atın. Elinizde kalanlar, dinleyicilerinizin okuyabileceklerdir.

Ciddiyim, eğer elinizdeki materyali sığdırmak için küçük punto kullanıyorsanız, slayt için fazlasıyla ayrıntıya giriyorsunuz demektir. Her slayt, bir ana noktayı vurgulamalıdır. Bütün metin ve maddeleriniz buna uygun olmalıdır. Slaytları okumayın, onlardan ipucu alın. Slaytlarınız ağzınızdan çıkacakların yorumu ve genişletilmişidir. İnsanlar, sizin konuştuğunuzdan daha hızlı okuyabilecekleri için, eğer slayta fazlasıyla ayrıntı yüklerseniz, dinleyicileriniz metni siz konuşmanızı tamamlamadan okuyup bitirebilir ve sonra da anlattıklarınıza kulak vermeyebilirler.

Ortaklık Sunumu

SLAYT	İÇERİK	YORUMLAR
Başlık	Kurumun adı; adınız ve unvanınız; irtibat bilgileri.	Dinleyiciler slaytı okuyabilirler —kurumunuzun ne yaptığını burada anlatırsınız. ("Yazılım satıyoruz." "Donanım satıyoruz." "Biz bir okuluz." "Biz bir kiliseyiz." "Çevreyi koruyoruz." Can alıcı noktalara dokunun!
Sorun	Dindirdiğiniz müşteri sıkıntısını tanımlayın.	Ortak adayınızın hâlihazırda ya da gelecekte sizinle aynı müşterilere satış yaptığından ya da yapmaya istekli olduğundan emin olun.
Çözüm	Bu sıkıntıyı nasıl geçireceğinizi, artı olarak da bunu ortaklıkla nasıl daha bile iyi yapacağınızı anlatın.	
Ortaklık Modeli	Ortaklığın nasıl işleyeceğini açıklayın: Kim neyi, ne zaman, nasıl ve neden yapacak?	Bu slayt, öncekinin olumlu etkilerini devam ettirmelidir —sinerjiyi giderek daha fazla çekici ve görünür hale getirmelidir.
Özündeki Büyü	Ürün ya da hizmetinizin ardındaki teknolojinizi ya da gizli sos tarifinizi tanımlayın.	Burada ne kadar az metin ve buna karşılık ne kadar çok diyagram, şema ve tablo olursa o kadar iyidir. Bunun amacı, ortaklık adayınızı özel bir şeyiniz olduğuna ikna etmenizdir.
Demo	Mümkünse, bu noktada hiç ara vermeden ürün ya da hizmetinizin canlı bir demosunu sergileyin.	Müşteri sunumunda olduğu gibi, eğer iyi bir demo yapabilirseniz, bir demo bin slayttan iyidir.
Rakipler	Bu opsiyonel bir slayt. Bu aşamayı atlayabilecek olmanızın nedeni, olası ortağınıza çalışabileceği sizden daha iyi başka kuruluşlar da olduğu konusunda bilgilendirmekten kaçınmaktır.	

Devam

Ortaklık Sunumu *(devamı)*		
SLAYT	**İÇERİK**	**YORUMLAR**
Yönetim Ekibi	Ana yatırımcılarınızı olduğu gibi, yönetim ekibinizin, yönetim kurulunuzun ve danışma kurulunuzun anahtar oyuncularını belirtin.	Bunu yapmaktaki amacınız, olası ortağınızın işe yeni atılan bir kuruluşla çalışmak konusunda rahatlamasını sağlamaktır.
İleriki Adımlar	Sunumunuzu bir deneme dönemi ya da test montajı gibi bir eylem çağrısıyla noktalayın.	

SAHNEYİ HAZIRLAYIN

Eğer toplantıya geldiğinizde, projektör olmadığını görürseniz, bu sizin hatanızdır. Eğer dizüstünüz ile projektör uyumlu değilse, bu da sizin hatanızdır. Eğer sunumunuzun orta yerinde bir ampul patlarsa, bu da sizin hatanızdır. Eğer sunuma yavaş girer, hazırlıksız görünür ve konuları birbirine karıştırırsanız, bu da sizin hatanızdır.

Kötü bir başlangıcı düzeltmek neredeyse olanaksızdır, bu yüzden toplantı mekânına erken gidin ve sahnenizi kendiniz hazırlayın. Kendi projektörünüzü getirin. Sunumunuzun yüklü olduğu iki dizüstü getirin. Sunumunuzun USB tabanlı flaş bellek ürünlerinden birine yüklenmiş bir kopyasını getirin. Beklenmedik bir şeyler olur da işler yürüyemez hale gelirse diye, sunumunuzun bilgisayar çıkışlarını bile getirin.

Sunuma başladığınızda, ağzınızdan çıkacak ilk sözcükler şunlardan biri olmalıdır:

- "Ne kadar zamanınızı alabilirim?" Bu soru, sizin sürenizi aşmamak istediğinizi ve dinleyicilerinizin zamanlarının değerli olduğuna saygı gösterdiğinizi ortaya koyar.
- "Size iletmem gereken en önemli üç nokta nedir?" (Bunu elbette önceden öğrenmişsinizdir, ama bir kez daha açıklığa kavuşturmaktan zarar gelmez.)
- "İzninizle önce hızla PowerPoint sunumumu yapıp sorularınızı sonra alabilir miyim? Gene de gerek gördüğünüz yerlerde, çekinmeden konuşmamı kesebilirsiniz."

Eğer sahneyi böyle hazırlarsanız, herkes aynı beklenti içine girecek ve siz de oyuna bir adım önden başlamış olacaksınız.

KONUŞMAYI TEK KİŞİYE BIRAKIN

Girişimcilerin kafalarında yatırımcıların, müşterilerin ve ortakların ekiple çalışma yapmak ve ekiplerin de —tahmin edin ne— ekip çalışması sergilemelerini istedikleri izlenimi yerleşmiştir. Bu mantık çerçevesinde de kurumlarından dört beş kişinin toplantıya katılması ve her birinin sunum içinde birer rolleri olması gerektiğine inanırlar. Hepsi katılımcı olmalıdır. Yaşam iyi, adil ve eşittir. Ne var ki sunum, bir okul temsili değildir.

Sunumda, konuşmaların yüzde 80'ini CEO yapmalıdır. Ekibin geri kalanı (bunlar da iki kişiden fazla olmamalıdır) kendi uzmanlık alanlarına ilişkin bir ya da iki slaytı sunabilir. Ayrıca, herhangi bir soru sorulursa ayrıntılı yanıtları da onlar verebilir. Bununla birlikte, eğer CEO sunumun büyük bölümünü kendi başına üstlenemiyorsa, bunu başarıncaya kadar çalışmalar yapmalıdır. Yoksa yerine yeni bir CEO aramalısınız.

Çoğunlukla, dinleyiciler söylediği bir şeylerden dolayı CEO'yu sıkıştırmaya başladıklarında, ekip üyeleri onu "kurtarır." Örneğin, varsayın ki birisi, ürünleri için çok katmanlı bir dağıtım sistemini tartışmak istemektedir. Bu durumda ekip üyelerinden biri, bütün iyi niyetliliğiyle atılıp "Sanırım haklısınız. Ben de ne zamandır müşteriye yalnızca doğrudan satış yapmamız gerektiğini düşünüyordum" diyebilir.

Kötü hamle! Bu ne esnek düşünmenin ne açık ortamın ne de geniş tabanlı bir uzmanlığın göstergesidir. Olsa olsa tutarsızlık göstergesidir. Böyle anlarda CEO'nun vermesi gereken doğru yanıt, "İyi bir noktaya parmak bastınız. Bu konudaki görüşlerinizi dinleyebilir miyiz?" olmalıdır.

FANTEZİLERİ HAREKETE GEÇİRİN

Garage'da sunum yapan her —gerçekten *her*— girişimci, piyasanın büyüklüğünü "kanıtlayan" üç ya da dört slayt kullanagelmiştir. Çoğunlukla bu slaytlarda, Gartner, IDG ya da Yankee Group gibi tanınmış bir danışmanlık şirketinin piyasanın büyüklüğü konusundaki bir görüşüne, örneğin "karides çiftlik yazılımları piyasası önümüzdeki dört yıl içinde 50 milyar dolara ulaşacaktır" şeklinde bir alıntıyla yer verilir.

Bu slaytların bir de komik tarafı vardır:

- Her piyasa en azından 50 milyar dolara erişir.
- Tahmin, gelecekteki dört ya da beş yıldır. Bu zaman dilimi, tahminin inanılırlığı için yeterince kısa, fakat kanıtlanamaması için ise yeterince uzun bir süredir.
- Odadakilerin hiçbirisi, girişimcinin kendisi bile, rakamlara inanmaz ya da özellikle güvenilir olduklarını düşünmez.

Bu sorunun iki çözümü olabilir. Birincisi, konuya 50 milyar dolardan girmek ve soğanın zarlarını ayıklayarak sonunda gerçekçi bir "toplam erişilebilir piyasa" (TEP)'e inmektir. TEP, ürün ya da hizmetiniz için harcadığınız her kuruşun toplamı değil, girmek istediğiniz potansiyel piyasanın gerçek ölçüsüdür.

Örneğin, yeni suşi çubuklarının TEP'i, her yıl bunları tüketen Amerikalıların harcadığı 50 milyon dolar değildir. Aynı şekilde etnik gıdalara harcanan 5 milyar dolar da değildir. Bu, gelecekteki olası yerleşim yerinizin elli millik çevresinde Japon yemeklerine harcanan 1 milyar dolardır.

Bu yaklaşımı kullanmanın avantajı, piyasanın makyajını tam anlamıyla kavradığınızı ve hedef alabileceğiniz segmentler konusunda da gerçekçi olduğunuzu göstermesidir. Bu da sunumun geri kalanında size kredibilite sağlar —tabii eğer piyasanın 50 milyar dolar olduğunda ısrar ederseniz, tam tersi olur.

İkinci çözüm daha cüretkardır: Piyasa araştırmalarını bir yana bırakın ve fantezileri harekete geçirin. Bunu da ürün ya da hizmetin vazgeçilmez olduğunu kanıtlayarak ve dinleyicilerin kafalarında hesap yapmalarına yol açarak başarabilirsiniz. Bu yöntem, bazı piyasalar böylesine açık olmadıklarından her zaman işe yaramaz, ama yaradığında da tam yarar.

Nasıl işe yarayacağına ilişkin bir örnek verelim. Varsayalım ki ziyaretçilerden metin girdileri kabul eden internet sitelerinin güvenliğini sınayan bir ürün geliştirdiniz. Ürününüz, hacker'ların bu girdi alanlarından sitenize sızmalarını olanaksız kılıyor.

İşte size fantezinin nasıl yürüyeceği:

- Hemen bütün internet sitelerinde metin girilecek bir yer vardır.
- İnternet siteleri neredeyse sayısızdır.
- Her şirket, hack'lenmekten korkar.
- Birçok şirket bu ürünü almak gereksinimindedir.

Böylesine bir fantezi, güvenlik yazılım piyasasının "dört yıl içinde 50 milyar dolara yükseleceğini" gösteren bir araştırma sunmaktan çok daha güçlü etkiye sahiptir, çünkü dinleyiciler yalnızca o gün katıldıkları dört sunum boyunca bu türden büyük rakamları dinlemişlerdir. Dahası, söz konusu dört sunum da karides çiftlik yazılımları, kablosuz erişim noktaları, nano partiküller ve grafik çipleri hakkındadır.

BİN FİTE ÇIKIP ORDA KALIN

Bunun bu kitaptaki yegâne savaş benzetmesi olacağına söz veriyorum. Öldürücü bir kuvvet olabilmek için üç yöntem üzerinde bir düşünün:

- **B-1B LANCER.** Bu, sofistike savunma sistemlerini bile aşabilen kıtalararası bir uzun menzilli bombardıman aracıdır. Yerden otuz bin fit yüksekten uçabilir. Maliyeti 200 milyon dolardır.
- **NAVY SEALS.** ABD Donanması'nın bölümlerindendirler. Düşman topraklarında-

ki özel harekâtlar için eğitilmişlerdir. Alışılmadık düzeyde bir savaş yeteneğine sahiptirler ve hedefleri denizden vurup denize dönebilmelerini sağlayan gerçekzaman gözlerine sahiptirler.
- **A-10 WARTHOG.** Bu uçak, askerlere yakın hava desteği sağlamak için tasarlanmıştır. Basit ve dayanıklıdır. En mükemmel yanı bin fitten uçmasıdır. Maliyeti 13 milyon dolardır.

Eğer sunumlar silah olsaydı, çoğu ya B-1 Lancer ya da Navy Seals olurdu. B-1 sunumu, bulutlar kadar yüksektedir. Birçok iletişim aleti, cool PowerPoint animasyonları vardır ve *stratejik, ortaklık, ittifak, ilk davranma avantajı* ve *patentli teknoloji* gibi deyimler kullanılır. Tipik özellikleri, maliye ya da danışmanlık geçmişi olan MBA yapmış kişiler tarafından sunulmalarıdır.

Zeki ama anti sosyal olanlar, bilgisayar hastaları ve mühendisler Navy Seal sunumları yaparlar. Teknolojilerinin en ince ayrıntılarını açıklamaya ve yalnızca kendilerinin anlayabildikleri kısaltmalar kullanmaya bayılırlar. Bu insanların, teknolojinin her ayrıntısını bildikleri su götürmez —tabii bütün bunları size anlatmaya can attıkları da.

B-1 sunumu fazla yüksektir, çünkü dinleyicilerin özellikle öğrenmek istedikleri şirketin ne yaptığı ve neden başarılı olacağıdır. Büyük laflar ise bunu sağlamaz. Buna karşılık Navy Seal sunumu ise çok alçaktır, çünkü bitlere, baytlara ve noktacıklara odaklıdır. Ne var ki sunum, mikroskobik incelemeye olanak tanımaz.

Bu yüzden işinizi sunmanız için kullanılacak doğru benzetme ne B-1 Lancer'dir (30.000 fit) ne de Navy Seal (0 fit). Doğru benzetme, A-10 Warthog (1.000 fit) olmalıdır. Tıpkı uçağın kendisi gibi, sunumunuzun da çekici olması gerekmez, etkili olması yeter: Alçaktan uçar, ama hâlâ taktiktir.

Bin fit yükseklikte sunum yapın. Böylece havanın ince olduğu bulutların üstüne çıkmayacağınız gibi, ağzınızda bir bıçakla toprağın üzerinde de dolaşmazsınız. Konuya hâkim olduğunuzu göstermeye yetecek kadar ayrıntı verin, vizyon sahibi olduğunuzu göstermek için de yeterince fantezi kurun.

ÇENENİ KAPAT, NOT AL, ÖZETLE, SİNDİR VE PEŞİNİ BIRAKMA

Konuşmayı kestiklerinde daha ilginç olmayan çok az insan vardır.

—Mary Lowry

Bir risk sermayedarına yaptıkları bir sunum sırasında, işe yeni atılmış bir şirketin CEO'su ve COO'suna eşlik etmiştim. Sunumdan birkaç gün sonra, bu kere de sermayedarla yalnız görüştüm. Tartışmamız, Yönetim'e (evet, büyük Y) geldiğinde, sunum hakkında tek bir şey söyledi: "CEO'nun bir sürü laf ettiği, buna karşılık COO'nun oturmuş notlar aldığı dikkatimi çekti. CEO tek satır bile yazmadı. Sanırım COO nitelikli bir adam."

Sermayedarın o toplantıda neler söylediğini ve söylediklerinin kayda değer olup olmadığını anımsamıyorum, ama konumuz da bu değil. Konu, çenenizi kapatıp notlar almak ya da dinleyip kendinizi geliştirme adına neler yapabileceğinizi düşünmek. Bu, en ufak bir hareketin bile büyük etki yaratabildiği bir sunumda yapılabilecek iyi bir iştir. Not almanız, karşınızdakilerde şunları söylüyor;

- Sanırım akıllısın.
- Not almaya değecek bir şeyler söylüyorsun.
- Öğrenmeye istekli ve meraklıyım.
- Görevime düşkünüm.

Evet, not almanın böyle yararları var, tabii bir de not ettiğiniz enformasyonun değerini unutmayın. Ben de bundan iyisini yapamam.

Aynı zamanda, toplantının sonunda, dinlediklerinizi özetleyip doğru enformasyonu alıp almadığınızı kontrol etmek için bir daha gözden geçirilmelisiniz. Ayrıca, işin peşini bırakmazsanız, örneğin bir gün içinde sunum sırasında verdiğiniz tüm sözleri yerine getirirseniz —örneğin ek enformasyon vermek gibi— daha da büyük bir etki yaratırsınız.

İŞE SIFIRDAN BAŞLAYIN

Bu, insanların tutması zor bir tavsiyedir, ama öncelikle, izin verirseniz konudan kısa bir sapma yapıp Filipinlerdeki otomobilleri anlatmak istiyorum. Bu ülkede, ithalat vergileri, ticaret kısıtlamaları ve düşük işgücü maliyetleri nedeniyle, otomobili tamir etmek, yenisini almaktan çok daha çekici.

Bu nedenle, birçok otomobil parçalanıp yeniden montajlanıyor ve bu yapılırken de başka araçlardan alınma parçalar kadar, el yapımı parçalar da kullanılıyor. Örneğin, Chevrolet motoruyla çalışan bir Jeep görmeniz sıradan bir şey.

Ne yazık ki bir süre sonra, sunumların çoğu da bu otomobillere benzeyip çıkmaktadır. İşe bir model olarak başlamakta, ama sahipleri, her toplantıdan sonra en son soru ve itirazları göz önünde tutarak düzeltme, düzenleme ve değişiklikler yapmaktadır.

Bu süreç haftalarca devam eder —her toplantıyla birlikte yeni düzeltmeler, düzenlemeler ve eklemelerle. Sonunda, sunum tanınmaz hale gelmekte ve her noktaya dokunmasına karşın asıl mesaj karmakarışık olmaktadır.

İşte size tavsiyem: On dolayında sunumdan sonra, sunumunuzu bir tarafa atın. Yeni bir sayfa açın ve işe sıfırdan başlayın. Buna "2.0'ıncı versiyon" diyebilirsiniz ve o ana kadar öğrendiklerinizi kağıda geçirirken, sunumu yamalı halinden de kurtarmış olursunuz.

SÜREKLİ SUNUM YAPIN

Aşinalık, içeriğin anlamını besler. Sunumunuzun konusuna tam anlamıyla aşina ve rahat olduğunuz zaman, en etkili sunumu yapacak konuma gelmişsiniz demektir. Aşinalık kazanmanın kestirme yolu yoktur —bir sürü sunum yapmak zorundasınız. Çoğu insanın bu noktaya erişmesi için yirmi beş kere sunum yapması gerekir. Bu sunumların hepsinin de hedeflediğiniz dinleyicilere yönelik olması şart değildir —kurucu ortağınız, çalışanlarınız, akrabalarınız, dostlarınız ve hatta köpeğiniz bile iyi birer dinleyici olabilir.

Gerçek bir sunum yaptığınızda "kendini gösterme" kuramını unutun. Alıştırma sunumlarında kötü iseniz, asıl sunumda da kötüsünüzdür —çünkü kulak çınlamasına yakalanmaktan beteri varsa, bu mutlaka ona neden olmaktır.

ALIŞTIRMA
Sunum yaparken kendinizi videoya kaydedin. Eğer videonuzu rahatsızlık hissetmeden izleyebiliyorsanız, aynen devam edebilirsiniz.

MİNİ BÖLÜM: POWERPOINT SANATI

Bazı durumlarda...bıçak, onu kullanmaya kalkana doğru yönelir... Bıçağı dikkatli kullanın, çünkü bilirsiniz, bıçak kimi kestiğine bakmaz.

—Stephen King

PowerPoint, girişimciler için bir İsviçre çakısıdır. Bir araç olarak kullanılmaya başlamış ama sonra amaç halini almıştır. Kendinizi kesmeden evvel, PowerPoint'i amaca giden araç olarak kullanma tavsiyesine kulak verin.

- **KOYU BİR ARKA FON KULLANIN.** Koyu renk bir arka fon, ciddiyet ve önem ifade eder. Beyaz ya da parlak bir arka fon ucuz ve amatörce gözükür. Ayrıca, kırk beş dakika boyunca beyaza bakıp durmak da gözleri yorar. Şunu bir düşünün: Siz hiç beyaz arka fon üzerine siyah yazılı film jeneriği gördünüz mü?
- **HER SAYFAYA LOGONUZU EKLEYİN.** Her sunum, kurumunuz için marka bilinirliği yaratma fırsatıdır, bu nedenle master slayt sayfanıza şirket logonuzu koyun. Bunu yapmakla, logonuz her slayt üzerinde görülecektir.
- **ALIŞILMIŞ, TIRNAKSIZ YAZI KARAKTERLERİNİ KULLANIN.** Sunum demek, dünyanın en büyük yazı karakteri koleksiyonunuzu sergileme fırsatı demek değildir. Alışılmış yazı karakterlerini kullanın, çünkü günün birinde, sunumunuzu

sizinkinden farklı karakterlere sahip bir bilgisayarla yapmanız gerekebilir. Ayrıca, tırnaksız karakterleri kullanın, çünkü bunlar sizin sevdiğiniz tırnaklı karakterlerden daha kolay okunabilirler. Arial ile başınız hiç ağrımaz.

- **SLAYTLARI DEĞİL, BEDENİNİZİ CANLANDIRIN.** PowerPoint'te metin ve grafik canlandırmalar yapmanın altmışın üzerinde yolu vardır. Bunların elli dokuzu fazlalıktır. Birçok girişimci, sunumlarına renk katmak için slayt aralarında canlandırmalar ve geçişler kullanırlar. "Sol alttan başlayan bir canlandırma ya da geçişin" sunumunuzu daha iyileştireceğini mi sanıyorsunuz? Kendinize bir iyilik yapın: Uçuk canlandırmalar kullanmayın. Etki, duygu ve coşku yaratmak için bedeninizi kullanın, PowerPoint'i değil. Genel anlamda, eğer bir şeyin "cool" olduğunu düşünüyorsanız, kesin.

- **MADDE İMİ KULLANIN.** Çoğu girişimci, madde imi kullanmaz. Uzun metinler kullanır ve bunları okurlar. Bu bir hatadır. Bunun yerine madde imi kullanın. Bunlar, ana noktayı yakalayan, kısa metinlerdir. Girişimciler, madde kullansalar bile, bunların hepsini bir arada kullanırlar. Bu da bir hatadır. Maddeleri oluşturun, sonra üzerine tıklayın, madde 1, açıklayın; tıklayın, madde 2, açıklayın; tıklayın, madde 3, açıklayın. Bu, animasyon kullanacağınız tek aşamadır ve sizlere bunun yalın "görünüş" animasyonu olmasını salık veririm.

- **MADDELERİNİZ TEK KADEMELİ OLSUN.** Madde içinde madde kullanmanın anlamı ya bir slayta fazlasıyla enformasyon yüklemeye çalıştığınız ya da kafanızın karışık olduğudur. Her slayt, bir noktayı açıklamalı ve maddeler de bu noktayı destekleyici olmalıdır. Eğer 10/20/30 kuralının 30 bölümüne bakarsanız, zaten madde içinde madde kullanmanın zor olduğunu da görürsünüz.

- **DİAGRAM VE GRAFİKLER EKLEYİN.** Madde imi, blok metinden daha iyidir, ama bir diyagram ya da grafik de madde iminden daha iyidir. Şirketinizin nasıl işlediğini açıklamak için diyagramlar kullanın. Trend ve sayısal sonuçları açıklamak için de grafiklerden yararlanın. Dahası, tıpkı madde imlerinde olduğu gibi, diyagram ve grafiklerinizi de tıklamalarla yaratın.

- **BASILABİLİR SLAYTLAR YAPIN.** Diyagram ve grafik eklerken dikkat edilmesi gereken bir nokta vardır. Bazen bu nesneler üst üste gelerek öncekileri kapatır. Sunum için bunun sakıncası yoktur, ama baskı için vardır, slaytlarınızın bu şekilde de kullanılabileceğinden emin olmalısınız.

SSS

S. Akıldan silinmeyecek bir sunumu nasıl yapabilirim?
Y. Sorun, sunumların sıkıcı olması değildir. Hatta bir dereceye kadar, ilk adımı atan

olma avantajı, patentli teknoloji, 50 milyar dolarlık piyasa ve yüksek motivasyonlu dâhilerden oluşan ekiplerin vaatleriyle çoğu oldukça keyiflidir.

Sorun, çok sayıda sunumun, aynı şeyleri iddia etmelerinden ötürü, birbirlerine benzemesindedir. Siz, kısa (on slaytlık, yirmi dakikalık) ve sorunu nasıl çözeceğinize dair öykünüzü içeren bir sunum hazırlayarak akıllarda kalmayı başarabilirsiniz. Sunumların yüzde 1'inden azı böyledir.

Akıllardan silinmeyecek bir sunum geliştirmek için, dinleyicilerinizin uzun ve sıkıcı bir günün sonunda olduklarını; yorgunluktan gözlerini zor açık tutabildiklerini ve dikkatlerinin az olduğunu; hepsinden önemlisi, bir an önce evlerine gitmek istediklerini düşünün. Nasıl olsa böyle bir durumla karşılaşacaksınız, onun için önceden hazırlıklı olun.

S. Sunum metnimi, katılımcılara önceden göndermeli miyim?

Y. Hayır. İyi bir sunum, tipik olarak metin parçacıklarını içerir (büyük puntolarla!), bu yüzden katılımcılar, bunu sizin sözel anlatımınız olmadan anlamakta ve kavramakta zorlanabilirler.

S. Sunum metnimi, toplantının başında mı dağıtmalıyım?

Y. Ben bunu yapmazdım. Benim kuramıma göre, eğer bunu toplantının başında yapacak olursanız, izleyicilerin dikkati dağılır, çünkü sizin konuştuğunuzdan daha hızlı okurlar. Bununla birlikte, bu dinleyicilerin not almalarını zorlaştırır. Alternatif bir strateji, metni baştan dağıtmanız, ancak dinleyicilerinizi sizden öne geçmemeleri konusunda uyarmanızdır.

OKUNMASI TAVSİYE EDİLEN KAYNAKLAR

Borden, Richard. *Public Speaking—as Listeners Like It!* New York: Harper & Brothers, 1935. (Ayrıca, "Marka Yaratma Sanatı" adlı 9. Bölüm'de de tavsiye edilen bu kitabın baskısı tükenmiş olsa da, Amazon.com'da bir kopyasını bulmayı başardım.)

Piattelli-Palmarini, Massimo. *Inevitable Illusions: How Mistakes of Reason Rule Our Minds.* New York: John Wily & Sons, 1994.

4. BÖLÜM

İş Planı Yazma Sanatı

Savaşa hazırlanırken, hep planların yararsız olduğunu keşfettim, ne var ki planlama kaçınılmazdır.

—Dwigth D. Eisenhower

BİBİBF

Kelt mitlerinde, bir zamanlar "onları yiyip içenlerin bütün zevk ve gereksinimlerini doyuran büyülü kaplar"dan söz edilir.[25] Kutsal Kâse efsanesini yaratan da işte bu mitler olmuştur. Günümüzde, Kutsal Kâse'nin eşdeğeri, iş planıdır.

Çünkü onun da herkesi (yatırımcıları, yöneticileri, kurucuları ve yönetmenleri) tatmin edeceği ve kendisinden nasiplenenler üzerinde de —özellikle de dayanılmaz bir şekilde çek yazma ya da devam onayı verme dürtüsüne kapılanlar— büyülü etkiler yaratacağı varsayılır.

Aynı şekilde, tıpkı Kutsal Kâse gibi, iş planı da erişilmez ve mitolojik bir kavramdır. Çoğu uzman aynı fikirde olmasa da, bir iş planının yeni kurulan şirketler için yararı sınırlıdır, çünkü girişimciler planlarının çoğunu varsayımlar, "vizyonlar" ve bilinmeyenler üzerine bina ederler.

Ayrıca, var olan bir şirket içinde harcanacak girişimci bir çaba da iş planının sınırlı kullanımı olduğunu ortaya koyacaktır. Gerek dışardan gerekse içerden olsun, işe yeni girişenler için, 1. Bölüm'de tartıştığımız KVG (Kilometretaşları, Varsayımlar ve Görevler) kurumun gündelik faaliyetleri için en yararlı rehberdir.

---

[25] http//www.bl.uk/whatson/exhibitions/grail.html.'den erişebilirsiniz.

Bununla birlikte, birçok yatırımcı, işe yeni alınan eleman, olası yönetim kurulu üyeleri ve iç karar organlarının üyeleri mutlaka bir iş planı beklentisi içindedir ve o olmadan adım atmazlar. Dahası, bir iş planı yazmak, bir ekibi niyetleri ve amaçları formülleştirmek için birlikte çalışmaya zorlar. Bu nedenle bir plan yazın, hem de iyi yazın, ama kendinizi onun Kutsal Kâse olduğuna da inandırmayın. Kurumların başarılı olma nedenleri iyi iş planları değil, iyi uygulamalardır.

DOĞRU NEDENLE YAZIN

İşin ilginç yanı, çoğu yatırımcı için iş planının kendisi (yani belge) para toplamak için en az önem taşıyan unsurlardan biridir.

- Eğer bir yatırımcı, olumlu bir karar verme eğilimindeyse, o zaman iş planı bu eğilimin sadece bir destekçisidir. Olasılıkla da olumlu konumlandırmanın sorumlusu bile değildir.
- Eğer yatırımcı, olumsuz bir karar verme eğilimindeyse, o zaman planın onun düşüncesini değiştirme olasılığı da düşük demektir. Bu durumda, yatırımcı belki de planı okumaya bile zahmet etmeyecektir.

Ne yazık ki deneyimsiz girişimciler, bir iş planının tek başına inanılmaz etki yaratacağına inanırlar ve ardından tek bir soru sorulacağını zannederler: "Parayı göndermem için bana havale bilgilerini gönderebilir misin?"

Düş görüyorlar. Bir iş planı yazmanın doğru ve gerçekçi nedenlerini sıralayalım:

- Zaman geçince, yatırımcıyla flört aşamasında, yatırımcı bir plan isteyecektir. Bu, oyunun bir parçasıdır —"dosyada" mutlaka bir plan bulunmalıdır.
- Plan yazmak, kurucu ekibi birlikte çalışmaya zorlar. Biraz şansları varsa, bu çalışma güçlü ve uyumlu bir ekibin doğmasına yol açar. Hatta kiminle çalışmak *istemediğinizi* bile bu aşamada keşfedebilirsiniz.
- Plan yazımı, ekibin ilk günlerin coşkusu içinde abarttığı ya da gözden kaçırdığı noktalar üzerine odaklanmasını da sağlar —örneğin, bir müşteri hizmetleri politikası oluşturmak gibi.
- Son olarak, bir plan yazmak kurucu ekip içindeki deliklerin fark edilmesine yarar. Odada şöyle bir gözlerinizi gezdirip de hiç kimsenin planın kilit noktalarını yerine getirmediğini görürseniz, birinin eksik olduğunu kavrarsınız.

Bir kere kâğıda döküldüler miydi bütün o gece yarısı hayalleri ve romantik düşünceler de elle tutulabilir, tartışılabilir bir konuma gelir. Bu nedenle, hazırlanacak belge, onu hazırlama sürecinin yanında önemsiz bile sayılabilir. Hatta para toplamaya çalışmıyor olsanız bile, bir şekilde bir plan yazmalısınız.

ÖNCE SUNUM, SONRA PLAN

Birçok girişimci, öncelikle planlarını mükemmelleştirmeye çalışır ve sonra da ondan PowerPoint slaytları çıkartır. Onlara göre iş planı her işin başı ve sonudur ve sunum da bu büyülü belgenin tamamlayıcılarından biri olmanın ötesinde değildir. Bu eskimiş bir düşünce tarzıdır. İyi bir iş planı sunumun ayrıntılı versiyonudur —yani sunumun bir iş planının arıtılmış versiyonundan başka bir şey olmadığı inancının tam tersine. Eğer sunumu doğru yaparsanız, planı da doğru yazabilirsiniz. Tersi yanlıştır. Doğru süreç şöyle olmalıdır:

- Önceki bölümde anlattığımız gibi, hemen on slayttan oluşan bir sunum hazırlayın.
- Sunumunuzu mentorlarınızın, meslektaşlarınızın, akrabalarınızın, meleklerin ve yatırımcıların önünde bir deneyin. Bunu on kere yineleyin.
- Ekibinizle bir odaya kapanıp öğrendiklerinizi tartışın.
- Sunumun kesin çizgilerini belirleyin.
- Planınızı yazmaya başlayın.

İşte sizlere bunun bir plan yazmak için neden doğru yöntem olduğu:

- Kabul ya da reddedilme kararınız için belirleyici olacağından, sunumunuz planınızdan daha önemlidir. İlk aşamada bir iş planını okuyacak yatırımcı sayısı çok azdır.
- Bir sunumun düzeltilmesi, planı düzeltmekten daha kolaydır, çünkü metni daha kısadır.
- İş planınızda geribildirim alamazsınız. Dürüst olalım, plan okunmayabilir bile. Buna karşılık, sunumunuza anında tepki alabilirsiniz.
- Hiç iş planı yazmadan para toplayacak kadar şanslı da olabilirsiniz. (Ama gene de sürecin değeri adına bir plan yazmalısınız.)

YÖNETİCİ ÖZETİNE ODAKLANIN

Hatırlatmakta fayda var, aşağıdaki on slayt, yatırımcılara yapılacak bir sunum için gereklidir:

1. Başlık slaydı
2. Sorun
3. Çözüm
4. İş modeli
5. Özündeki büyü

6. Pazarlama ve satışlar
7. Rakipler
8. Yönetim ekibi
9. Mali tahminler ve anahtar metrikler
10. Hâlihazırdaki statü, şimdiye kadar başarılanlar, zaman çizelgesi ve fon kullanımı

Bu on başlık, aynı zamanda iş planınızın da çerçevesini oluşturur. Bir yönetici özeti, başlık slaytının yerini almalıdır ve planın en önemli bölümüdür. İyi bir yönetici özeti çözdüğünüz sorunun, onu nasıl çözdüğünüzün, iş modelinizin ve ürün ya da hizmetinizin özündeki büyünün özlü ve net bir tanımıdır. Yaklaşık dört paragraf uzunluğunda olmalıdır.

Bu iş planınızın en önemli bölümüdür, çünkü insanların belgenin gerisini okuyup okumayacaklarını belirleyecek olan söz konusu özettir. Her şey yolunda giderse, sizi toplantıya çağırırlar. Bununla birlikte, eğer yönetici özeti ilgi kıvılcımları yaratmazsa, o zaman oyun daha başlamadan kaybedilmiş demektir ve iş planının gerisinin de hiç önemi kalmaz, çünkü kimse okumayacaktır.

Bu nedenle, iş planı yazma çalışmalarınızın yüzde 80'ini yönetici özetine ayırmanız gerekir. Yazacaklarınız, kurumunuzun varlığı için hayati önem taşıyan paragraflar olacaktır.

ALIŞTIRMA

Uyguladığınız iş planının çıkışını alın. 3. sayfa ile sonrasını atın. İlk iki sayfa, sizde bütün belgeyi okuma isteği uyandırıyor mu?

NET YAZIN

Müthiş bir yönetici özeti yazmanızın yanısıra kısa, yalın ve etkili bir yazımla iş planınızın bütününün etkililiğini de artırabilirsiniz:

- **YİRMİ SAYFAYI AŞMAYIN.** Olasıdır ki bu ilkenin yalnızca başkalarının planları için geçerli olduğunu, sizin yüksek ivmeli, devrimci kurumunuzun ise kuralın istisnası olduğunu düşünebilirsiniz. Yanılıyorsunuz. Plan ne kadar kısa olursa, okunma şansı da o kadar yüksektir.
- **İŞ PLANINI YAZACAK BİRİNİ SEÇİN.** Her ne kadar planınız ekibinizin zekâsını yansıtsa da, tek kişinin kaleminden çıkmalıdır. Planlar, kesilip birbirlerine eklenen parçalardan oluşan yamalı bir bohça olmamalıdır.

- **PLANINIZ ZIMBALI OLSUN.** Deri kapaklı, yaldızlı sayfalardan oluşmuş, parlak kâğıda yazılı bir plan adınızdan söz edilmesini sağlar —ama "görmemişin oğlu" olarak! Yatırımcılar için olasılıkla bir Word belgesi ya da elektronik ortamdan geçilmiş bir PDF de yeterli olacaktır.
- **MALİ TAHMİNLERİNİZİ İKİ SAYFADA TOPARLAYIN.** Yatırımcılar, dördüncü yılın on birinci ayında kurşunkalemler için kaç para harcayacağınıza —bunu siz bile bilemeyebilirsiniz— aldırış bile etmezler. Onlar için en önemli tahmin, ilk beş yıl içindeki nakit akışı bildiriminizdir. (Mali tahminler için bir sonraki bölüme bakın.)
- **MÜŞTERİ SAYINIZ, LOKASYONLAR VE SATICILAR GİBİ ANAHTAR METRİKLERİ EKLEYİN.** Çoğu zaman bu metrikler, bir kurumun planlarının mali tahminlerden daha iyi anlaşılmasını sağlar. Örneğin, ilk yılınızda, *Fortune 500*'e giren şirketlerin 250'sine satış yapacağınızı öngörebilirsiniz.
- **MALİ TAHMİNLERİNİZE TEMEL OLAN VARSAYIMLARI DA YAZIN.** Herkes şirketinizi ilginç fakat inanılır kılacak bir gelir rakamını seçtiğinizi bilir. Öngörülerinizin ardındaki varsayımlarınız, tahmininizden çok daha bilgilendirici ve önemlidir.

DOĞRU RAKAMLARI VERİN

Yatırımcılar öyle iş planlarını bir masanın üzerine yayıp da para yatırmak için içlerinden yalnızca mali tahminlere dayalı birini seçmezler. Yatırımcıların önüne gelen çoğu iş planı, az ya da çok birbirlerine benzer. Hepsi de dört ya da beş yıllık satışların 20 milyon ile 50 milyon dolar arasında gerçekleşeceğini öngören planlardır. Kuşkusuz, Excel'ini kullanabilen herhangi biri bu kuramsal sonuçları elde edebilir.

Bununla birlikte, yatırımcıların istediği mali tahminler bir iş planının önemli parçalarıdır. Genel olarak, işinizin ölçütünü anlayabilmek için, sizden beş yıllık bir tahmin isterler, bunun için ne kadar sermayeye gereksiniminiz olduğunu saptarlar ve iş modelinizi yaratan varsayımlarınız üzerinde düşünürler. İşte sizlere önde gelen dört yatırım sermayedarının mali tahminlerde neler aradıkları.

HEIDI ROIZEN (MOBIUS VENTURE CAPITAL): "Sermayenin bütünsel kullanımına ilişkin aylık rakamları, ardından sonraki yıl için çeyrek dönemlerin rakamlarını ve sonra da fantezi olduklarını bildiğim ama girişimcinin bize toplam piyasaya giriş, alacakları toplam pay ve buna erişmelerinin ne kadara mal olacağı ile ilgili yaptığı varsayımları anlayabilmek için de yıllık kârlılığı görmek isterim."

MIKE MORITZ (SEQUOIA CAPITAL): "Hiçbir öngörü gerçekleşmez, bu nedenle girişimciler kısa ve öz finansal istatistikler toplamaya çalışmayı bir yana bırakmalıdır. İlk aşamadaki bir girişim sermayedarının kesinlikle bilmek isteyeceği nokta, şirketin kendi nakit akışıyla kendi kendisini ayakta tutabilecek noktaya gelmesine kadar ne kadar para gerektiğidir. Bizler her zaman için ilk on sekiz ay ile iki yıl arasındaki dönem hakkındaki varsayımlara bakarız. Bu dönemi geçebilirsek, ondan sonrasında daha iyi bir konumda olacağımız varsayımına dayanırız. Kar-zarar tablosunu, bilançoyu ve (ilk iki yıl için çeyrek dönemlik ve 3., 4. ve 5. yıl için de yıllık) nakit akışı öngörülerini içeren az sayıda ama iyi düşünülmüş tahminler olsun isteriz."

GARRY SHAFFER (MORGENTHALER VENTURES): "Her ne kadar ileriki yıllar için kredibilite yoksunu olsalar bile, beş yıllık tahminler en sık rastladıklarımızdır. Daha kısa bir zaman çerçevesi, örneğin üç yıl, acemi şirketler için iyi sayılır. Temel bir kural olarak, yatırımcılar tipik olarak şirketin "hatırı sayılır" gelirlere sahip olabilmesi için kaç yıl gerekiyorsa, o kadar zamana ilişkin öngörülere bakarlar. Eğer bu süre beş yıldan uzun ise, bu da uygun sayılabilir. Yatırımcıların her zaman için ham da olsa bir fikir sahibi olmak istedikleri bir nokta, şirketi kâra geçirebilmek için ne kadar finansmana gereksinim olduğuna ilişkin öngörülerdir."

STEVE JURVETSON (DRAPER, FISHER, JURVETSON): "Her iş planında aşağıdan başlayıp üçüncü yıl için akıl almayacak kadar yüksek kârlara yükselen öngörüler vardır. Genellikle bu öngörüleri önemsemeyiz, ama gene de bunlar iyimserliği ve büyüme potansiyelini göstermeleri açısından yararlıdır. Tahminlerden daha önemli olan, sonuçlara ulaşmakta kullanılan varsayımlardır: iş modeli, piyasa ölçeği, fiyatlandırma, kanallar ve sonuçtaki brüt marjlar ve büyümeyi finanse edecek sermaye yoğunluğu. Önünde sonunda, bizler de dünyayı değiştirmek isteyen bir girişimciye kaynak sağlamak isteriz ve bu tür görüşmeleri başlatmak için de yarım sayfaya sığdırılmış beş yıllık öngörüler içeren bir tahminin ve temel hareket noktalarının akıllıca bir tartışmasının başlangıcı için iyi olduğunu düşünürüz."

YAVAŞ YAZ, HIZLI DAVRAN

The Innovator's Solution'un yazarları Clayton Christensen ile Michael E.Raynor, "yavaş strateji oluşturma süreci" ile "hızlı (acil) strateji oluşturma süreci" arasındaki farkı anlatırlar. Birinci süreç "bilinçli ve analitiktir," tarihsel verilere, teknolojik yol haritalarına ve rekabet analizlerine yer verir. Bu, faaliyet geçmişleri olan olgun şirketler için iyidir.[26]

---

[26] Clayton Christensen ve Michael E.Raynor, *The Innovator's Solution* (Boston: Harvard Business School Press, 2003), 214.

Tersine, hızlı (acil) strateji oluşturma süreci ise, orta düzey yöneticiler ile ön saflardaki çalışanların yaşadıkları gündelik deneyimlerin etkisindedir. Duruma özeldir ve bu nedenle sorun ve fırsatlara hızla tepki verebilir. Bu, geleceğin bulanık olduğu ve bu yüzden de uygun strateji geliştirmenin zor olduğu durumlar için doğru süreçtir.[27] Kısacası, yeni şirketler ve olgun şirketlerin içindeki yeni girişimler için uygun bir stratejidir.

Burada, iş planlarında, yeni başlayanlar için küçük bir hile söz konusudur: Yazarken "ağırdan almalı", ancak "hızla (acil şekilde)" düşünüp harekete geçmelisiniz. Yatırımcılar, ağırdan alınmış planlar isterler, çünkü nereye gittiğini bilen şirketlere yatırım yapmak isterler. Çoğu "hızlı tepki vereceğiz"i makbul bir strateji saymaz.

Sizler de ben de ürününüzün ya da hizmetinizin ne zaman yükleneceğini, onu kimin alacağını ve yeniden sipariş verip vermeyeceklerini bilmediğinizi biliyoruz, ama gene de bütün bunlara iş planınızda yer verebilirsiniz. Sanki geleceğin nelere gebe olduğunu kesinlikle biliyormuşsunuz gibi yazın, ama gerçekle yüz yüze kaldığınızda da oportünistçe davranmaktan çekinmeyin.

Birçok başarılı kurumun yol boyunca iş modellerini değiştirmiş olduğu bir gerçektir. Bunun anlamı, sermayenizi korumanız ve böylece değişiklikler için paranız olmasıdır. (Bu konuyu Bölüm 5'te "özkaynaklarla yaşama" başlığı altında inceleyeceğiz.) Tabii ayrıca, planlarınızı değiştirmeye istekli de olmalısınız.

Olup olabileceğin en kötüsü, temkinli bir plan yazmak ve sırf "plan" olduğu için buna sıkı sıkıya bağlı kalmaktır. Başarılı olursanız, plana sadık kalıp kalmadığınız kimsenin umurunda olmaz. Ama hem plana uyup hem başarısız olduysanız yazık.

SSS

S. İş planım başkalarınınkilere çok benzemeyecek mi?
Y. Bu, "başkalarınınkilere benzemek"le ne kastettiğinize bağlıdır. Bir anlamda, diğerlerininkilere *benzemelidir*. Yani, bu bölümün başında anlattığımız ana başlıkları içermesi gerekir. Dahası, mizanpajı, tasarım ya da cildi alışılmadık türden —hiç yoksa kapağına renkli fotoğrafınızı koyudurmayın— olmamalıdır. Başlıklar için Arial, metin için ise Palatino karakterleri yeterlidir.

S. Tamam, o zaman planımı nasıl göze çarpacak duruma getireceğim?
Y. Bunu yapmanın dört yolu vardır. Birincisi, okuyucunun dikkatini çekecek bir alıntı kaynakları kullanmanızdır. İkincisi, okuyucunun arayıp da ürün ya da hizmetinize ne derecede gereksindiklerini —daha da iyisi *hâlihazırda* ne kadar kullandıklarını— sorabileceği bir müşteri listeniz olmalı. Üçüncüsü, planınızın gerçek dünyadan edindiğiniz bilgi ve piyasa deneyimlerinizin ışığında yazıldığını vurgulamalısınız.

---
[27] A.g.e. 215.

Dördüncüsü de karmaşık noktaları aydınlatmak için diyagram ve grafiklere yer vermelisiniz.

S. Planı ben mi yazsam daha doğru olur, yoksa bir danışmana mı yazdırmalıyım? Yoksa sadece finansal model için mi bir danışman kullansam?

Y. Mali modeli oluşturmak dâhil bütün planı siz ya da ekibiniz ile siz yazmalısınız. Daha önce de belirttiğim gibi, bir iş planının en önemli sonucu, kurucu ekibi aynı sayfada bir araya getirmektir, burada söz oyunu yoktur. Eğer elinizi sürecin herhangi bir bölümünde çekerseniz, korkunç bir hata yapmış olursunuz. Planı yazıp bitirdikten sonra ise, yazdıklarınızı gözden geçirmesi için bir danışman tutabilirsiniz.

S. Planımı ne sıklıkta gözden geçirmeliyim?

Y. Bir iş planının yararlılığı, ilk altı aydan sonra hızla azalır. Ama işin en başında bir iş planı ekibi aynı sayfa üzerinde çalışmaya iteceği gibi, yeni çalışanlarınızın hızlanmasına ve para toplamanıza da yardımcı olur.

Bununla birlikte, ikinci yıldan sonra, hızlı (acil) planlar yazmazsınız. O noktada artık iş planınız oturmuş olacaktır. Bütçeye odaklanmanız ve hedefler (neler) ve stratejiler (nasıl) hakkında küçük ve hızlı özetler çıkartmanız yetecektir.

OKUNMASI TAVSİYE EDİLEN KAYNAKLAR

Christensen Clayton ve Michael E. Raynor. *The Innovator's Solution: Creating and Sustaining Successful Growth.* Boston: Harvard Business School Press, 2003.

Nesheim, John. *High Tech Startup: The Complete Handbook for Creating Successful New High-Tech Companies.* New York: Free Press, 2000.

Trout, Jack. *The Power of Simplicity: A Management Guide to Cutting Through the Nonsense and Doing Things Right.* New York: McGraw-Hill, 1999.

HAYATA GEÇİRME

5. BÖLÜM

Özkaynaklarla Yaşama Sanatı

Eğer yeterince cephaneniz varsa, yüksekleri hedeflemenizin sakıncası yoktur.

—Hawley R. Everhart

BİBİBF

Garage'ın genel müdürlerinden Bill Reichert, girişimcilere, girişim sermayesi toplama şansının, güneşli bir günde yüzme havuzuna dalmışken üstünüze yıldırım düşmesi şansına eşit olduğunu söyler. Abartıyor. Şansınız hiç de o kadar yüksek değildir!

Çoğu girişimci, yalnızca pirinç ve soya sosu ile beslenir ve bir yandan da iğneyle kuyu kazarcasına kendi işini kurar. Bu bölümde sizlere, her yeni girişimcinin o kritik, sermaye kıtlığı içinde günlerinde; nasıl doğru iş modeli seçerek, nakdi kral yaparak, duraksamadan piyasaya girerek ve "kırmızı hapı" yutarak ayakta kalmayı başardığını anlatacağım.

Ne gariptir ki kimileri için, dış kaynak kullanmadan, özkaynaklarıyla kendi başına ayakta kalmayı başaran bir şirket, aslında önemsiz bir şirkettir —yani, eğer sermaye gereksinimlerinizi düşük tutar ve bol girişim sermayesi bulamazsanız küçük bir şirket olarak kalmaya mahkumsunuzdur. Yanılıyorlar. Hewlett-Packard, Dell, Microsoft, Apple ve eBay'in hepsi de işe özkaynak modelinden başlayan şirketlerdir.

Eğer özenle planlarsanız, özkaynaklarınızla ayakta kalma savaşımı, gelişmenizin yalnızca bir aşamasından öte bir şey olmaz. Bunun süreğen bir yaşam tarzı olması gerekmez —çünkü bir süre sonra pirinç ile soya sosuna dayanamayacak hale gelirsiniz. Fakat şimdilik işe küçükten başlayıp büyük düşünmelisiniz.

KÂRLILIĞI DEĞİL, NAKİT AKIŞINI HEDEFLEYİN

The New Yorker'*in ilk günlerinde büro o kadar küçük ve o kadar dağınıktı ki, Dorothy Parker günlerini komşu kafede geçirmeyi tercih ediyordu. Bir gün yazı işleri müdürü, onu orda otururken yakaladı.*
"Neden yukarda değilsin?" diye sordu Harold Ross.
"Biri kalemimi kullanıyordu da..." oldu Mrs. Parker'in yanıtı.[28]

Girişimciler, hemen her işte, dış kaynak kullanmadan özkaynaklarıyla işe koyulabilir —özellikle de başka seçenekleri yoksa. Bunları yazdığım için bir daha asla bir işletme fakültesinde konuşma daveti alamayabilirim ama özkaynaklarla ayakta durulan bir iş modelinin anlamı "kâğıt üzerindeki" kârların, büyümenin, pazar payının ya da marka yaratmanın değil; nakit akışının hedeflenmesidir.
Bu tür bir iş modeli, aşağıdaki niteliklerin pek çoğuna da sahiptir:

- düşük başlangıç sermayesi gerekliliği
- kısa (bir aydan kısa) satış döngüsü
- kısa (bir aydan kısa) ödeme koşulları
- yinelenen gelir
- ağızdan ağza yayılan reklam

İşin gelir yanına bakacak olursak, nakit akışının yönetimi demek, kârlı fakat karşılığının alınması uzun zaman alacak satışları pas geçmek demektir. Harcamalara gelecek olursak, bunun anlamı, satın aldığınız her şeyin ödemelerini zamana yaymaktır.
Kâğıt üzerinde şirketiniz daha az kârlı gözükebilir —özellikle geçmişteki satışlar nedeniyle. Bununla birlikte, kâğıt üzerindeki kâr, kendi başına işe atılan biri için ikincil bir konudur.
Bu gereklilikler aşağıdaki özellikleri taşıyan ürünlere, hizmetlere ve hedef pazarlara işaret eder:

- İnsanlar ya ürün ya da hizmetinize ihtiyaç duyduklarının farkındadır ya da kısa süre sonra bunun farkına varacaklardır. Bu nedenle de müşteri adaylarınızı yaşadıkları sıkıntı konusunda eğitmenize gerek yoktur.
- Ürün ya da hizmetiniz "kendiliğinden ikna edici" türdendir.[29] Bunun anlamı şudur; insanlar bir kere gereksinimlerini ve bunu nasıl çözdüğünüzü kavrayınca, bir sonraki adım için kendi kendilerini ikna ederler ve sunduğunuz ürün ya da hizmeti satın alırlar.

---

[28] Peter Hay, *The Book of Business Anecdotes* (New York: Wings Boks, 1988), 149.
[29] Michael Schrage, "Letting Buyers Sell Themselves," *Technology Review* (Ekim 2003): 17.

- Piyasada oluşacak devasa bir tsunami önünüzdeki duvarları yıkabilir. İnternet bunun güzel bir örneğidir. (Bununla birlikte, her dalganın enerjisinin tükeneceğini de aklınızdan çıkartmamalı ve tsunami anında "gerçek bir işe" sahip olmalısınız.)
- Zaten geniş ve oturmuş bir tabanı olan bir ürün ya da hizmetten de destek alabilirsiniz. Başarılı bir ürün ya da hizmete yönelmekle, riski de azaltmış olursunuz.

Kârlılığı değil, nakit akışını göz önünde tutmak, uzun vadeli bir uygulama değildir, ama gene de işe özkaynaklarıyla atılan biri için, sırtını sağlam bir kasaya dayayıncaya kadar en geçerli yoldur.

TABANDAN TAVANA BİR TAHMİN OLUŞTURUN

Özkaynaklarla işe atılan hiçbir girişimci, sağduyulu olduğu sürece, başarılı olabilmek için pazarın kaçta kaçını elinde tutması gerektiği gibi tavandan tabana bir tahmin oluşturmaz. Çünkü bu, büyük rakamlardan yola çıkılan ve öngörülen satışları bu rakamlara göre hesaplayan bir modeldir. Örneğin, diyelim ki Çin'de internet erişimi satmak üzere bir şirket kuracaksınız. İşte size tipik bir tavandan tabana modeli:

- Çin'de 1,3 milyar insan yaşıyor.
- Bunların yüzde 1'i internet erişimi istiyor.
- Bu potansiyelin yüzde 10'unu biz karşılarız.
- Her müşteriden, yılda 240 dolar kazanırız.
- 1,3 milyar insan x %1'lik elde edilebilir pazar x %10 başarı oranı x 240 dolar/müşteri = 312 milyon dolar. Ve —ek bonus!— şu yüzdelerin muhafazakârlığına bir baksanıza!

Eğer yeterince büyük bir piyasa seçerseniz, başarının hiç de zor olmadığı zannıyla kendi kendinizi kandırırsınız. Örneğin, yüzde bir, hep küçük ve bu yüzden de kolayca ele geçirilecek bir pazar payı olarak gözükür.

İşe özkaynaklarıyla atılanlar, tavandan tabana modeller oluşturmazlar. Onlar için, tavandan tabana = iflas! Bu tür girişimciler, tersini yaparlar ve aşağıdaki gerçek dünya değişkenlerine dayalı tabandan tavana modeller oluştururlar:

- Her satış elemanı, günde müşteri adaylarıyla görüşebileceği 10 telefon açabilir.
- Yılda 240 çalışma günü vardır.
- Satış telefonlarının yüzde 5'i altı ay içinde satışa dönüşür.
- Her gerçekleşen satış 240 dolar getirir.
- Şirket, beş satış elemanı çalıştırabilir.

- Günde 10 arama x 240 gün/yıl x %5 başarı oranı x 240 dolar/satış x 5 satış elemanı = birinci yıl için 144.000 dolar.

Her gün yapılacak kesin arama sayısı, başarı oranı, ortalama satış vs. üzerinde dilediğiniz kadar tartışabilirsiniz; burada önemli olan nokta, tabandan tavana modelin, bir danışmanın piyasanın toplam ölçütü konusundaki en iyimser tahmininden bile daha gerçekçi olduğudur.

Yapacağınız tabandan tavana tahminin boyutu, özkaynaklarınıza sarılarak ayakta kalma şansınızı gösterecektir. Bu şansınızın ne olduğunu daha net anlayabilmeniz için gereksindiğiniz tek enformasyon ise, banka hesabınızdır.

ÖNCE PİYASAYA SÜRÜN, SONRA SINAYIN

Eğer bir biyoteknoloji ya da tıbbi cihaz şirketi kuruyorsanız, bu bölümü atlayın. Diğerleri, siz okumaya devam edin. Tek başına iş yapmanın anahtarlarından biri ürün ya da hizmetinizi hiç durmadan piyasaya sürmektir. Şöyle düşünün: düzelt, düzelt, düzelt, piyasaya sür yerine, piyasaya sür, düzelt, piyasaya sür, düzelt, piyasaya sür, düzelt... Kuşkusuz bu felsefenin de avantajları ve dezavantajları vardır.

AVANTAJLAR

- hızlı nakit akışı
- gerçek dünyadan alınan geribildirim

DEZAVANTAJLAR

- kalite sorunları çıkarsa, imaj sarsılması

Sarsılmış imaj, olasılıkla kocaman bir eksi anlamına geleceğinden, piyasaya sürme ile mükemmelleştirme kararı arasında her zaman kaçınılmaz bir korku yaşanır. İşte sizlere bu kararı verirken işinize yarayacak bazı sorular:

- Ürün ya da hizmetimiz, gelişiminin bu aşamasında, rakiplerinin üstesinden gelebilir mi?
- Ürün ya da hizmetimizi, zararı azaltmak amacıyla, küçük ve izole bir coğrafi bölgede ya da piyasa segmentinde piyasaya sürebilir miyiz?
- Bu iş için kobay olmaya gönüllü ve hem hoşgörülü hem anlayışlı bir müşteri ya da müşteri grubu bulunabilir mi?
- Ürün ya da hizmetimiz, anlam yaratma vizyonumuzu büyük ölçüde karşılıyor mu?

- Müşterilerimizin gereksinimlerini büyük ölçüde dolduruyor mu?
- Ürün ya da hizmetimizin hâlihazırdaki durumu müşterimizi tehlikeye atar ya da ona zarar verir mi?
- Gerçek dünyanın ne düşüneceğini anlamak için yeterince "laboratuar" testi yaptık mı?

> **ALIŞTIRMA**
> Doğru mu, yanlış mı? İlk Macintosh (1984)'un ne yazılımı vardı ne hard diski, ne girişi, ne rengi ne de Ethernet'i.

Bu soruları ekibinizle saatler boyunca tartışabilirsiniz. Bir sonuca varabilmek hiç de kolay olmayacaktır ve ne "doğru" ne de "yanlış" bir yanıt vardır. Bu ikilemin içinden çıkmanın bir diğer yolu da kendi kendinize *Hâlihazırdaki durumu ile bu ürün ya da hizmeti anneme ve babama kullandırır mıydım?* diye sormaktır. Eğer yanıtınız *evet* ise, hiç durmayın piyasaya sürün.

Sorabileceğiniz bir diğer soru da şudur: *Yoksa paramız tükeniyor mu?* Bir kurumu hiçbir şey ölüm olasılığından daha fazla ilgilendiremez.

"KENDİNİ KANITLAMIŞ" EKİBİ UNUTUN

Deneyim, herkesin hatalarına taktığı addır.

—Oscar Wilde

Eğer kurumunuzu kendi özkaynaklarınızla kuruyorsanız, o zaman endüstrinin tanınmış kıdemlilerini tutup da bir rüya takım oluşturma fikrini unutun. Onun yerine karşılanabilirliğe odaklanın —yani tonlarca yetenek ve enerjiye sahip deneyimsiz genç insanlara.

Bu bir yandan tahmini girişim sermayesi rakamlarınızı küçültür, ama buna karşılık yüzme havuzunun dibinde kalmak da hiç hoş bir spor değildir! Aşağıdaki tablo, tanınmamış insanlardan bir takım oluşturmanın ne kadar kolay olduğunu gözler önüne seriyor.

Bu unsurlar arasında, en sonuncusu en önemlisidir: Bilmemek yalnızca mutluluk değil, aynı zamanda güçlendirici bir olgudur. Seksenlere (gençlik günlerime) dönersek, bendeniz yeni bir işletim sistemini yaymanın ne kadar zor olduğunu bilmiyordum ve bu yüzden de Apple bana iş önerdiğinde, balıklama atladım —bu Disneyland'a gitmem için bana harçlık verilmesi gibi bir şeydi. Post-Macintosh dönemimde ise, artık bu işin ne

	KENDİNİ KANITLAMIŞ İNSANLAR	KENDİNİ KANITLAMAMIŞ İNSANLAR
Ücret	Yüksek, ama her zaman verdiğinizin karşılığını alamazsınız	Düşük, hemen her zaman için en azından verdiğinizin karşılığını alırsınız
Ek İmkanlar	Sekreterler, güzel oteller, birinci sınıfta yolculuk, limuzinler, kaliteli ekipmanlar	Self servis, moteller, turistik/ekonomi sınıfı yolculuklar, kiralık otomobiller ve mezatlardan alınma ekipmanlar
Enerji Düzeyi	Hâlâ yüksek, en azından ideali budur	Kontrol edilebilir, en azından ideali budur
Bilgi	Ne bilmediklerini itiraf etmezler, ama siz her şeyi bildiklerini varsayarsınız.	Neyi bilmediklerini bilmezler, bu yüzden de her şeyi denemeye meraklıdırlar

kadar zor olduğunu öğrendim ve bir daha asla denemek istemem. Ama bana verilen işin "olanaksızlığını" bilmememin bana verdiği güç olmasaydı da asla bu işe giremezdim.

ALIŞTIRMA
İnternete girip aşağıdaki girişimcilerin geçmişlerini araştırın:

    Bill Gates   David Filo
    Steve Jobs   Larry Page
    Michael Dell   Sergei Brin
    Pierre Omidyar   Oprah Winfrey
    Jerry Yang   Anita Roddick

"Kâğıt üzerinde" bunlardan hiç birinin multimilyar dolarlık birer şirket yaratacak "doğru" bir geçmişe sahip olmadıklarını kendi gözlerinizle göreceksiniz.

İŞE, HİZMET SEKTÖRÜ ŞİRKETİ OLARAK BAŞLAYIN

Hizmet işinin avantajlarından biri de nakit akışının hemen başlamasıdır. Kendi özkaynaklarıyla işe atılmanın klasik örneği, bir yazılım şirketidir. Peri masalı şöyle sürer:

- Birkaç programcı, niş bir piyasa için hizmet üretmek amacıyla bir araya gelirler. Danışman olarak çalışmaya başlarlar —müşteriyle yüz yüze ve kötü adamlar olarak. Saat bazında fatura keserler ve bir ay içinde ödeme isterler.
- Bu hizmeti sunum sürecinde, müşteri için bir yazılım aracı geliştirirler. Müşterileri çoğaldıkça, aracın satışı da artar. Çok geçmeden de bu aracı kullanacak ne kadar çok müşteri olduğunu keşfetmekten geri kalmazlar.
- Müşterilerden aldıkları danışmanlık ücretlerini aracı geliştirecek bir fonda toplarlar. Bu noktada, danışmanlık hizmeti ilerlemiş olduğundan, düzenli bir kâr kaynağı konumuna gelmiştir.
- Aracın gelişimini tamamlayıp, danışmanlık hizmetlerinden bağımsız olarak satmaya başlarlar. Satışlar patlar. Şirket, danışmanlığa son verir, çünkü "danışmanlıkta gelecek yoktur."
- Sonunda ya şirket halka açılır ya da Microsoft onu satın alıp bünyesine katar. Kurucular Porsche'ler, Audi'ler ya da Mercedes'lerde gezmeye başlar ve hayatlarının sonuna kadar mutluluk içinde yaşayıp giderler.

Şirketlerin hizmet modelini benimsemelerinin diğer ve birazcık suratsız bir yolu da şudur:

- Birkaç delikanlının kafalarında bir yazılım şirketi fikri vardır. Şirketi kuracaklar ve Oracle'ı, Microsoft'u ya da Symantec'i piyasadan sileceklerdir.
- Ürünü yaratmaya koyulurlar. Belki girişim sermayesi oluştururlar. Belki melekler sermaye getirir. Belki de açlıktan ölüp giderler.
- İnsanlık tarihinde ilk kez, gelişme girişimcilerin umduğundan daha uzun zaman alır. Ayrıca, müşteriler de garajda çalışan birkaç delikanlının ürettiği bir şeyi almaya yanaşmamaktadır. Şirketin parası tükenir.
- Nakit akışını sağlamak için, delikanlılar danışmanlık yapmaya karar verirler. Kısmen tamamlanmış ürünlerini alır ve bir iş bulabilmek için kaldırımları arşınlamaya koyulurlar. Bu kararlarında haklı olduklarını düşünmektedirler, çünkü müşterilerin gerçekten de gereksindiği bir ürünü yaratmalarına yardımcı olacaktır.
- İşe bakın ki müşterilerin, ürünlerine sahiden de gereksinimi vardır. Geliştirici delikanlılarımız ürünlerini tamamlarlar ve satmaya başlarlar. Satışlar patlar ve delikanlılarımız da danışmanlığı bırakırlar, çünkü "danışmanlıkta gelecek yoktur."
- Sonunda ya şirket halka açılır ya da Microsoft onu satın alıp bünyesine katar. Kurucular Porsche'ler, Audi'ler ya da Mercedes'lerde gezmeye başlar ve hayatlarının sonuna kadar mutluluk içinde yaşayıp giderler.

Şirketinizin girdiği yolun perilerin mi yoksa suratsız perilerin mi anlatıldığı bir masal olduğunun hiç önemi yoktur, yeter ki başarmış olun. Masalın ana fikri, bir hizmet modeline başlamanın (ya da sürüklenmenin) geçerli bir kendi kendine ayakta durma tekniği olduğudur.

Bununla birlikte, eğer bu yoldan gidecekseniz, hizmet işiyle başlamanın belirli bir yol için güzel olduğunu, ama her zaman için doğru bir uzun vade stratejisi olamayacağını kavramanız gerekir. Müşterilerinizin araştırma ve geliştirmeleriniz için ödeme yapmasını sağlamak, ürün tabanlı bir şirket için ancak geçici bir strateji olmalıdır.

Uzun vadede, bir hizmet şirketi, ürün şirketinden farklılıklar gösterir. İlki, köle emeğine ve fatura edilebilir saat ya da projelere dayalıdır. İkincisi ise bütünüyle araştırma-geliştirmeye, piyasaya sürmeye ve maliyetleri kapıdan çıkartılan binlerce kutuya yaymaya dayanır.

FORMA DEĞİL, FONKSİYONA ODAKLANIN

Para harcarken, her zaman için, alacağı şekle değil, gereksindiğiniz fonksiyona odaklanın. Örneğin, doğru müşteri yönetimi demek, ünlü bir şirketi elde tutmak (form) ve sonra da işin yapılacağını varsaymak (fonksiyon) demek değildir. Önemli olan form değil, fonksiyondur (aşağıdaki tabloya bakın).

Servis tedarikçileri, yeni kurulan şirketlerin maliyetlerinin büyük bir bölümünü oluşturur, işte sizlere bunları seçerken değerlendirmeniz için bazı tüyolar:

- İstediğiniz işte uzmanlaşmış bir şirket seçin. Örneğin, risk sermayesi finansmanı için, sırf ucuz olacak diye gidip boşanma avukatı Joe Amca'yı ya da sırf büyük bir üne sahip diye bir Wall Street hukuk şirketini tutmamalısınız.
- Bazen, daha fazla para ödemenin doğru karar olduğunu kavramalısınız. Yatırımcılar, örneğin sizin türünüzdeki işlerle ilgilenen "sıradan" muhasebeciler ya da avukatlarla çalışan şirketlerle kendilerini daha rahat hissedebilirler.
- İşinize el atan bireylerin referanslarını kontrol edin —sadece "firma"yla da yetinmeyin. Bu tür insanların verebilecekleri en mükemmel referanslar, mutlu olmuş girişimcilerdir.
- Her şeyi görüşüp tartışın. *Her şey* müzakere edilebilir: fiyat, ödeme takvimi ve aylık ücretler. Hatta iyi günlerde bile, görüşüp tartışmaktan çekinmeyin —bu oyunun bir parçasıdır. Örneğin, birçok şirket, siz sorma cüretini gösterinceye kadar ödemelerini geciktirip dururlar.
- Eğer birlikte çalıştıklarınıza katlanamıyorsanız ya insanları ya da şirketi değiştirin. Hayat kısa; bu yüzden dilediğiniz bayi, taşeron ve tedarikçilerle çalışın.

Forma değil, fonksiyona odaklanma mantığı, hemen her yeni oluşan kuruma uyarlanabilir. Bu nokta.com salgınının simgelerinden biri de Herman Miller Aeron koltuğudur. Sözünü ettiğimiz, belirli bir zaman için rahatlık ayarı göstergesi olan 700 dolarlık bir ofis koltuğudur. Dehşet bir koltuktur, ama 700 dolar edecek kadar dehşet olup olmadığını bilemem. Koltuğun fonksiyonu eninde sonunda, oturanın oturak yerini desteklemektir.

	FORM	FONKSİYON
Hukuk	Fortune 500'deki müvekkiller için dünyanın dört bir yanında bürolar, spor etkinliklerinde localar.	Yasal sorumluluklarınızı anlama, varlıklarınızı koruma ve anlaşmalarınızı hazırlama.
Muhasebe	Hapisteki eski müşterilerin en büyük altı bankadaki hesapları ve konferans salonlarındaki ceviz lambri duvarlar.	Maliyetleri kontrol altında tutma ve mali açıdan sağlam işleyişi sağlama.
PR	Size, planladıkları 100.000 dolarlık bir basın etkinliği için bulunmaz bir konuşmacı olduğunuzu söyleyecek, Asya sanatı tarihi konusunda allame, yakışıklı bir müşteri temsilcisi.	Etkin bir konumlama yaratıp sürdürme ve medya ile yakın ilişkiler kurma.
Reklâm	Medya satın almanın dışında hiçbir şey yapmamış olan elemanlarla, televizyon ve basın reklâmlarıyla kazandıkları ödüllerle dolu bir duvar.	Var olan müşterilerinizi anlayıp onlara erişme ve gelecekteki müşterilerinizi etkilemelerini sağlamak.
Kelle avcılığı	Özel jetleri olan, halka açık şirketlerin CEO'larını işlere yerleştirmek konusunda kazanılmış ün.	Sizin için, maaş yerine hisse almayı kabul edecek müthiş elemanlar bulmak

> **ALIŞTIRMA**
>
> eBay'e girip Aeron koltuklarını arayın. Ne kadar çok sonuç çıkarsa, girişimcilerin aslında fonksiyona değil, forma odaklandığını da daha iyi anlayacaksınız.

SAVAŞ ALANINIZI KENDİNİZ SEÇİN

Çoğu girişimciye *meta* diye fısıldarsanız, belkemiklerine elektrik vermiş gibi olursunuz. Bu deyiş bir ürünün, bir zamanlar eşsiz, özel olup ve yüksek kâr marjları sağlayıp da sonradan sıradan, standart ve ucuz hale düştüğü süreçler için kullanılır. Bununla birlikte, işe özkaynaklarıyla atılan yeni şirketler, ürünler meta haline geldiğinde sevinirler, çünkü maliyetleri düşmüş olur. Örneğin California Sunnyvale'deki Neoteris ağ güvenlik hizmetleri sunan bir şirkettir ve ürününü 10.000 dolardan satmaktadır. Parçaların maliyeti ise sadece 2.000 dolardır.[30] Eğer ürününün parçalarının tasarım ve imalatını yapan Neoteris olsaydı, maliyetler de risk de çok daha yüksek olurdu. Bunun yerine, daha büyük işletmelerin rafta hazır olan parçalarını satın almakla, Intel gibi endüstri devlerinin kaynaklarından da yararlanmaktadır.

İşe özkaynaklarıyla atılanlar, savaş alanlarını da kendileri seçerler. Neoteris'in savaş alanı ve parayı kazandığı yer de yazılımdır —tasarım, çip imalatı ya da hard disk değil. Herhangi birinin de kolayca yapabileceği işlerden para kazanmaya çabalamayın. Parayı, kendi büyünüzden kazanın:

- Yarattığımız hayati "büyü" nedir?
- Müşterilerimiz ürün ya da hizmetimizin "parçaları" için mi bizden alıyorlar —yoksa onları bir çözüm yaratacak şekilde bütünleştirdiğimiz için mi?
- Piyasaya daha iyi, daha hızlı ve daha ucuz girebilmek için, diğer kuruluşların çabalarından nasıl nasiplenebiliriz?
- İyi yaptığımız kaç süreç var? Bunu bizden daha iyi yapabilecek kuruluşlar da var mı?

DOĞRUDAN SATIN

Birçok yeni kuruluş, çok katmanlı bir dağıtım sistemi kullanmaya çalışır. Bunun anlamı ise, şirketin malını aracıya satması ve onun da ürün ya da hizmeti son kullanıcıya satmasıdır. Bunun altındaki düşünce, oturmuş bir aracının/danışmanın/dağıtımcının satış gücünün, marka farkındalığının ve önceden kurduğu müşteri ilişkilerinin yararlarını ana şirkete getireceğidir.

Ne de olsa bu bir kuramdır. Çoğu kere ters teper, çünkü çoğu aracının derdi talep yaratmak değil, talebi karşılamaktır. Sizin bir piyasa oluşturmanızla ilgilenmezler —bütün istedikleri kendini kanıtlamış bir ürünü satmaktır. Bu, Marxist (Groucho) görünse de, sizin ürününüzü satan bir aracıyı siz de istemezdiniz.

Çok katmanlı bir dağıtım sistemi düşünülürken üzerinde durulması gereken üç ağırlıklı konu daha vardır. Birincisi, sizi müşterilerinizden izole etmesidir. Yeni bir ürün ya da hizmet yarattığınızda, neyin doğru neyin yanlış olduğunu olabildiğince hızlı ve mümkün olduğunca filtrelenmemiş şekilde öğrenmeniz gerekir. İkincisi, kâr marjları çok

---

[30] Om Malik, "The Rise of the Instant Company," *Business 2.0* (Aralık 2003): 99.

daha küçük olduğundan büyük satış ölçeklerine erişmeniz gerekir ki bu da işe yeni başlayanlar için varılması zor bir hedeftir. Son olarak, gerek böyle bir dağıtım sistemi kurmanız, gerekse bu sistem aracılığıyla ürününüzü müşterilerinize ulaştırmanız uzun zaman alır.

Bu üç nedenle, müşterilerinize doğrudan satış yapın. Ancak ürün ya da hizmetinizin kusurlarını giderip de satışlarınızı sağlama aldıktan sonra, yayılmak, genişlemek ya da çabalarınıza destek almak için aracılarla çalışabilirsiniz.

LİDERE KARŞI KONUMLANIN

The Bootstrapper's Bible'ın yazarı Seth Godin, kendini piyasanın liderine ya da işleri yürütmenin kabul edilegelen yollarına karşı konumlandırmanın değerli bir işe başlama tekniği olduğunu söyler. Ürün ya da hizmetinizi tabandan başlayarak yerleştirmektense, rekabetin varolan marka farkındalığından yararlanmalısınız.

Bunu nasıl yapabileceğiniz konusunda aşağıdaki örnekler üzerinde biraz düşünün:

- Lexus: "Mercedes ya da BMW kadar mükemmel, ama yüzde 30 daha ucuz"
- Southwest Airlines: "Otomobille gitmek kadar ucuz"
- 7Up: "Kolasız"
- Avis: "(Hertz'den) daha çok çalışıyoruz"

Lidere ya da işin standart yollarına karşı konumlanmak sizleri bir sürü pazarlama, PR, promosyon ve reklam giderinden kurtarır, bunun için endüstrinizin "altın standardını" alın ve en önemli farklılığı da kendi ürününüze saklayın. Örneğin:

- maliyet
- kullanım kolaylığı
- uygunluk
- endüstriyel tasarım
- güvenilirlik
- hız/performans
- seçme şansı
- müşteri hizmetleri
- coğrafi konum

Aslında rakibiniz markasını yerleştirmek için milyonlarca dolar ve yıllar harcamakla, size müthiş bir iyilik yapmıştır —bütün yapacağınız ona karşı konumlanmaktan ibarettir. Burada yine de bir hile vardır, çünkü lidere karşı konumlanmanın üç koşulu vardır:

- Liderin ona karşı konumlandırmaya değer olması ve bu durumun sürmesi. Örneğin, şirketinizi, Enron'un Wall Street'in gözdesi olduğu günlerde Enron'a karşı konumlandırdığınızı düşleyin.
- Lider, size anında karşılık verip de avantajınızı silmemeli —örneğin, eğer konumlandırmanız IBM'inkinden daha hızlı bir bilgisayarsa ve IBM de hızla çok daha hızlı bir ürün yarattığını açıklarsa neler olacağını bir düşünün.
- Ürün ya da hizmetiniz, rakibinizi gerçekçi, algılanabilir ve anlamlı biçimde geride bırakmalıdır. Yoksa kimse sizin yutturmacanıza kanmaz. Daha da beteri, saygınlığınızı kaybedersiniz ve saygınlık da yeniden kazanılması zor bir olgudur.

Her şeye karşın gene de yakın vadede, dar bir bütçeyle neler yapacağınızı göstermeniz açısından bunun yararlı bir teknik olduğu söylenebilir.

"KIRMIZI HAP"I SEÇİN

Bu senin son şansın. Bundan sonra artık geri dönüşün yok. Mavi hapı seçersen öykü biter, yatağında uyanır ve neye inanmak istersen ona inanırsın. Kırmızı hapı seçersen Harikalar Diyarı'nda kalırsın ve ben de sana tavşan deliğinin ne kadar derinlere indiğini gösteririm."

—Matrix, 1999

Matrix filminde Neo, kendisini dünyanın acımasız gerçekleri ile yüz yüze getirecek kırmızı hapı seçer. Eğer mavi hapı seçmiş olsaydı, Matrix'in o rahat fantezisi içinde yaşayıp durabilirdi.

Yeni kurumların liderleri de aynı seçimle karşı karşıyadır: gerçek ya da fantezi. Tercih, Neo'nunki kadar basittir. Eğer başarılı bir girişimci olmak istiyorsanız, kırmızı hapı seçer ve şirketim dediğiniz o tavşan deliğinin ne kadar derin olduğunu öğrenebilirsiniz. Gerçeklerle yaşamak konusunda ciddi iseniz, işte sizlere sorabileceğiniz on önemli soru:

1. Ürün ya da hizmetiniz piyasaya çıkmaya ne zaman hazır olur?
2. Gerçek, bütünsel operasyon maliyetleriniz nelerdir?
3. Paranız ne zaman tükenir?
4. Satış kanalınızın ne kadarı alıcıya dönüşecek?
5. Muhasebenizdeki tahsil edilebilir kalemlerin ne kadarı toplanabilir?
6. Rakibinizin ürün ya da hizmeti, sizinkinde olmayan nelere sahip?
7. Verimli olmayan çalışanlarınız kimler?
8. Hissedar değerinizi maksimize etmek için elinizden gelen her şeyi yaptınız mı?

9. Dünyayı değiştirmek ve anlam yaratmak için kurumunuz ne yapıyor?
10. Kurumun lideri olarak ne kadar iyisiniz?

BİR MORPHEUS BULUN

Her ilaç, hatta gerçek bile bir taşıyıcı sistem ister. Bu, *Matrix*'te Laurence Fishburn'un canlandırdığı Morpheus karakteridir. Ya sizin kurumunuzun Morphehus'u kimdir?

Eğer böyle biri yoksa, bulmalısınız. Tipik olarak bu ya mali işler müdürünüzdür ya operasyon müdürünüz. Denetmeniniz ya da muhasebeciniz.

- Bu kişinin huysuz bir tip olması gerekmez, ama bir kurumun gerçek dünya operasyonlarını bilen biri olması şarttır. Bu kişinin rolü "'hayır'cıbaşılık" değil, gerçekçiliktir.
- Bu tür bir insan, CEO'nun yang'ının karşısındaki yin'dir. CEO "ne," hakkında karar verirken, o da "nasıl" ve "neden olmaz" konusunda karar verecektir. Aralarındaki ilişki, karşıtlık değil, dengeleyiciliktir.
- Morpheus'un en azından on yıllık bir faaliyet deneyimi olmalıdır. Danışmanlık, denetçilik, bankacılık, gazetecilik ya da analizcilik türü bir geçmiş hiç de iyi sayılmaz, çünkü "akıl vermek" kolay, "yapmak" ise zordur. Bir kişinin geçmişinin Morpheus'unkine uygun olup olmadığını anlamak için tek ve en güzel soru "Bugüne kadar kimseyi işten attın mı?"dır. Eğer yanıt hayır olursa, aramaya devam etmelisiniz.

Aslında, Morpheus'unuzun tek bir kişi olması da şart değildir. Farklı aşamalar ve farklı görevler için Morpheus da aşağıdaki gibi değiştirilebilir:

- bir araştırma-tasarım Morpheus'u size, yarattığınızın kusurlu olduğunu söyleyebilir
- bir operasyon Morpheus'u, sisteminizin işin üstesinden gelemeyeceğini söyleyebilir
- bir finans Morphehus'u harcamalarınızın çok fazla (ya da çok az) olduğunu söyleyebilir
- bir ahlak Morphehus'u ise size yanlış değerlere saplandığınızı söyleyebilir

Her kurumun farklı bir Morpheus'a gereksinimi vardır, ama her kurumun gerektiğinde kırmızı hapı sunacak en az bir tanesine gereksindiği kesindir.

ELEMANLARI AZALTIP TAŞERONLARI ARTIRIN

CEO'ların öteden beri karşılaştıkları bir soru vardır: Hangisi daha kötüdür—bütün işlerin üstesinden gelemediğiniz için parayı masada bırakmak mı, yoksa geliri fazla tahmin ettiğiniz için eleman çıkartmak mı? Parayı masada bırakmak düşüncesi bile benim kulaklarımda ziller çatmasına yetiyor, ama eleman çıkartmak daha da beter.

Zirvede bulunduğu günlerde Garage'daki kelle sayısı elli ikiydi. Bir dizi işten çıkartmayla bu sayıyı onun altına indirmiştim. Evet, o günlerde herkes teknoloji pazarının "sonsuz ve hatta ötesine" kadar öyle gideceğini sanıyordu (tıpkı Buzz Lightyear'ın söyleyebileceği gibi), bu nedenle eleman çıkartmaya giden de yalnızca biz değildik.

Gene de bir hata yapmıştım; CEO'lara işin doğrusunu yapmaları için para ödenir, herkesin yaptığını yapmaları için değil. Eleman fazlalığı, bir dizi soruna yol açar. Bunun üstesinden gelmek de kelle sayısını azaltmak kadar basit değildir, çünkü şöyle sorunlarla yüz yüze kalıverirsiniz:

- uzun vadeli kiraladığınız gereksiz ofis fazlalığınız olur
- mobilya ve bilgisayar fazlalığı doğar
- insanların gidiş-gelişi, kurum içinde sarsıntı yaratır
- giden insanların hayatında sarsıntı yaşanır
- tam yol verdiğiniz elemanlarınız giderken, farklı insanları işe alırsınız (yeni gerçeğinizle yaşamak için)
- içinize kapanmadığınızı (küçülmediğinizi) dünyaya anlatmakta zorlanırsınız

Eleman azaltmanın kısa vadeli bir çözümü vardır ve bu da olabildiğince fazla fonksiyonunuzu taşeronlaştırmaktır. Ama sakın araştırma ve geliştirme[31], pazarlama ve satışlar gibi stratejik fonksiyonlarınızı taşeronlaştırmaya kalkmayın. Ama, sorunu sizin adınıza çözecek PayChex ve ADP gibi kuruluşlar varken, kendi içinizde bordro hesaplarıyla uğraşmanıza da pek gerek yoktur.

Siz gene de söylediğimi yapın, yaptığımı değil. Eğer şirketinizin özkaynaklarıyla ayakta kalmasını istiyorsanız, o zaman eleman azaltın. Bazı satışlarınızı masada bırakabilir ve istediğiniz iş hızına erişemeyebilirsiniz. Ama her şeye karşın gene de bu eleman çıkartmaktan ya da parasız kalmanızdan iyidir.

BİR KURUL OLUŞTURUN

Çoğu girişimci, yönetim kurullarının sadece gemi yüküyle parası olan ve işleri iyi giden şirketler için gerekli olduğuna inanır. Bu kurama göre, o günlere gelinceye kadar

---

[31] Şirketlerin, yazılım programlarını neden Rusya ve Hindistan'da yaptırmaları gerektiği konusundaki tartışmaları hep duymuşuzdur. Programlamanın yalnızca kod satırları yazmak olduğu durumlar için bu yerinde bir strateji olabilir, ama bir ürünün 1.0 versiyonu üzerinde çalışıyorsunuz hiç de aynı fikirde değilim. Çünkü bu aşamada programlama, taşeronlaşmadan daha önemli bir sanattır. Herhalde Leonardo da Vinci *Son Yemek* tablosunu yaparken, masayı taşeronlara bırakıp da kendisi insanlara odaklanmazdı —ne var ki *Da Vinci Şifresi*'ni okuduktan sonra artık onun hakkında neye inanacağımı bilemiyorum.

şirketlerde ya yönetim kuruluna gerek yoktur ya da yalnızca kendi içlerindeki ekibin üyelerinden oluşacak bir kurul yeterlidir.

Bu mantık, birkaç nedenle yanlıştır. Birincisi, iyi bir rehberlik, her zaman değerlidir. Kurul gereksinimi, kurumun düzeyine ya da sağladığı sermayeye bağlı değildir.

İkincisi, para ya da topladığınız sermayenin tutarı, yüksek nitelikli yönetim kurulu üyelerini cezbeden tek faktör değildir. Ürün ya da hizmetinizin inovatifliği, yarattığınız anlam ve kişiliğiniz gibi faktörler de önemlidir.

Fon yaratmaksızın nitelikli insanlardan oluşan bir yönetim kurulu kurmanız —tıpkı büyük bir takım kurar gibi— aynı zamanda ürün ya da hizmetinizin ve evangelizm yeteneğinizin de somut bir göstergesidir. Dahası, yetkin bir kurul, sizin böyle bir kurulu kurmak için harcadığınız kadar para kazanmanıza da yardımcı olacaktır.

ÖNEMLİ ŞEYLER HAKKINDA KAYGILANIN

Girişimci Büyük Resmi bozmak pahasına küçük paraları tasarruf etmeye kalktığında, yeni başlayan kuruluşun işleri de ters gitmeye başlar. Bir kurum yaratmaya kalkışmak, testere tezgâhında tahta plakalardan masa yapmak demek değildir —ne de Herman Miller'i daha büyük bir şirket haline getirmek. İşte sizlere girişimcilerin yönetmek zorunda oldukları büyük ve küçük işlerin bir listesi.

KÜÇÜK İŞLER

- büro alanı
- mobilyalar
- bilgisayarlar
- büro donanımı
- büro malzemeleri
- kartvizit ve antetli kağıtlar

BÜYÜK İŞLER

- ürün ya da hizmeti geliştirmek
- ürün ya da hizmeti satmak
- ürün ya da hizmet için para toplamak

Yapacağınız en mantıklı işi, küçük işleri ucuz tutup paranızı donanıma harcamamanızdır. Accenture'un eski danışmanlarından Rick Sklarin bu olguyu şöyle dile getirir:

"Costco'ya bir yolculuk yapın, o bile size yeter." Büyük işlere ağırlık verin —ama ortada o kadar büyük iş de yok ki.

> **ALIŞTIRMA**
> Bir daha karşınıza "onsuz yaşayamayacağınız" bir şey çıktığında, bir hafta bekleyin; hâlâ hayatta olduğunuzu göreceksiniz.

UYGULAYIN

Stanford Üniversitesi'ndeki bir dostum, eski bir Sun Microsystems'ci, George Grigoryev, bana özkaynaklarla girişilen işlerin asıl düşmanının, harcamalar olmadığını söylemişti —asıl uygulama başarısızlığıydı. Eğer bütün iş özkaynaklarla idare etmek olsaydı, dünyadaki bütün kurumlar masa yapmak için birer testere tezgâhı ile tahta plakalar kullanırlardı. Ucuz olmanız, verimli olmanız anlamına gelmez. Bu nedenle, sizlere George ile bendenizin uygulama sanatı hakkında bazı tavsiyelerimiz var.

- **HEDEFLERİNİZİ BELİRLEYİP AÇIKLAYIN.** Hedeflerinizi belirlemek ve açıklamak gibi basit bir davranış bile, kurumunuzun o hedeflere ulaşma şansını yükseltir. Çünkü bu, herkesin aynı sayfanın başında oturmasını sağlar ve çalışanların gündelik işleri için gereksindikleri bir rehber olur. Bunu her görevde uygulayabilirsiniz: spesifikasyonlara son halinin verilmesi, prototip yapımı, ilk müşteri kayıtları, piyasaya sürme, para toplama, eleman alma, pazarlama materyallerine son halinin verilmesi... Liste sonsuza kadar uzayabilir.
- **GELİŞMEYİ ÖLÇÜN.** Hedefler, ancak gelişmeyi ölçerseniz işe yarar. Eski bir deyişteki gibi: "Ölçülebilen iş, tamamlanmış demektir." Bu aynı zamanda doğru hedefleri seçmeniz gerektiğini, aksi takdirde yanlış şeylerin başarılacağını anlatır. Yeni kurulan bir şirkette, ölçümleri her otuz günde bir yapıp rapor etmelisiniz. Kurumunuz kıdemlenip olgunlaştıkça, bu süreyi yıllık çeyreklere çıkartabilirsiniz.
- **SORUMLULUĞU BİR KİŞİYE BIRAKIN.** Bir hedefin gerçekleştirilmesinden kimin sorumlu olduğunu bulmanız on saniyeden uzun sürüyorsa, bir yerlerde bir yanlışlık var demektir. İyi insanlar, sorumluluğu kabullenir. Büyük insanlar ise sorumluluk almayı talep eder. Kurumunuzun iyiliği için, bu kavramı yerleştirin. Eğer biri ölçüleceğini ve hesap vereceğini bilirse, başarı motivasyonu da çok yükselir.
- **BAŞARILILARI ÖDÜLLENDİRİN.** Yeni bir girişimde ödüllendireceklerimiz bunu hak edenler olmalıdır. İster opsiyon, ister para, açık övgü, günlük izin ya da

bedava öğle yemeği —hiç fark etmez. Fark edecek olan, hedefe erişenleri —ve yalnızca onları, yolları devam edenleri değil— ödüllendirmiş olmanızdır.

- **İŞ BİTENE YA DA BIRAKILINCAYA KADAR İZLEYİN.** Hepimiz en yeni ve güncel şeyler üzerinde çalışmayı severiz. Bu insan doğasıdır. Hâlihazırda ürettiğine kilitlenip kalmaktansa, soluk kesecek bir yeniliğe katılmak kim istemez ki? Bir şey sıkıcı olmaya başladığında durmayın. Takılıp kalmak sizin için sıkıcı olabilir, ama son zamanlarda ürününüzü almaya başlayan müşterileriniz için hiç de öyle değildir.

- **MORPHEUS'A KULAK VERİN.** Gerçekçilik yönetimin dostudur, bu yüzden Morphehus'unuzun söylediklerine kulak verin. Her şirkette birileri, bazı şeylere karşı çıkar. Bazı itirazlar, girişimci için iyidir —örneğin, başaramayacağınızı söylediklerinde "uzmanlara" karşı çıkın. Burada kritik nokta, karşı çıkmanın kurumunuza zarar verip vermeyeceğidir. Gerçekçi olmakta direnin ve kurumunuzun nasıl sağlamlaştığını görün.

- **BİR YÖNETİM KÜLTÜRÜ YARATIN.** Yönetim, bir kerelik bir iş değildir. Tabii tıpkı ilkokuldaki öğretmeninizin yaptığı gibi, insanları omuzlarının üzerinden kontrol edip durmak da değildir. Yönetim, kurumsal alışkanlıkları kazandırma sürecidir. Bu kültürü yerleştirmenin tek yolu da CEO'nun diğerlerine örnek olmasıdır: soruları yanıtlamak, sorunları çözmek ve hedeflerine erişmiş olanları ödüllendirmek. Bu insanlara asla yanlış anlaşılmayacak bir mesaj verir: Bu kurumda yönetim önemlidir.

SSS

S. Özkaynaklarımın beni götürebileceği yere kadar götürdüğünü nasıl anlayacağım?
Y. Görünüşte çok mantıklı bir soru, ama ne var ki gerçek yaşamda böyle bir durumla ender karşılaşılır. Eğer dış kaynak kullanmayarak işinizi mutlulukla sürdürebiliyorsanız, yeni fonlar da oluşturabilirsiniz demektir. Kendi kendinize sorabileceğiniz daha olası bir soru "Daha fazla sermayem olsa ne yapardım?" olacaktır.

S. Özkaynaklarıma aşırı ağırlık verirsem, büyümeden —hatta belki başarıdan bile— vazgeçmek zorunda kalabilir miyim?
Y. Aklıma kendi ayakları üzerinde durmakta çok aşırıya kaçmış tek bir kurum örneği bile gelmiyor. Asıl tehlike, çok az değil de çok fazla para olduğu için bir fırsatı kaçırmanızdır. Olumsuz yandan alırsak, girişim sermayesini doping maddesi olarak düşünün: Size anında kazanacağınız bir avantaj sağlayabilir, ama sizi öldürebilir de.

S. Eğer bir kurumu, özkaynaklarımla başarıyla götürebiliyorsam, o zaman dış kaynak arayışına girmeme gerek var mı? Bu eski yoldan gitmenin ne kötülüğü olabilir ki?

Y. Yanıtlar sırasıyla "hayır" ve "yok"tur. Dışardan sermaye sağlamak tek yol değildir —sadece bir yoldur. Amaç, büyük bir şey oluşturmaktır, sermayenizi nasıl toplarsanız toplayın.

S. Eğer girişim sermayesi fonumuzda milyonlarca dolar yoksa, ciddiye alınmaz mıyız?

Y. Sadece aldırmamanız gereken kişiler tarafından. Eğer böyle bir para toplayabilmişseniz, onu kredibilitenizi artırmakta kullanın, ama bunun başarınızın garantisi olacağına da sakın kanmayın. Toplayamamışsanız da kahretmeyin. Sadece harika bir şirket kurun, arkanıza da hiç bakmayın.

S. Uygulamaya vurgu yaptığınıza göre, eğer birisi uygulamada başarısızsa ne yapmalıyım? O kişiyi kovmalı mıyım?

Y. İş bu kadar basit değildir. O kişinin başarısızlığının gerçek nedenini bulun. Kontrolü dışında gelişmiş bir sorun olabilir. O sorunları masaya yatırın ve neyi düzeltebileceğinize bakın. Burada altın kural, tıpkı yönetim kurulunuzun size tanımış olduğu gibi, sizin de söz konusu kişiye bir "geçiş süreci" tanımanızdır. Bu süreç bitince de kestirip atın ve bunu kararlılıkla ve hızla yapın.

OKUNMASI TAVSİYE EDİLEN KAYNAKLAR

Godin, Seth. *The Bootstrapper's Bible: How to Start and Build a Business with a Great Idea and (Almost) No Money.* Chicago: Upstart Publishing, 1998.

Hess, Kenneth L. *Bootstrapping: Lessons Learned Building a Successful Company from Scratch.* Carmel, CA: S-Curve Press, 2001.

6. BÖLÜM

Eleman Alma Sanatı

Bakış açıları, yetenekleri ve yargıları sizinkilerden köklü farklılıklar gösteren insanları işe almanız, onlara güvenmeniz ve onları ödüllendirmeniz şarttır.

—Dee W. Hock

BİBİBF

Bir girişimci için, giriştiği yeni işe eleman almaktan daha keyif duyabileceği olay pek azdır. Dünyayı değiştirecek insanları bulmaktan daha güzel bir iş olabilir mi? Dahası, yeni bir girişimci için iyi elemanlar almaktan daha hayati olan faktör sayısı da azdır.

İyi eleman seçimi, tepeden başlar: CEO'lar bulabildikleri en iyi adamları almalıdırlar. Ardından da bu iyi adamlar astlarını alırken ırk, din, renk, eğitim ve iş deneyiminin de ötesinde seçimler yapmak durumundadır. Bunları bir yana bırakın, asıl odaklanmanız gereken üç faktör vardır:

1. Adayınız, gereksindiğiniz işi yapabilir mi?
2. Adayınız, yaratacağınız anlama inanıyor mu?
3. Adayınız, gereksindiğiniz güçlü yanlara sahip mi (özellikle de sakındığınız zaaflardan uzak mı)?

Eğer adaylarınız bu sınavları aşıyorsa, o zaman onları işe alın, ama alırken de akıllıca davranın —bütün silahlarınızı kullanarak, doğru zamanda görüşerek ve sezgilerinizi iki kere irdeleyerek.

Onları işe almayı tamamlayınca, iki tarafın da işlerin yolunda gidip gitmediğini anlayabilecekleri bir balayı dönemi tanıyın. En sonunda da, felsefi bir çerçeve olarak, çalışanlarınızı her gün "işe alın"—ertesi gün işe gelmeye can attıklarından emin olmak için.

"A" SINIFI OYUNCULAR ALIN

İşe liderliğin fonksiyonunun, daha çok takipçi değil, daha fazla lider üretmek olduğu inancıyla başlarım.

—Ralph Nader

Steve Jobs, A sınıfı oyuncuların A sınıfı oyuncuları; B sınıfı oyuncuların C ve C sınıfı oyuncuların da D sınıfı oyuncuları işe aldığını söyler. Bu durumda işin Z sınıfı oyunculara kadar düşmesi de gecikmez. Bu tepeden aşağı doğru etki, şirketlerde bir andavallılar patlamasına yol açar.

Eğer bir CEO'nun yapmak zorunda olduğu bir iş varsa, o da kendisinden daha iyi bir yönetici takımı kurmasıdır. Eğer bir yönetim takımının yapmak zorunda olduğu bir iş varsa, o da kendilerinden daha iyi çalışacak elemanlar almalarıdır. Bunun olması için, CEO'nun (ve yönetim takımının) iki niteliğe sahip olması gerekir. Birincisi, bazı insanların kendilerinden daha iyi bir performans sergileyebileceklerini kabul etmeleridir. İkincisi ise, bunu kabul ettikten sonra, böylesi insanları işe alacak kadar özgüven sahibi olmalarıdır.

Herkesin kabul edeceği üzere, yöneticileri A sınıfı oyuncuları işe almaları konusunda uyarmak zor bir iştir ve bu yüzden de birçok kurum andavallılarla doluverir. Bunun nedeni, çoğu insanın bu ilkeyi benimsememesi ve andavallıların filtreden geçirilmesinin çok zor olmasıdır. Sizleri bu öğüdümü tutmaya zorlayamam, ama yanlış insanları işe almaktan sakınmanızı sağlayacak beş öneride bulunabilirim:

- **KORELASYON İLE NEDENSELLİĞİ BİRBİRİNE KARIŞTIRMAYIN.** Bir aday, kurumun başarıya erişmesi sırasında orda çalışıyor olabilir; ama bu mutlaka başarıya katkıda bulunmuş olmasını gerektirmez. Yükseliş boyunca kurumda kalmış olabilir. Ne de olsa sular yükselince bütün tekneler yüzebilir.
  Kartallar ile dodo kuşlarını birbirinden ayırt edebilmek için, adayınızın hangi özgün projeleri yürüttüğünü bulun ve aldığı sonuçları analiz edin. Aynı şekilde, şirket içinde, o kişiyle birlikte çalışmış birini bulup adayınızın korelasyonlu mu nedensel mi olduğunu öğrenin.
- **BÜYÜK KURUM BECERİLERİ İLE YENİ KURUM BECERİLERİNİ BİRBİRLERİNE KARIŞTIRMAYIN.** Büyük bir kurumda kazanılan başarı, yeni bir kurumdaki başarının garantisi değildir. Microsoft'taki (yerleşmiş bir marka, sonsuz kaynaklar ve yüzde 100 pazar payına sahip) bir başkan yardımcısı "garajda işe girişen iki delikanlı" için hiç de uygun olmayabilir.

BÜYÜK KURUM BECERİLERİ	YENİ KURUMUN BECERİLERİ
Patrona yağcılık yapmak	Patron olmak
Kâğıt üstünde kârlar yaratmak	Nakit akışı yaratmak
Tekelcilik suçlamalarından sıyrılmak	Köprübaşı oluşturmak
Ürün ve hizmetleri evrimleştirmek	Ürün ve hizmet yaratmak
Pazar araştırması	Piyasaya sürmek
Dağıtım kanalını sıkıştırmak	Bir dağıtım kanalı kurmak

- **BEKLENTİLERİNİZİ DRAMATİZE EDİN.** İşe aldıklarınıza, yeni kurulan bir kurumda çalışmanın, daha önce çalıştıklarından farklı olabileceğini net biçimde anlatın: "Sekreterin olmadan çalışabilir, dolmuş uçaklarıyla yolculuk yapabilir ve ucuz motellerde kalabilir misin?" Bunları sormakla belki almayı istediğiniz birkaç iyi adamdan olabilirsiniz, ama yeni kurulan şirket ortamına alışamayacak biriyle yüz yüze kalmaktansa bu riske değer.
- **REFERANSLARI KONTROL EDERKEN ÇAY FALI**[32] **BAKIN.** ABD yasaları, bir kişinin iş bulma şansını ortadan kaldıracak türden referansları yasakladığından, önünüze muhteşem olmayan bir referans geldiğinde, aslında olumsuz bir referansla karşı karşıyasınız demektir. Eğer referans, sizi insan kaynaklarına yolluyor ise, o zaman adayınızın sorunları olduğunu anlamalısınız. (Referans kontrolü hakkında daha fazlası için bu bölümün sonunu okuyun.)
- **EN ZENGİN KAYNAĞINIZA GÜVENİN.** Kurumunuzda çalışmakta olan elemanlarınız, harika insanlar bulmanız ve kurumunuzda bir andavallı patlaması yaşamanızı önlemek açısından en zengin kaynağınızdır. Eğer çalışanlarınız iyi elemanları şirkete çekmek için motive olmuyorsa, kim olacaktır? Eğer iki aday arasında kararsız kalırsanız ve bunlardan biri, bir çalışanınızın tanıdığı biriyse, durmayın, işe onu alın.

Çoğu girişimci farkında bile değildir, ama yeni kurulan kurumlar üç tür A sınıfı oyuncuya gereksinirler: birinciler, başarıya erişmek uğruna, haftada seksen saat çalış-

---

[32] Ç.N. Fincanın dibinde kalan çay yapraklarına bakarak bakılan bir fal türü.

maya gönüllü olan *kamikazeler*dir. İkinciler, ilk grubun ardından gelip de onların çalışmalarını altyapıya dönüştüren uygulayıcılardır. Üçüncüler ise altyapıyı yürütmekten dehşet bir mutluluk duyan operatörlerdir.

Bu yüzden de işe yeni aldığınız elemanların mükemmelliği yalnızca CEO'dan ve yönetim takımından iyi olmalarına değil, aynı zamanda onlardan farklı olmalarına da bağlıdır. Yeni kurumlar, birbirlerini aşacak değil, bütünleyecek farklı yeteneklerdeki insanlara gereksinirler. Örneğin, akıllı bir CEO satış becerisine sahip birini işe almalıdır —satışları yürütmesi için bir başka mühendisi değil.

"MİKROBU KAPMIŞ" İNSANLARI ALIN

Adaylarınızın iyi ve farklı olmaları yetmez; aynı zamanda, kurumunuzun dünyayı değiştirebileceğine de inanmış olmaları gerekir. Bunlar, yaptığınız işin coşku mikrobunu kapmış insanlar olmalıdır. Yeni kurulan bir kurumda çalışmak hiç de kolay değildir: Ücretler başka yerlerdeki kadar yüksek değildir, sağlanan hak ve yararlar da cömert değildir ve her zaman için parasız kalma tehlikesi vardır. Bu yüzden de yaptığınız işe duyulan inanç, ustalık ve uzmanlık kadar önemlidir. Çoğu kere coşku mikrobunu kapmış birine işi öğretmek, bir bilinmezciye (agnostik) ya da tanrıtanımaza (ateist) inanç öğretmekten çok daha kolaydır.

Sizlere, daha şimdiden anlamınıza inanmış, akla yatkın birine şans vermenizi tavsiye ederim. Bunun anlamı, o insanın ürün ya da hizmetinizin kullanıcısı olmasıdır. Bu nedenle de müşteri tabanınız, yeni elemanlar için verimli bir topraktır. Örneğin, Macintosh kullanmayı seven bir insan, Apple için mükemmel bir aday demektir.

Eğer adayınız inançlı olduğunu kanıtlayamıyorsa, o zaman "mikrobu kapıp kapmadığını" saptamak için şu teknikleri kullanın:

- Adayınızdan, ürün ya da hizmetinizin tanıtımını yapmasını isteyin. (Ürün ya da hizmetleri feci olan şirketler, bu aşamada adayı kaçırmak riskiyle karşı karşıyadırlar.) Bir ürün ya da hizmeti gerçekten seven biri, onu avantajlarını gösterecek şekilde tanıtır.

- Adayınızın maaş, hak ve yararlar üzerinde konuşmaya harcadığı zaman ile ürün ya da hizmetin üzerinde konuşmaya harcadığı zamanı ölçün. Bu sizlere, adayınızın önerdiğiniz konumu yarar kazanmak için mi, yoksa anlam yaratmak için mi istediği hakkında bir bakış açısı kazandırır.

- Adayınızın sorularını analiz edin: Kurumunuz hakkında sağlam bilgilere dayalı sorular mı soruyor? Yoksa sadece basit temelleri mi araştırıyor —ne yaptığınızı ya da müşterilerinizin kimler olduğunu ve rakiplerinizin kimler olduğunu mu soruyor?

SİZİNLE İLGİSİ OLMAYAN ŞEYLERİ BOŞ VERİN

Dünyada A sınıfı oyuncu kıtlığı vardır. Bu yüzden eleman alma kararlarını cinsiyet, cinsel tercihler, din, ırk ya da yaş gibi temellere dayandırmak budalalıktır (yasadışı olduğunu söylemeye bile gerek yok). Böylesine sınırlı bir bakış açısına kapılıp da neden gen havuzunu kurutasınız ki?

Amacınızın anlam yaratmak ve dünyayı değiştirmek olduğunu aklınızdan çıkartmayın. Çoğu kimse adayların geçmişinin ve deneyimliliğinin üzerinde fazlasıyla durur. George Orwell'den esinlenin; boş vermek mutluluktur.

Bunun anlamı bazen mükemmel ve uygun bir geçmişin olmamasına boş vermektir, bazen de mükemmel ve uygun bir geçmişin olmasına. Aslında, her ikisi de kesinlikle konu dışı bile olabilir.

- **BÜYÜK VE BAŞARILI BİR KURUMDA DENEYİM.** Daha önce de söylediğim gibi, bir büyük kurum kökenli olmak, yeni kurulan bir kurumun ortamına uyulup başarılı olunacağının göstergesi olmayabilir. Kişinin kökeni fon oluşturmak için iyi olabilir, ama yeni kurulan bir kurumda vitrin dekoruna pek gerek yoktur. Burada sorulması gereken soru gene aynıdır: "Aday geçmişinde başarının yaratılmasına katkıda mı bulunmuştur, yoksa bir şekilde başarı sürecindeki kurumda yer mi almıştır?"
- **BAŞARISIZ BİR KURUMDA DENEYİM.** Bu da madalyonun, yani büyük ve başarılı bir kurumda deneyim kazanmanın öteki yüzüdür. Bir kurumun başarısızlığında pek çok faktör rol oynar —kim bilir, belki adayınız da bunlardan biridir. Ya da değildir. Bununla birlikte, başarısızlık genellikle başarıdan daha iyi bir öğretmendir. Bu yüzden belki de adayınız, geçmişindeki hatalarından kaçınacaktır.
- **EĞİTİM GEÇMİŞİ.** Sizin aradığınız "derece kazanmış" değil, akıllı insanlardır. Bunların ikisi aynı şey değildir. Steve Jobs Reed College'ı asla bitirememişti. Steve Case, AOL'un kurucusuydu ama Punahou'ya[33] gitmişti. Apple'ın Macintosh Bölümü'ndekilerin yarısı da üniversite bitirmemişti. Bendeniz ise hukuktan ayrılmıştım ve Stanford Business School da beni kabul etmemişti.
- **AYNI ENDÜSTRİDEKİ DENEYİM.** Endüstri deneyimi, iki yüzü de keskin bir kılıç gibidir. Bir yandan endüstri dilini anlamak ve eskiden kalma ilişkilere sahip olmak yararlıdır. Öte yandan, kendisini bir endüstri konusunda düşünmeye şartlamış bir aday ("bilgisayar arayüzlerinin benzemesi gereken hep budur") bir sorun olup çıkabilir.
- **AYNI FONKSİYONDA DENEYİM.** Fonksiyonel deneyim de iki yüzü keskin bir kılıçtır. Bir keresinde Apple, tampon işinde çalışan bir yöneticiyi işe almıştı,

---
[33] Bu Havaililer arasında bir şakadır. Yani, ben Iolani'ye gittim demek gibi.

çünkü hepimize Macintosh'u bir tüketici ürünü olarak satabilmek için tüketici piyasası uzmanına gereksinimimiz olduğu öğretilmişti. Ne var ki yöneticinin deneyimi, bilgisayar işine etkin biçimde aktarılamadı. Öte yanda, Ford Motor Company ilk montaj hattını mezbahalar, ambarlar ve bira fabrikalarından aldığı insanların uzmanlıkları sayesinde kurmuştu.[34]

Bu arada, çoğu kere göz ardı edilen son bir özellik daha vardır: fonksiyonel zaaflar. Steve Jobs'un gücünü oluşturan karakteristiklerinden birinin de sevecenlik olduğu söylenemez. Bill Gates'i güçlü kılanlar arasında estetik tasarımının yer aldığı da söylenemez. Yani, sırf böyle zaafları var diye Steve Jobs ile Bill Gates'e iş vermez misiniz? İnsanları işe alma konusunda iki kuram vardır:

- Önemli zaafları (önemli nitelikleri de) olmayan bir aday bulun.
- Önemli nitelikleri (önemli zaafları da) olan bir aday bulun.

Birinci kuramı uygulamak zordur, çünkü herkesin önemli zaafları vardır —sadece bunların neler olduklarını anlamanız zaman alır. Bir alanda başarılı performans sergilemek zaten zordur; her şeyi yapabilecek birini bulmaya çabalamak Olanaksız İş'ten başka bir şey değildir.

İkinci kuram ise işe yarayabilir. Kelle sayısının az ve gereksinim fazlalığı oluşmasının mümkün olmadığı o ilk günlerde, kurumunuzun gereksindiği önemli ve farklı niteliklere sahip insanlardan oluşmuş bir ekiptir. Başarıları yüksek olanların zaafları da büyüktür. Önemli zaafları olmayanlar ise ortalamayı tuttururlar.

ALIŞTIRMA

İlk işlerinizden birkaçını şöyle bir anımsayın. Doğru mu, yanlış mı?

___ Niteliklerim son derece uygundu.
___ Adaylarımı seçerken standartlarımı, beni işe alanlarınkinden yüksek tutuyorum.

BÜTÜN SİLAHLARINIZI KULLANIN

Bu satırları yazdığımda 2004 yılındayız ve bendeniz, insanların iş bulabilmek için umarsızca savaştıklarını gördükçe, işe adam alma endişesini budalaca buluyorum. Bununla

---

[34] Andrew Hargadon, *How Breakthroughs Happen: The Surprising Truth About How Companies Innovate* (Boston: Harvard Business School Press, 2003), 42-43.

birlikte, iyi günlerde de kötü günlerde de mükemmel bir adam bulmak zor olduğundan, işe alacaklarınızı ararken bütün silahlarınızı kullanmanız gerekir.

Çoğu kişi, işe alma silahlarının ücret ile hisse ve bunlara ek olarak da sigorta ve sağlık yardımı gibi ikincil haklarla sınırlı olduğunu sanır. Ama başka özendirme yolları da vardır:

- **VİZYONUNUZ.** Çoğu insan için, işin asıl ödülü para değildir. Anlam yaratmak ve dünyayı değiştirmek uğruna, çoğu kişi daha az paraya çalışmaya hazırdır.
- **EKİBİNİZ.** Adayınızla yapılacak görüşmeleri adayın muhtemel amirleri ve iş arkadaşlarıyla sınırlamayın. Eğer başka bölümlerde çalışan birkaç süper yıldızınız varsa, adayı baştan çıkartma sürecine onları da katın.
- **YÖNETİM KURULUNUZ, DANIŞMANLARINIZ VE YATIRIMCILARINIZ.** Görüşmelere bu insanların katılımlarının da aynı türden bir çekiciliği vardır. Bu insanlar çoğunlukla tanınmış, saygın ve zengindiler. Adayınızın önerinizi kabul etmesinde etkili olabilecekleri için, onlardan görüşmelere katılmak için zaman ayırmalarını isteyin.
- **ÖZGEÇMİŞ OLUŞTURMA POTANSİYELİ.** Gerçeği kabul edelim: bütün meslek yaşamlarını tek bir kurumda geçirenlerin sayısı oldukça azdır. Eğer harika insanların harika birkaç senesini alma şansınız ve özgeçmişleri konusunda elinizden gelecek bir şey varsa, hiç durmayın yapın. Kim bilir, belki de beklediğinizden daha uzun süre yanınızda kalabilirler.

Bir kişi üzerinde karar kılınca da hiç beklemeyin ve onu işe alabilmek için bütün silahlarınızı kullanın.

MİHENK TAŞLARINIZI HAKKIYLA KULLANIN

Çoğu kişi, bir iş arayışında karara varmanın tek mihenk taşının adayın kendisi olduğunu sanır. Biraz daha aydın olanlar buna adayın eşini de katarlar. Ne var ki bir işe kabul etmenin mihenk taşları, hele de işe yeni başlayan bir kurumda, genellikle bundan çok daha karmaşıktır.

Bu yüzden karar veren kişi (ya da kişiler) adayın çocuklarını, ebeveynlerini ve dostlarını da hesaba katabilirler. Kolayca tahmin edebileceğiniz gibi, işe almak istediğiniz aday, yeni bir kurumda çalışmasının doğru olup olmayacağını ana-babasına sorabilir ve onlar da "Sakın. Çok risklidir. Uzun zamandır piyasada olan başarılı ve güvenli —Arthur Andersen ya da Enron gibi— bir kurum bulmalısın" diyebilirler.

Bu yüzden, adayınıza mutlaka vereceği kararda önemli olanların kimler olduğunu sormalı ve adayla birlikte onların da kaygılarını yanıtlamak için çalışmalısınız. Bununla birlikte, bazı adayların böylesi bir soruyu tuzak olarak görebileceklerini de aklınızdan çıkartmayın —*eğer ana-babamın da bu sürecin birer parçası olduğunu itiraf edersem, hanım evladı olduğumu düşünüp beni işe almazlar.*

Bunu sağlayabilmek için, bu soruyu ciddi manada sorduğunuzu onlara anlatmanız gerekir

Şirket ve kurum için en uygun olanı bulmak için elinizdeki mihenk taşlarını hakkıyla kullanmanız gerekir. Bir kere buna karar verdikten sonra, hepsini hakkıyla kullanabilirsiniz.

ÜCRET VERMEK İÇİN BEKLEYİN

Çoğu şirket, işe alma sürecinin daha ilk adımlarında bir teklif mektubu hazırlama hatasına düşer. Ücret ayrıntılarını kâğıda dökerek bunu, adayla ne kadar çok ilgilendiklerini ve işi bir an önce bitirmek istediklerini kanıtlayacak bir ökseotu niyetine kullanırlar. Bu büyük bir hatadır.

Böyle bir metin, ancak işe alma sürecinin sonunda ortaya çıkmalıdır. Çünkü bu adaya "evet" dedirtmeyi sağlayacak bir görüşme aracı değil, yalnızca varılan sözlü anlaşmanın kâğıda dökülmüş şekli olmalıdır. Bu evlenme teklifi gibidir: Yanıtın "evet" olacağından emin olunca yapılır.

YALANLARI TERCÜME EDİN

Şimdilerde Kindred Partners'da kelle avcılığı yapan Amy Vernetti, Garage'da çalıştığı dönemde, adayların en çok söylediği on yalanın listesini çıkartmıştı. Üzerlerinde düşünün. Bunlar, işe almada hata yapmaktan kurtulmanıza yardım edecek noktalardır.

SEZGİLERİNİZİ İKİ KERE SINAYIN

Sağduyuluysanız, müthiş birini işe almak için sezgilerinize güvenmeniz gerektiğini de öğrenmişsinizdir. Birini işe alırken, sıklıkla iki durumla karşı karşıya kalırsınız:

- Adayın eğitim ve geçmişi tam anlamıyla uygun değildir. Bu nedenle, başkaları onu işe almamıştır. İçinizdeki akılcı ses şöyle der: *Alma. Deneyimi yetersiz.* Buna karşılık sezgileriniz de şöyle der: *Sakın kaçırma.*
- Aday, kâğıt üzerinde mükemmeldir (eğitimi, iş deneyimi vs.) ve ekibinizdeki herkes de onu kaçırmamak gerektiğini düşünüyordur. Ne var ki sezgileriniz de tam tersini söylemektedir.

Her iki durum da, sezgilerinize güvenmenizi gerektirir. Ne yazık ki sezgiler, çoğu kere insanı yanıltır. Kim bilir, belki adaydan hoşlanmış ve bu yüzden sorularınızı kolaylaş-

Eleman Alma Sanatı

YALAN	GERÇEK
"Üç iş teklifi daha aldım, elinizi çabuk tutsanız iyi edersiniz."	Şimdiye kadar üç iş görüşmesi yaptım, ama kimse henüz beni istemediğini söylemedi.
"Şirketimin Microsoft ile birleşmesinden sorumluydum."	Bill Gates anlaşmayı imzaladıktan sonra çektikleri faksı ben aldım.
"Çalışmakta olduğum şirkete gireli sadece birkaç ay oldu, ama şirketin CEO'nun bana söylediği gibi olmadığını anladığımdan ayrılıyorum."	Önüme çıkan bir fırsat karşısında nasıl durum değerlendirmesi yapacağımı bilmiyorum.
"Hiçbir kuruluşta bir yıldan uzun çalışmadım, çünkü çabucak sıkılıveririm."	Benim palyaçonun teki olduğumu anlamaları yaklaşık bir yıllarını aldı.
"Eski şirketimde, kimseye hesap vermezdim."	Kimse beni bölümünde istemedi.
"Referanslarımın çoğu yakın dostlarımdan, çünkü beni en iyi onlar tanır."	Yanında çalıştıklarımın hiçbiri bana referans vermeye yanaşmıyor.
"Son üç işverenimi hiç duymamışsınızdır, çünkü işlerini gizlilik içinde yürütürler."	Çalıştığım bütün şirketler küçülmeye gitti.
"Artık o kurumda çalışmıyorum, ama oradakilerle mükemmel ilişkilerim var."	Tazminatımı vermek için, beni şirket hakkında konuşmama taahhüdü imzalamaya zorladılar.
"Başkan yardımcısıyım, ama bana bağlı kimse yok."	O şirkette herhangi bir gerzek de başkan yardımcısı olabilir.
"Eski kurumumdaki ücretimi en azından ikiye katlamak istiyorum."	Hak ettiğimden çok para veriyorlardı, ben de önüme çıkacak iyi bir fırsatta vurgunu vurabileceğimi düşünüyorum.

tırmış ve referansının üstünde de fazla durmamış olabilirsiniz. Sezgilerinizin sizi haklı çıkarttığı durumları anımsıyor ve yanılttıklarını unutuyorsunuzdur. İşte o zaman, sezgilerinizden kaynaklanan bulanıklığı dengelemek için aşağıdaki prosedürü[35] uygulayın:

- **GÖRÜŞME İÇİN ÖNCEDEN BİR ÇERÇEVE HAZIRLAYIN.** Ekibinizle birlikte, görüşmeden önce adayınızda mutlaka olması gereken davranış, bilgi, kişilik ve deneyim özelliklerinin neler olduğuna karar verin.
- **BELİRLİ İŞ SORUNLARI HAKKINDA SORULAR SORUN.** Örneğin, pazarlamadan sorumlu bir başkan yardımcısı adayına aşağıdaki soruları sorun:
  - *Bir ürünün tanıtımını nasıl yaptığınızı anlatın.*
  - *Yeni bir ürünün özelliklerine nasıl karar verdiğinizi anlatın.*
  - *Mühendislerinizi bu özellikleri uygulamaya nasıl ikna ettiniz?*
  - *PR şirketinizi nasıl seçtiniz?*
  - *Reklâm ajansınızı nasıl seçtiniz?*
  - *Kusurlu bir ürünün yaratacağı krizi nasıl çözdünüz?*
- **ÇERÇEVENİZE SADIK KALIN.** O an aklınıza gelen soruları en aza indirgeyin. Eğer böyle yapmakla kendinizin ve tabii ki kurumunuzun adaya fazlasıyla katı ve kuralcı gelmesinden korkuyorsanız, bu soruları okumuş olduğunuz "yeni kurulan şirketlere yönelik bir kitaptan" çıkarttığınızı, aslında bu kadar katı olmadığınızı adaya açıklayın.
- **FAZLASIYLA AÇIK UÇLU, DUYGUSAL SORULARDAN KAÇININ.** Örneğin, biraz aklı olan her aday "Neden bu kurumda çalışmak istiyorsunuz?" türü bir soru karşısında aldatmacalı yanıt vermeye yeltenebilir. Daha belirgin sorular sormanız yerindedir: "En çok gururlandığınız başarınız nedir?" "En büyük hatalarınız nelerdi?" "En büyük dersi aldığınız deneyiminiz neydi?"
- **BOL BOL NOT TUTUN.** Adayların her birinin neler söylediğini bu notlarla anımsayacağınızı aklınızdan çıkartmayın. Belleğinize güvenmeyin, çünkü zamanla ve adaya subjektif yaklaşımınız yüzünden belleğiniz sizi aldatabilir.
- **REFERANSLARI ÖNCEDEN KONTROL EDİN.** Birçok kurum, adayın getirdiği referansları, onu işe almaya karar verdikten sonra kontrol eder. Aslında bu içten içe kararınızın doğruluğunu onaylamasını istediğiniz kendinden menkul bir kâhinlikten başka bir şey değildir. Büyük hatadır. Referansların, aldığınız kararı onayacak birer belge değil, adayın görüşmeye değer olup olmadığını gösterecek bir araç olduğunu kabul etmelisiniz. (Referans kontrolü hakkında daha fazla bilgi için bu bölümün sonunu okuyun.)

---

[35] David G. Meyers'in *Intuition: Its Powers and Perils* (New Haven, CT: Yale University Press, 2002), 196'sından esinlenerek.

Eleman Alma Sanatı

Bu süreci tamamladıktan sonra, hâlâ sezgileriniz başka, "gerçekler" başka şey söylüyorsa, o zaman şu soruları yanıtlayın:

- Adaydan hoşlanmanız gerekirken (iyi donanımlı olduğu için) hoşlanmadınız mı?
- Adaydan hoşlanmamanız gerekirken (donanımsız olduğu için) hoşlandınız mı?
- Sezgilerinizin gerçekçi ve nesnel bir nedeni var mı?
- Telefonla yapmış olsaydınız, görüşme daha farklı mı akardı? Bir insanın fiziksel görünümünün kararlarımızı etkileyebileceğini inkâr etmeyelim.

Bütün önlemlerinizi aldıktan sonra, sezgilerinizi izleyin. Sezgilerime uymamın, geçmişte bana çok yararı oldu (tabii belleğimin seçici olması sayesinde). Dahası, eğer sizlere "yalnızca gerçeklere ve verilere" güvenmeniz gerektiğini söylesem, iki yüzlülük etmiş olurum, çünkü Apple benim gibi birini —psikoloji diplomasıyla kuyumculuk yapan bir budalayı— şirket tarihinin en önemli ürününü yaymam için işe almıştı.

Kâğıt üzerinde, bendeniz, Macintosh'u yazılım geliştiricileri piyasasına sokmak için akla en son bile gelmeyecek türden biriydim. Ne var ki birinin içgüdüleri bende olumlu bir şeyler yakalamıştı —en azından olumsuz bir şeyler yakalayamamıştı. Kim bilir, belki de o gün Steve Jobs büroda değildi de öyle alınmıştım işe.

STANFORD ALIŞVERİŞ MERKEZİ TESTİNİ UYGULAYIN

Sezgilerinizi iki kere sınayıp da geçtikten sonra, adayınıza uygulayabileceğiniz bir test daha vardır. Bizler buna Stanford Alışveriş Merkezi Testi diyoruz. Burası Palo Alto'dadır ve Menlo Park, Portola Valley ve Woodside'a çok yakındır —bunların hepsi de girişimciler, girişim sermayedarları ve yatırım bankerleri gibi insanların yaşadığı semtlerdir. Orada alışverişe çıktığınızda mutlaka ileri teknoloji işindeki birilerine rastlamanız kaçınılmazdır.

Birkaç yıl önce, oraya alışverişe gittiğimde gözüme bir Macintosh yazılım geliştiricisi ilişti, ama o henüz beni görmemişti. Çok can sıkıcı biri olduğundan, karşılaşıp da konuşmak zorunda kalmamak için ani bir dönüş yaptım. İşte Stanford Alışveriş Merkezi Testi de o anda aklıma geliverdi.

İşte size bu testin nasıl yapıldığı. Varsayın ki bir alışveriş merkezindesiniz. Bir aday görüyorsunuz (ya da çalışanınızı, ortağınızı ya da hizmet tedarikçinizi), ama o sizi fark etmiyor. O noktada şu üçünden birini yapabilirsiniz:

1. Yanaşıp merhaba dersiniz.
2. Karşılaşırsam ne ala, karşılaşmazsam o da iyi, diye düşünürsünüz.
3. Arabanıza biner ve başka bir alışveriş merkezinin yolunu tutarsınız.

Sezgileriniz ya da sezgilerinizin çifte sınaması ne söylerse söylesin, insanları bir konuşmada etkilendiğiniz ve gözünüz tuttuğu için işe alırsınız. Eğer yukarıdaki seçeneklerden 2. ve 3.'sünü seçmişseniz, işe almayın derim. Bu, bir insanla birlikte çalışmak için alışmadığınız kadar kestirmedir —hele de yeni ve küçük bir kurumda.
(Bu arada, eğer 2. ya da 3. seçenekleri, hâlihazırda kurumunuzda çalışan biri için seçmişseniz, ya durumu düzeltin ya da bir an önce o insandan kurtulun.)

DENEME SÜRESİ KOYUN

Bütün çabalarınıza karşın, gene de işe alma süreciniz (ya da sezgileriniz) bazen yanılgı getirebilir ve yeni aldığınız kişi beklentilerinizin altında çıkar. Kendi adıma, işin en zor yanı bunun bir hata olduğunu kabullenip düzeltmektir.

Bununla birlikte, eğer yanınızda görmek istemediğiniz birini kovmaktan daha zor bir iş varsa, o da kalmasını istediğiniz birinin işine son vermektir. Ama eğer düzelmelerini sağlayacak bir yol bulmamışsanız ya da çalışmayanları atmamışsanız, bir gün çalışanları çıkarmaya zorunlu kalırsınız.

Bu işi hem kurum hem de çalışan açısından (çünkü çalışanın yanlış kurumda çalışmasına nokta koyuyorsunuzdur) kolaylaştırmak için, belirli kilometre taşlarıyla, bir deneme süresi saptayın. Örneğin, bir satış elemanının hedefleri arasında şunlar olmalıdır:

- ürün eğitimini tamamlamak
- satış eğitimini tamamlamak
- beş satış telefonuna katılmak

Bu dönem işe almadan sonra vakit tanıyacak kadar uzun, fakat kendi kendinize *Bu adamı da neden işe aldık ki?* diye soracak raddeye gelmenizden de daha kısa bir dönem olmalıdır.

Kısacası, doksan gün.

Doksan günün sonunda, her iki tarafın da neyin doğru neyin yanlış gittiğini ve verimliliğin nasıl geliştiğini tartışacakları bir inceleme görüşmesi olacağı fikrini yerleştirin. Ne de olsa bazı sorunlar sizin hatanız sonucudur!

BAŞARDIĞINIZI VARSAYMAYIN

2000 yılında Garage, ünlü bir şirketten tanınmış bir yatırım bankacısını transfer etti. Onu baştan çıkartmak haftalar almıştı ve işvereni o sıradaki sözleşmesini daha da çekici hale getirdiğinden, teklif ve karşı tekliflerin alınıp verildiği iki tur yapılmıştı.

Sonunda anlaşma sağladık. Her şey hazırdı. Hatta ailesi bile gelip şirketin, barbekü partisine katılmıştı. Birkaç hafta sonra da işe başladı. gün gelip gitti. Sonra, birkaç gün hasta olduğunu bildirip gelmedi. Bir gece, geç saatlerde, ondan istifa ettiğini bildiren bir e-mektup aldım.

Yatırım bankasındaki eski bir müşterisi için çalışmak için Garage'dan ayrılmıştı. Birkaç ay sonra da eski patronuna döndü. Bu deneyimden üç ders çıkarttım:

- Onu daha iyi araştırmalıydık; belki de yeni kurulan bir işletmeye uygun olmadığını baştan anlayabilirdik.
- "Büyük şirket belasından" sakınmak gerekiyordu. Bunun anlamı, alanının zirvesinde yer alan, çok saygın ve çok olanaklı bir şirkette çalışan birinin özkaynaklarına dayanarak kurulan yeni bir şirkete hiç de uygun olmayacağıydı.
- Asla "tamam, başardım" dememelisiniz. İşe alım süreci ne adayın teklifinizi kabul etmesiyle, ne hâlihazırdaki işinden istifa etmesiyle ne de o işteki son günü olmasıyla biter —hatta kurumunuzda işe başlamasından sonra bile bitmez.

İşin gerçeği, işe almanın sonunun gelmeyeceğidir. Her gün, yeni kurulan şirketle çalışanı arasında yepyeni bir sözleşme demektir.

MİNİ BÖLÜM: REFERANS KONTROL SANATI

'Yapacağım' dediklerinize dayanarak saygınlık kazanamazsınız.

—Henry Ford

Referans kontrolü, müthiş bir takım yaratmanın hayati kısmıdır. Ne var ki, yeni kurulan kurumlar bu işi alelacele ve üstünkörü yaparlar —özellikle de şirket, adam alma kararı verdikten sonra. Kindred Partners'ın şu sözünü ettiğim kelle avcısı Amy Vernetti'nin ustalığının püf noktası, sizler için elde edeceğiniz sonuçlar açısından referans kontrolü konusunda bir ders niteliğindedir.

Referans istemenin amacı, aday elemek değil, adayların kendi kendilerini tanıtma tutarlılığını araştırmaktır. Ayrıca, referanslarda, adayınızın kurumunuz için verimli olup olmayacağının ipuçlarını da bulabilirsiniz.

Bir adayın tam boy resmini çizebilmek için, en azından iki üstü, iki eşdeğeri, iki astı ve iki de müşterisiyle konuşmalısınız. Ayrıca yatırımcılar ile yönetim kurulu üyeleri de ilginç birer referanstır.

İşte size sormanızı önereceğim sorular:

- Bu insanı nereden tanıyorsunuz? Ne kadar zamandır tanıyorsunuz?
- Onun hakkındaki genel izlenimleriniz nelerdir?
- Aynı konumdaki diğerleriyle karşılaştırdığınızda, onu hangi sıraya yerleştirirsiniz?

- Kuruma yaptığı katkılar nelerdir?
- Kurumunuzdaki diğerlerinin onun hakkındaki fikirleri nedir?
- Özel becerileri nelerdir? Nelerde en iyidir/nelerde en kötüdür?
- İletişim ve yönetim tarzları nasıldır?
- Hangi alanlarda gelişmeye gereksinimi vardır?
- Küçük bir kurumda verimli olabilir mi?
- İş ahlakı konusunda yorumunuz nedir?
- Onunla bir daha çalışır/işe alır ya da onun için çalışır mıydınız?
- Onun hakkında başka biriyle de konuşmalı mıyım?

Amy'nin referans kontrol sorularını izlemenizin yanısıra, adayınızın size söz etmediği başkalarından da referans almalısınız. Çalıştığı kurumdaki birilerini tanıyan birini bulup adayınızı soruşturun. Ayrıca, doğrudan doğruya çalıştığı şirketi arayıp, santralden sizi adayınızla çalışmış herhangi birine bağlamasını da isteyebilirsiniz.

SSS

S. Aday ile görüşme yaparken, dürüstçe şirketimizin güçlü yanlarından olduğu gibi, zaaflarından da söz etmeli miyim?

Y. Yani şunu mu öğrenmek istiyorsunuz: İşe girerse çok geçmeden kurumun zaaflarını nasıl olsa öğreneceğini düşünerek, acaba ona yalan mı söylemeliyim?

Her zaman kurumu nasılsa öyle anlatın. Beklentilerini küçültün. Adayların üç türlü tepkisi olabilir. Bazıları, sadece sorunların açıklanmasını ister. Sorunlarınızı sıralayıp teker teker açıklayın. Belki yalnızca nereye adım attıklarını bilmek istiyorlardır, ayrıca gözlerini korkutmuş da olmazsınız.

Bazı adaylar ise mücadele isterler. Onlar için sorun demek, fırsat demektir. Bu tür adaylara "Bizi kurtaracak adam sensin. Adımını atıp da kahraman olmaya var mısın?" diye sorabilirsiniz.

Ne var ki üçüncü tür adayların gözlerini korkutabilirsiniz. Bu tür, belki de işe yeni giren bir şirkete uygun olmayan adaylardır. Kaçırmakla kendinize iyilik etmiş olursunuz.

S. Çalışan sayımız az olursa, bu dış dünyada kötü bir izlenim mi yaratır? Sayısallık uğruna, üç tam gün çalışanı yerine, altı yarım gün çalışanı mı tercih etmeliyim?

Y. Sayı uğruna üç yerine altı kişi çalıştırmak çılgınlıktır. Bunu başka bir nedenle —örneğin, daha iyi elemanlar çalıştırmak için esnek çalışma saatleri sunmak gibi— yapacaksanız tamam. Ama böylesine budalaca bir nedenle sakın yapmayın.

S. CXO düzeyindekileri işe almanın doğru zamanlaması nedir: kuruma fon sağlamadan önce mi, yoksa sağladıktan sonra mı?

Y. Çoğu kişi, bir kurum yaratma sürecinin ardışık bir süreç olduğunu düşünür. A'yı B

Eleman Alma Sanatı

izler, B'yi C vs... Oysa, bu kadar basit değildir. Bir kurum yaratmak, paralel bir süreçtir: A'yı, B'yi ve C'yi aynı zamanda yaparsınız. Yani sorunuzun yanıtı: İşe adam almayı fon sağlama sürecinden önce ve sonra yapabileceğiniz gibi, süreç içinde de yapabilirsiniz.

Bununla birlikte, sizleri bu tuzağa düşmemeniz için uyarmalıyım: Diyelim ki bir yatırımcı, "dünya klasmanında" bir CXO'nuz varsa size yatırım yapacağını söylüyor. Bunu "evet" olarak algılıyor, işe adam alıyor ve sonra yatırımcıya dönüyorsunuz. Yatırımcı bu kere farklı konuşuyor: "İyi etmişsiniz. Şimdi de bana, ürününüzü alan müşterileri bir gösterin bakalım." Buradan çıkartacağınız ders şudur: Sırf yatırımcıyı hoşnut etmek uğruna adam almayın. Büyük bir kurum yaratmak için alın.

S. En iyi yetenekleri çekebilmek için kendime mi güvenmeliyim, yoksa araştırma şirketlerine para mı akıtmalıyım?

Y. Fon sağlama öncesinde yapmanız gereken, karşılık beklemeden size doğru adamı bulabilecek tanıdıklarınızdan ve çevrenizden yararlanmaktır. Fon sağladıktan sonra, kime isterseniz başvurabilirsiniz —hatta eleman araştırma kuruluşlarına bile.

S. Eğer istenirse, ücret skalamı vermeli miyim?

Y. Hayır. Eğer dosdoğru istenirse, şöyle bir yanıt verebilirsiniz: "Mükemmel bir aday için ne gerekiyorsa veririz." Sonra da sorun, "Ya sizin hâlihazırdaki ücretiniz nedir?" Bu onlara zor sorunun ne olduğunu öğretmeye yeter!

Görüşme sürecinin başları, rakamlardan söz etmek için çok erkendir. Çünkü adaylar, söylediklerinizi kesinlikle akıllarından çıkartmayacaklardır –hele de üst sınırı. Ayrıca, görüşme sırasında dile getireceğiniz her rakam, adayın vereceği yanıtları da etkiler.

S. Eğer amacım "benden daha yetenekli insanları işe almak" ise, o zaman girişimin denetimini nasıl elimde tutabilir ve kendi işimden dışlanmaktan kaçınabilirim?

Y. Bu soru, hakkınızda olasılıkla amaçladığınızdan da fazlasını söylüyor. Amacınız asla "denetimi elde tutmak" ve "dışlanmaktan kaçınmak" olmamalı. Amacınız, büyük bir kurum yaratmak olmalıdır. Gerçekten de dışlanmanız gereken günler gelebilir. Buna hazırlıklı olun. Kıyamet kopuncaya kadar denetimini elinizde tutacak batmaya mahkûm bir şirketiniz mi olsun isterdiniz?

S. En iyi arkadaşımla birlikte çalışıyorum. Yasal bir sözleşme yapmalı mıyım?

Y: Kesinlikle evet. Zaman değişir, insanlar değişir, kurumlar da değişir. Ne kadar tuhaf ve uygunsuz gözükse de mutlaka yasal anlaşma yapmalısınız. Günün birinde bu anlaşma, hem dostluğunuz hem de kurumunuz için kurtuluş olabilir.

S. Yönetimi Kurulu üyelerime verilecek akla uygun ücret ve hakkıhuzur ne olmalıdır?

Y. Bunun genel ortalaması %0,25 ile %0,5'tir, ama gerçek bir süperstar için şirketin yüzde 1 ya da 2'sine de çıkabilirsiniz. Eğer adayı kapabilmek için bundan fazlası gerekiyorsa, unutun. Adayınız, anlam yaratmaktan çok paraya önem veriyor demektir.

S. İşi oluşturmanıza, işletmenize yardım eden ve size güvenen, ama artık başına buyruk hareket ettiği kesinleşen bir ortağınızı kovmanız gerekse ne yapardınız?

Y. Onu bir köşeye çekip durumu anlatırdım. Böyle bir durumda ona hem böyle bir yol ayrımının şart olduğunu anlatmalı hem de daha küçük roller üstlenmesi için birkaç seçenek sunmalısınız. Daha küçük rolün anlamı ya farklı bir konuma geçmesi ya da yalnızca yönetim kurulunda veya danışmanlar kurulunda hizmet vermesidir. Söz konusu insanın onurunu kırmamaya özen gösterin. Çoğu olay, patlamayla sonuçlanır. Bunu da göz önünde tutun. İlişkinizi kurup bu düzeye getirmeniz yıllar almış olabilir, ama sonu böyle de olabilir.

OKUNMASI TAVSİYE EDİLEN KAYNAKLAR

Lewis, Michael. *Moneyball: The Art of Winning an Unfair Game.* Waterville, ME: Thorndike Press, 2003.

Meyers, David G. *Intuition: Its Powers and Perils.* New Haven, CT: Yale University Press, 2002.

7. BÖLÜM

Sermaye Oluşturma Sanatı

Geçenlerdeki bir sunumumda, dinleyicilerin soruları hep aynı kapıya çıkıyordu: "Girişim sermayedarları ile nasıl temasa geçebilirim?" "Onlara, şirket hisselerinin yüzde kaçını vermeliyim?" Kimse çıkıp da bir işi nasıl kuracağını sormadı.

—Arthur Rock

BİBİBF

Bu bölümde, kurum dışı yatırımcılardan sermaye elde etme sürecini anlatacağız. Bu yatırımcılar girişim sermayedarları, yöneticiler ve yönetim kurulları, vakıflar, kamu kurum ve kuruluşları ya da 3A (arkadaşlar, aptallar ve aile) olabilir.

Benim deneyimim ise, belki de sizlerin yatırım için asla başvurmayacağınız Silicon Vadisi'nin girişim sermayesi endüstrisine ilişkin. Tıpkı Frank Sinatra'nın şarkısı gibi "Eğer orda başarabilirsem, her yerde başarabilirim." (If I can make it there, I'll make it everywhere.)

İş sermaye oluşturmaya geldiğinde, becerikli bir sunum gereklidir, ama şart değildir. Asıl önemli olan, kurumunuzun gerçekleridir: Yarattığınız anlamlı, uzun ömürlü ve topluma yararlı bir şey mi?

İŞİ KURMAK

Eğer para toplamak konusunda inanacağınız biri varsa o da Arthur Rock'tur. Kendisi hem Intel'in kurucusu ve yönetim kurulu başkanıdır hem de Fairchild Semiconductor, Teledyne ve Apple'ın destekçilerindendir. Sayılamayacak kadar çok girişim sermaye-

dan, sadece şanslıdır. Kleiner Perkins Caufield & Byers'in efsanevi girişim sermayedarı Eugene Kleiner'in deyişiyle, iyi bir fırtınada bir dodonun yatırımı bile uçabilir.[36]

Arthur Rock, şanslının da ötesindedir ve size şunu söyler: Eğer size yatırım yapılmasını istiyorsanız, bir iş kuracağınızı kanıtlayın. Anlam yaratın. Fark yaratın. Bunu para için yapmayın. Dünyayı daha güzel bir yer haline getirmek için yapın. Bu koşullar yeni kurulan en karmaşık teknoloji şirketleri için geçerli olduğu kadar sıradan teknolojili, teknolojisiz ve kâr amacı gütmeyen kurumlar için de geçerlidir.

Eğer bir iş kurmayı başarırsanız ya yatırımcılar size para vermek için yarışa girişirler ya da onların parasına gereksiniminiz olmaz. Bunların her ikisi de başa gelmesi iyi şeylerdir. Öte yandan, eğer para toplamak için sıradışı davranışlar sergilerseniz, olasılıkla bir iş kuramazsınız ve gene olasılıkla hiçbir şekilde para toplayamazsınız.

Bu noktada sorulacak mantıklı ve yerinde bir soru şudur: *Sermaye olmadan nasıl olur da bir iş kurulabilir?* Bu konuyu daha önce, 5. Bölüm'de "Özkaynaklarla Yaşama Sanatı" başlığı altında açıklamıştık, ama gene de ana fikrini bir daha söyleyeyim: Bir yolunu bulursunuz. Girişim sermayedarı Hunt Green'in dediği gibi, "Çalışmaya başlamadan, her şey olanaksız gözükür. İşte girişimcilerin varlık nedeni de budur —insanların olanaksız olduğunu söyledikleri işleri yapmak."

TANIŞTIRILMANIZI SAĞLAYIN

Bana kitabının bir kopyasını yolladığın için teşekkürler. Okumak için zaman harcamayacağım.

—Moses Hadas

Yayıncılıkta, film işinde, müzikte ve girişim sermayesinde şöyle akıp giden peri masalını andırır bir senaryo söz konusudur: Bir kuruma bir taslak, senaryo, şarkı ya da iş planı sunarsınız. Önlerinde dağlar gibi birikmiş başkaları da olmasına karşın, sunumunuzun başarısı, birinin sizi bir toplantıya davet etmesine yol açar. Bir toplantıdan sonra da işi bitirirsiniz.

Hayal görün bakalım!

Tanrı tanığımdır ki şimdi okuyacağınız öykü baştan sona gerçektir. Yeni bir girişimci, tanınmış bir girişim sermaye şirketinden para istemeyi bir yana bıraktı, çünkü ilgilenmediklerini sezmişti. Ben de o şirketin ortaklarından birine neden ilgilenmediklerini sordum ve ortağının Avrupa'da aynı işi yapan bir şirket tanıdığını söyledi. Dahası, o şirketin "Avrupa pazarının yüzde 100'ünü ele geçirdiği ve ABD'ye girmeye hazır-

---

[36] Ç.N. Dodo, ağır olduğu için iyi uçamayan ve bu yüzden de nesli tükenen bir kuş türü.

Sermaye Oluşturma Sanatı

landığı" söyleniyordu. Bu yüzden, yeni bir girişimciye yer ve gerek olmadığına karar vermişlerdi.

Bu kere de gidip öteki ortağa bu Avrupa şirketinin kim olduğunu sordum. Bilmiyordu —ona da bir dostu anlatmıştı. Bıkmadan gidip o dostunu buldum, o da şirketin kim olduğunu bilmiyordu. Anlaşılan ona da bir başka dostu hem şirketten hem de Doğu Avrupa'daki küçücük bir yatay piyasanın yüzde 98'ini nasıl ele geçirebildiğinden söz etmişti (yani bütün Avrupa pazarı söz konusu değildi!).

Şimdi gelin bir irdeleyelim: Bir dost, bir başka dosta, o da bir ortağa anlatıyor, ama hiçbiri sözü edilen şirketi araştırma zahmetine girmiyor. Öykü, neden sözü geçen bir üçüncü tarafın sizi tanıştırmasına ve bir karar organına sizi ciddiye almaları gerektiğini anlatmasına gereksiniminiz olduğunu gözler önüne serecek nitelikte.

Konu, teklif sürecinin düz bir oyun alanı olması gerektiği değil. Konu, oyun alanını, yatırımcılara sözü geçen birine yapacağınız sunum aracılığıyla sizin tarafa meyilli hale getirmeniz:

- **HÂLİHAZIRDAKİ YATIRIMCILAR.** Hâlihazırdaki bir yatırımcının size sunabileceği en önemli hizmet, daha başka yatırımcılar bulmanıza yardımcı olmaktır. Bu oyunun bir parçasıdır, yardım istemekten çekinmeyin. Yatırımcıların çoğu, işin içindeki diğer yatırımcıların tavsiyelerine hiç yoksa kulak verir.
- **AVUKATLAR VE MUHASEBECİLER.** Bir avukat, bir muhasebeci ya da bir PR şirketi seçerken uzmanlıklarına olduğu kadar, bağlantılarına da bakmalısınız. Sizi sermaye çevreleriyle tanıştırıp tanıştıramayacaklarını sorun. Birçok şirket bunu yapabilir, bu yüzden hem kendi işlerini hem de tanıştırma işini yapabilecek birini bulun.
- **DİĞER GİRİŞİMCİLER.** Bir girişimcinin, yatırımcısına "Bu hızlı bir şirket. Onlarla görüşmelisin" şeklindeki bir telefonu ya da e-mektubu güçlü bir etki yaratır. Yatırımcının internet sitesine girin ve yatırım yaptığı şirketleri araştırın —içlerinden birini iyi tanıyor olabilirsiniz. Tanımıyorsanız, birini tanıyın —bu şirketlerle bağlantı kurma, yatırımcının kendisiyle bağlantı kurmaktan kolaydır. Kâr amacı gütmeyen işlere yeni başlayanlar için, hedef vakıfların fon sağladığı kurumlara bakmaları yerindedir.
- **PROFESÖRLER.** Yatırımcılar, profesörlerin önerilerinden etkilenirler. Örneğin, Silicon Vadisi'nde, Stanfordlu bir mühendislik profesöründen gelecek bir telefon ya da e-mektup çevredeki bütün yatırım sermayedarlarının ilgisini çekmeye yeter. Okulda iyi olduğunuzu umarım!

Ya bu tür dostlarınız yoksa? Acımasız bir dünyada yaşıyoruz. Sermaye oluşturmada fırsat eşitliği yoktur, bu yüzden yerinizden kalkıp bağlantılar kurmaya bakın. Bu bölümün sonundaki kısa laf salatası kursumla sizlere yardımcı olmaya çalıştığımı göreceksiniz.

"ÇEKİŞ GÜCÜ" YARATIN

Genelde yatırımcılar kendini kanıtlamış bir ekip, kanıtlanmış teknoloji ve kanıtlanmış satışlar ararlar. Bu faktörleri de farklı düzende sıralarlar, ama bütün hepsini yarıp geçen faktör tırmanan satışlardır. (Silicon Vadisi'nde biz buna —lastiklerin yolu kavrayıp aracı ileri fırlatması anlamına— "çekiş gücü" deriz.)

Çekiş gücünün önemi çok büyüktür, çünkü insanların cüzdanlarına davranmalarını, para çıkartmalarını ve parayı sizin cebinize koymalarını sağlar. Ana fikir de zaten budur. Eğer bunu başarabilirseniz, ekibinizin gücünün de teknolojinin de önemi azalır. Kanıtlanmış bir şey uğruna para kaybetmeyi, kanıtlanmamış bir şeyden para kazanmaya tercih eden hiçbir yatırımcı tanımadığımı söyleyebilirim.

Çekiş gücü, farklı endüstrilerde farklı biçimler alır. Ürün ve hizmet sunan şirketler için bunun dürüst tanımı tektir: gelirler. Başka olaylarda ise gelir parametre olmayabilir:

Okullar	Kayıtlar ve öğrenci sınav notları
Kiliseler	Ayinlere katılım
Müzeler	Ziyaretçi sayısı
Gönüllü kuruluşlar	Bağışlar ve gönüllü sayısı

Bu da mantıklı iki soruya yol açar:

- Eğer şirketi kuracak param yoksa nasıl olur da çekiş gücü yaratabilirim?
- Ya ürün ya da hizmetim henüz tamamlanmamışsa ne olur?

İlk sorunun yanıtı, kulaklarınızı çınlatacak türdendir: "Kolay olacağını da kim söyledi?" Bu nedenle, 5. Bölüm'ü ("Özkaynaklarla Yaşama Sanatı") bir daha okuyun, olası bir müşteriyle anlaşın ve ne yapmanız gerekiyorsa onu yapın.

İkinci sorunun yanıtı ise daha karmaşıktır. Burada bir Çekiş Gücü Hiyerarşisi söz konusudur —Tıpkı Maslow'un Gereksinimler Hiyerarşisi gibi. Bu bir ast-üst hiyerarşisidir:

1. Satışlar (ya da yukarıda ürünsüz şirketler ya da hizmet şirketleri için tartıştığımız parametreler)

2. Alan testleri ve pilot alanlar
3. Alan testi, pilot ya da piyasaya sürme öncesi kullanım anlaşması
4. Alan testini sürdürecek bir sözleşme

Hiyerarşinin ne kadar tepesinde olursanız, o kadar iyidir. Ama alan testleri için bir sözleşmeniz yoksa, para toplamakta zorlanırsınız.

TEMİZ BİR TEKLİF SUNUN

Mantık dışı bolluk dönemleri dışında yatırımcıların çoğu, iş yapmamak için bahane arar. İstatistiksel olarak haklıdırlar da çünkü çoğu anlaşma sonuç vermez. Bir yatırımcının anlaşmalarının bir huniden aktığını düşünün. Huninin ağzından iki bin iş planı girer. Bunların ancak iki yüzü kayda değer sayılabilir. Yüzü okunmaya değecek niteliktedir. Kırkı için durum saptaması gerekir. Onu fonlandırılır. Bir tanesi ise kucak dolusu para getirir.

Yatırımcılar, zaman kaybetmemek istedikleri için reddettikleri teklifleri hızla ayıklamak isterler ve net hatalar bir planın çöpe atılmasını kolaylaştırır, bu yüzden onlara tertemiz bir iş planı sunmak zorundasınızdır. İşte size huniden akıp gidebileceğiniz alanlar:

- **FİKRİ MÜLKİYET:** Eski işvereninizin, kullandığınız teknolojinin kendine ait olduğu iddiasıyla açtığı davalar ya da böyle bir dava açma riski, çekirdek teknolojinin şirkete değil, oluşturana ait olma riski; başka birinin patentini ihlal etmek.
- **SERMAYE YAPISI:** Kurumun ezici çoğunluktaki hisselerinin satışından yana olmayan birkaç kurucunun elinde olması; hisse çoğunluğunun kendi payının azalmasını istemeyen katı bir yatırımcının kontrolünde olması; önceki turlarda aşırı fiyatlandırma ya da rayiç altına düşme.
- **YÖNETİM EKİBİ.** Birbirleriyle evli ya da akraba ortak kurucular; CXO düzeyi pozisyonlardaki kalifiye olmayan dostlar ya da arkadaşlar; eski hükümlüler.
- **HİSSE TEKLİFLERİ.** Danışman ve bayilere, (opsiyon değil) hisse senedi verme; genel hisselerin dost ve akrabalara yüksek değerlerden satışı; menkul kıymetler yasaları uyarınca uygun görülmeyen yatırımcıların talepleri.
- **MEVZUATA AYKIRILIK.** Yasa ve mevzuata aykırılık; çalışanların bordro vergilerinin ödenmemesi.

HER ŞEYİ AÇIKLAYIN

Ortada ivedilikle temizlenmemiş —ya da temizlenemeyecek— bir durum varsa, bunu yatırımcılara açıklayın. Üstelik bunu sürecin hemen başlangıcında yapın. Ne kadar geciktirirseniz açıklamanız o kadar zorlaşır ve karşılığında uğrayacağınız saygınlık kaybınız da o kadar artar.

Örneğin, Garage bir keresinde, potansiyel yatırımcısının şirketle bir danışmanlık anlaşması olduğunu açıklayan bir kuruluşa yatırım yapmıştı. Finansmanın tamamlanmasına ramak kala durum ortaya çıktı. Yatırımcı, danışmanlık hizmetleri karşılığında hisse senedi ve nakit aldığı gibi, ayrıca hisse senedi alımı da yapıyordu. Diğer yatırımcıların ise böyle bir anlaşmaları yoktu.

Diğer yatırımcılar bu anlaşmayı keşfedince, anlaşma neredeyse bozulacak hale geldi. Eğer söz konusu şirket durumu daha önce ve tam anlamıyla açıklamış olsa, bu herkese mantıklı gelebilir (nitekim de geliyordu) ve işler de yolunda gidebilirdi. Ne yazık ki bu son dakika sorunu yüzünden kayda değer bir yatırımcı dışlanmak zorunda kalmıştı.

Ya batan bir kurumda çalıştıysanız ya da batmış bir şirket kurmuşsanız ne olur? Gerçeği gizlemenin bir yararı olmaz, çünkü yatırımcılar nasıl olsa durumun farkına varırlar. Üstelik başka birini ya da başka bir olguyu suçlamanın bir faydası olmaz; piyasayı, diğer çalışanları, müşterileri ya da özellikle yatırımcıları (gerçek ne olursa olsun).

Size tavsiyem: *mea culpa*. Bunun anlamı, günahlarınızı "itiraf etmeniz" ve suçu üzerine almanızdır. Sofistike yatırımcılar bu davranışınızı saygıya değer bulacakları gibi, daha önceki işlerinde başarısızlığa uğrayıp batmış girişimcilere kucak dolusu para yatıran yatırımcı sayısı hiç de az değildir.

Buradan çıkartılacak ders: Sorunlarınızı temizleyin ya da açıklayın, ama asla gizlemeye kalkmayın.

DÜŞMANI KABUL EDİN YA DA YARATIN

Çoğu girişimci, yatırımcıların kurumun hiç rakibi olmadığını duymak istediğini sanır. Ne yazık ki, sofistike yatırımcılar, girişimcinin böyle bir iddiada bulunması karşısında aşağıdaki sonuçlardan birini ya da her ikisini birden çıkartılar:

- Rekabet yoktur, çünkü piyasa yoktur. Eğer piyasa olsaydı, başkaları da kazanma yarışına girerlerdi.
- Kurumun kurucuları o kadar kafasızdır ki Google'a girip de aynı işi yapan başka şirketleri araştırmayı bile akıllarına getirememişlerdir.

Var olmayan bir piyasaya hizmet edecek bir kurum yaratmaya kalkışmak ya da kafasızlık sergilemek para toplamak adına hiç de akıl kârı değildir. Piyasanın varlığını ispatlayacağı için, fazla sıcak olmayan bir rekabetin iyi olduğu kesindir. Dahası, rakipleriniz olduğunu bilirseniz, ev ödevinizi de iyi hazırlarsınız.

İşiniz, rakibiniz olmadığını söylemek değil, rekabette ne kadar üstün olduğunuzu kanıtlamaktır. Aşağıdaki sizin ve rakibinizin yapabileceği ve yapamayacaklarını gösteren çizelgeden yararlanabilirsiniz.

ŞİRKET	BİZ YAPABİLİRİZ, ONLAR YAPAMAZ	BİZ YAPAMAYIZ, ONLAR YAPABİLİR
X		
Y		
Z		

Kendi yapamayacaklarınız ile rakibinizin yapabileceklerinin listesini çıkartmanız saygınlığınızı yükseltir ve şunları gösterir:

- Rakibinizin değerini gerçekçi biçimde takdir ettiğinizi.
- Bilginizi açık ve özlü olarak kullanabildiğinizi.
- Kendinizi her zaman başarılı göstermeyecek gerçekleri de açıklamaya gönüllü olduğunuzu.

Ayrıca, yapabileceklerinizi müşteri gereksinimleriyle eşleştirerek, aynı çizelgeyi ürün ya da hizmetinizin piyasa güvenilirliğini göstermek için de kullanabilirsiniz.

Öyleyse sağlam basın. Güçlü yanlarınızı olduğu gibi, zaaflarınızı da açıkça ortaya koyup tartışın. Bunu yapmakla, güçlü yanlarınızı daha inandırıcı kılarsınız.

	BİZ	X ŞİRKETİ	Y ŞİRKETİ
Sağ elini kullanan CEO	✓		✓
Melez otomobil kullanımı	✓	✓	
Vejetaryen çalışanlar	✓		
Açık Kaynaklı kod kullanımı	✓		✓

Ne yazık ki bunu yapana hiç rastlanmaz. Tam tersine, kendilerini iyi gösterecek bir matrise —çoğunlukla da saçma sapan ve sanki hiç düşüş göstermeyen parametrelerden oluşan bir matrise— sığınırlar. Yani şöyle:

Eğer gerçekten bir rakibiniz yoksa, buluncaya kadar araştırmaktan vazgeçmeyin.

Rakipler, statükoya gösterilen bağlılık, Microsoft (bazı konularda Microsoft her konuda herkesle rekabet eder) ya da üniversitelerdeki araştırmacılar gibi basit şeyler olabilir. Herhangi bir şey bulmalısınız, çünkü rakibiniz olmadığını söylemeniz demek, yeni bir iş kurmadığınızı söylemeniz demektir.

YENİ YALANLAR BULUP SÖYLEYİN

Sıradan bir gününde bir yatırımcı iki ya da üç şirketle görüşme yapar ve diğer dört beşi hakkındaki özet bilgileri okumaya bakar. Her şirket kendini kanıtlamış bir ekip ve teknolojiyle, kanıtlanmış bir pazara gireceği, eşsiz ve dünyayı sarsacak bir fırsat sunduğu iddiasındadır. Nereye gittiklerini bilmeyen bir kaybetmişler sürüsüyle yola çıktığını söyleyen şirkete hiç rastlanmaz.

Aynı şekilde, siz kendinizin ve toplantınızın evrenin merkezi olduğunu düşünedururken, aslında yatırımcı çoktan sabahın 9.00'undaki toplantısından çıkmış, 10.00'dakine girmek üzeredir ve öğlen 13.00'te bir tane, 15.00'te de bir tane daha toplantıya girecektir.

Girişimcilerin kendilerini evrenin merkezi sanmalarının nedeni, kısmen hepsinin de yatırımcılara yepyeni bir şeyler söylediklerine inanmalarından kaynaklanır. Gerek yatırımcıları duymaktan bıktıkları o eski öyküleri dinlemekten, gerekse girişimcileri kendi kendilerine zarar vermekten kurtarmak için sizlere girişimcilerin yatırımcılara en çok anlattığı on yalanın bir listesini veriyorum.

1. Yalan: "Tahminlerimiz muhafazakâr."

Tahmininizin muhafazakâr olması da ne demek, 3. yıla kadar 100 milyon dolarlık iş yapacaksınız. Aslında, şirketiniz insanlık tarihinin en hızlı gelişen kuruluşu olacak. Yani tahmininiz hiç de muhafazakâr değil. Hadi, dürüst olun, satışlarınızın ne olacağı hakkında fikriniz bile yok.

Bir gün bir girişimcinin bana şöyle dediğini hayal ediyorum: "Dürüst olursak, tahminlerimiz kafadan attığımız rakamlar. Onları, ilginizi çekecek kadar abartıyoruz, ama budala gibi gözükmeyeceğimiz kadar da düşük tutuyoruz. Ürünümüzü piyasaya sürene ve nasıl karşılandığını görene kadar da aslında hiçbir fikrimiz yok." Hiç yoksa bu girişimci dürüst.

2. Yalan: "Gartner (Forester, Jupiter ya da Yankee Group) piyasamızın beş yıl içinde 50 milyar doları bulacağını söylüyor."

3. Bölüm'de ("Sunum Sanatı") girişimciler piyasa ölçeğini "kanıtlamaya" çalışırken dinleyicilerin neler düşündüklerini anlatmış ve bunu yapmak yerine "soğan zarlarını ayıklamayı" ya da fanteziyi harekete geçirmeyi savunmuştum. Öğüdümü yineliyorum: Rakamları sıralayarak yatırımcıları etkileyeceğinizi sanmaktan vazgeçin. Hiç kimse çıkıp da "küçücük, berbat bir piyasanın içindeyiz" demez. Herkes sizin yaptığınızı yapar.

3. Yalan: "Boeing, anlaşmamızı haftaya imzalıyor."

Söylemiş olduğum gibi, çekiş gücü iyidir. Fon sağlamanıza yardımcı olur. Ama bir anlaşma, imzalanıncaya kadar gerçekleşmemiş demektir. Eğer yatırımcı bir hafta inceleyip de hâlâ anlaşmayı imzalamamışsa, ciddi bir sorununuz var demektir. Beş yıldır hiçbir anlaşmanın zamanında imzalandığını görmedim. Boeing'den de anlaşmanızdan da imzadan sonra söz edin. Genel olarak, yatırımcıya yapacağınız bütün sürprizlerin geri tepeceğinden emin olabilirsiniz.

4. Yalan: "Fon sağlar sağlamaz, anahtar niteliğindeki elemanlar da bize katılacaklar."

İzin verirseniz düzeltivereyim: Garajda çabalayan iki delikanlısınız, birkaç yüz bin dolarlık fon oluşturmaya çabalıyorsunuz, ürününüzün tamamlanması on iki ayınızı alacak ve siz de kalkmış bana sözünü ettiğiniz o tanınmış elemanların, sırf size katılmak için yılda 250.000 dolarlık gelirlerini, artı ikramiyelerini, artı alabilecekleri hisse senetlerini bir çırpıda terk edeceklerini mi söylüyorsunuz?

Bu türden bir iddiayla karşılaştığımızda, gidip o elemanlarla görüşür ve çoğunlukla da "Bir kokteylde öyle bir CEO ile lafladığımı hayal meyal hatırlıyorum," yanıtını alırız. Eğer bu yalana başvuracaksanız, sözünü ettiğiniz elemanların işlerinde rahatsız olduklarından ve her an istifa edebileceklerinden de emin olmalısınız.

5. Yalan: "Başka yatırımcılar da projemizi inceliyor."

Bunun anlamı "Elinizi çabuk tutmazsanız yatırımı başkaları yapacak, siz de hava alacaksınız" demektir. Bu yalan akla sığmayan bolluk dönemlerinde işe yarayabilir, ama çoğunlukla da gülünüp geçilir. Gerçek olan ve dinleyicilerin düşündükleri ise şudur: *Demek birkaç yatırımcıya daha sunum yaptın ve henüz reddetmediler.*

Ayrıca, yatırımcıların birbirlerini tanıma şansları, sizin onları tanıma şansınızdan daha yüksektir. Telefonu açıp da tanıdıklarından, sizinle değil, başka bir şirketle ilgilendiklerini öğrenmeleri hiç de zor olmaz. Bu yalanı yutturabilmeniz için ya müthiş bir blöfçü ya da sigara tiryakisi olmanız gerek, yoksa yatırımcı çevresi karşısında hiç şansınız olmaz.

6. Yalan: "Procter & Gamble tehdit oluşturmak için hem çok yaşlı, hem de çok büyük ve hantal."

Procter & Gamble, Microsoft, Oracle, Ford... Dilediğiniz başarılı şirketi seçebilirsiniz. Çoğu girişimci, böylesi açıklamalarla (a) yatırımcıları, kararlılıklarına ikna edeceklerine (b) yerleşik bir rakibi saf dışı edebileceklerine ve (c) bir rekabet üstünlüğü elde edebileceklerine inanır.

Gerçekte ise, sergiledikleri başarılı bir işin nasıl kurulduğu konusundaki cahilliklerindendir. Sizlerin ve benim Southwest Airlines uçaklarında yerfıstığı ezmesine talim etmemize karşılık, Larry Ellison gibi insanların San Jose Havaalanı'nı kendi jetleri için gece yarılarına kadar hazır bekletmelerinin bir nedeni vardır. Tabii ki bu neden de yaşlı, büyük ve hantal olmaları değildir.

Yatırımcıların yerleşik bir şirketle rekabet ettiğinize inandıkları çok enderdir. Böyle bir rakibi küçümseyerek kendinizi budala yerine koyup da mezarınızı kazmayın. Tersine, şöylesine seçenekleri olan bir durum geliştirin:

- rakiple ortaklık
- rakibinizin radarının altında uçmak
- rakibinizin başaramayacağı ya da el atmayacağı bir nişe yönelmek

7. Yalan: "Patentler, işimizin güvencesidir."

Patentler asla bir işi güvenli kılmaz. Olsa olsa geçici bir rekabet üstünlüğü sağlarlar —özellikle fen bilimlerinde, tıbbi aygıtlarda ve biyoteknoloji şirketlerinde— ama hepsi o kadar.

Örneğin Garage'ın yatırımcıların ve girişimcilerin yatırım katalizasyonu sürecinde internet kullanmalarına ilişkin bir patenti vardır. Yani o var diye geceleri daha mı rahat uyuyorum? Yani bu patent yatırım bankalarının, serbest piyasa bankerlerinin ve danışmanların alıcılar ile satıcıları özel ortamlarda buluşturmak için internet kullanmalarını önlüyor mu? Patent haklarımızı mı kullanmalıyız? Bütün yanıtlar hayır, hayır ve hayırdır.

Tabii becerebiliyorsanız, patent hakkınız için dava açabilirsiniz, ama mahkeme süresine dayanabilecek zaman (yıllar) ve paranız (milyonlarca dolarınız) yoksa, bunu

Sermaye Oluşturma Sanatı

yapmakla ana babanızı etkilemenin ötesinde bir şey beklemeyin. Eğer Apple ile ABD Adalet Bakanlığı, Microsoft'u mahkemede alt edemiyorsa, siz hiç edemezsiniz. Yatırımcılarla konuşurken, teknolojinizin patentli olduğunu ancak bir kez güvenle söyleyebilirsiniz. Sıfır olamaz, çünkü bu elinizde hiçbir şey olmadığını açığa vurmanız demek olur. Birden çok vurgu ise deneyimsiz ve patentlerin işinizi koruyabileceğini sanacak kadar safdil olduğunuzu gösterir.

8. Yalan: "Bütün yapmamız gereken, piyasanın yüzde 1'ini ele geçirmek."

İşte girişim sermayedarlarının Çin Soda Yalanı dedikleri de budur. Yani, "Çin'deki insanların sadece yüzde 1'i sodamızı içerse, insanlık tarihinin en başarılı şirketi olup çıkarız." Bu yalanın inandırıcı olmasının önünde dört sorun vardır:

- Çin'de yaşayanların yüzde 1'inin sizin sodanızı içmelerini sağlamak hiç de kolay değildir.
- Çok az yatırımcı, Çin'deki kadar çok insanın var olduğu bir pazarın peşinde gerçekten düşer.
- Sizden önce görüşmeye gelen şirket de başka bir piyasa için benzer bir öykü anlatmıştır. Tabii sizden sonra gelecek olan da bir başkasını anlatacaktır.
- Bir piyasanın yalnızca yüzde 1'ini hedefleyen bir şirket, hiç de ilginç değildir.[37]

Daha önce de tartıştığımız gibi, yapılması gereken doğru iş ya inanılabilir bir toplam erişilebilir pazar rakamıyla ya da fantezileri harekete geçirerek yatırımcının karşısına çıkmak ve rakamları tartışmasına izin vermektir. Bütün amacınızın piyasanın yüzde 1'ini ele geçirmek olduğunu söylemeniz, andavallı yaftasını yemenizden başka bir şey getirmez.

9. Yalan: "İlk olma avantajına sahibiz."

Bu yalan da en azından iki soruna yol açar. Birincisi, gerçek anlamda doğru olmayabilir. Başkasının da sizin yaptığınızı yapmadığından nasıl emin olabilirsiniz? Altın kural olarak, eğer iyi bir iş yapıyorsanız, başka beş kurum da aynısını yapıyordur. Eğer müthiş bir iş yapıyorsanız, diğerlerinin sayısı ona çıkar. İkincisi, ilk olma avantajı demek, en iyi olacağınız demek değildir. "Hızlı ikinci" olmak daha iyi olabilir —bırakın başka biri öncü olsun, onun hatalarından ders çıkartın ve onu aşıp geçin.

---

[37] Her girişim sermayedarı, gizliden gizliye ABD Adalet Bakanlığı ile Avrupa Birliği'nin tekel davası açma tehdidine en çok açık olan bir şirkete fon vermek ister.

10. Yalan: "Dünya klasmanında, kendini kanıtlamış bir ekibe sahibiz."

Dünya klasmanında ve *kendini kanıtlamış* tanımlarının bu bağlamda kabul edilebilir tanımı, kurucuların daha önceki bir şirketle yatırımcılara olağanüstü kazanç sağlamış olması ya da çok saygın ve tanınmış şirketlerde önemli görevlerde bulunmuş olduklarıdır. Başarılı bir şirkette küçük bir rol üstlenip de fırtınayla yükselmek, McKinsey'de danışman olarak çalışmak ya da Morgan Stanley'de birkaç yıl çalışmış olmak kanıtlanmış bir geçmiş sayılmaz.

> **ALIŞTIRMA**
> Yalanlar listesini bir arkadaşınıza verip, sunumunuzu dinlemesini isteyin. Bu yalanlardan kaçını söylediniz? Eğer ikiden fazla ise, sınıfta kaldınız demektir.

TUZAK SORULARA YAKALANMAYIN

Yeni yalanlar uydurmanın yanısıra, aldatıcı soruları da doğru yanıtlamanız gerekir. Yatırımcılar böylesi soruları deneyimsiz olup olmadığınızı ya da yanlış yanıtlar verip vermeyeceğinizi görmek için ortaya atarlar. Aşağıdaki tabloyu kılavuzunuz olarak kullanabilirsiniz.

YATIRIMCININ TUZAK SORUSU	SÖYLEMEK İSTEDİĞİNİZ	SÖYLEMEK ZORUNDA OLDUĞUNUZ
"Size, bu kurumu/kuruluşu yönetebilecek nitelikte olduğunuzu düşündüren nedir?"	"Ya size bu girişim sermayesi şirketini yöneteceğinizi düşündüren niteliklerinizi nelerdir?"	"Bu noktaya gelene kadar her işi iyi yaptım. Ama günün birinde gerekirse, kenara çekilmeye de hazırım."
"Kendinizi kurumun/kuruluşun uzun vadedeki CEO'su olarak mı görüyorsunuz?"	"Sınırlı sorumlu ortaklarınız sizde ne buluyorlar?"	"Bugüne kadar hep ürünlerimizi piyasaya sürmeye odaklandım. Başarı kazanmak için ne gerekirse yaparım –gerekirse kenara da çekilebilirim. Şimdi size bu geçişi başarabilmemizin mantıksal kilometre taşlarından söz edeyim...."

Sermaye Oluşturma Sanatı

YATIRIMCININ TUZAK SORUSU	SÖYLEMEK İSTEDİĞİNİZ	SÖYLEMEK ZORUNDA OLDUĞUNUZ
"Sahiplerinin şirketi kontrol etmesi, sizin için önemli midir?"	"Bu işi başarmak için haftada seksen saat çalışacağım, siz de tutmuş bana şirketin kimin olduğunun sorun yaratıp yaratmayacağını mı soruyorsunuz?"	"Hayır, sorun olmaz. Bu işi başarılı kılmak için hem müthiş çalışanlara hem de büyük yatırımcılara gereksindiğimizin farkındayım. Hepsinin de önemli rolleri olmalı. Ben de pastadan büyük pay almaya değil, pastayı büyütmeye odaklanacağım."
"Kurumun/kuruluşun likidite yolu olarak ne görüyorsunuz?"	"Değerleme konusunda NASDAQ'ın yeni rekorunu kıracak bir halka arz."	"Hepimiz, likiditeyi hayal etmeye bile başlamadan önce birçok zorlu işimiz olduğunu biliyoruz. Bu şirketi büyük, başarılı ve bağımsız kimlikli olması için tasarımladık. Şu anda bütün yapacağımız, başımızı bile kaldırmadan çalışabildiğimiz kadar yoğun çalışmak. Bir halka arz ileride gerçekleşebilecek bir hayal olabilir —dahası, gelecekte şu beş şirket de olası alıcı olabilir..."

Anladınız değil mi? Yeni yalanları ve eski gerçekleri söyleyeceksiniz —sakın tersini yapmayın.

KEDİLERİ GÜDÜN

Sevgilinizi terk etmenizin elli yolu olabilir, ama yatırımcıların size hayır demelerinin yolu elliden de fazladır. Ne yazık ki girişimciler, "hayır"ı yanıttan kabul etmezler (bu da girişimciliğin bir parçasıdır). Aynı zamanda yatırımcılar da açık ve kesin "hayır"lardan hoşlanmazlar; onlar, YİGAA (Yüksek İlgi Gösterip Ağırdan Alma tekniğini tercih ederler. İşte sizlere girişimcilerin alabilecekleri bazı alışılmış yanıtlar:

- "Bizin için yolun çok başındasın. Biraz çekiş gücü göster, sonra sana yatırım yaparız."
- "Bizim için çok geç kalmışsın. Keşke daha önce gelseydin."
- "Eğer iyi bir yatırımcı bulursan, biz de katılırız."
- "Sektörünüzde uzman değiliz."

- "Şu sıralarda çalıştığımız bir şirketle çıkar çatışmasına gireriz." (Güvenin bana, eğer size para yatırmaya niyetli olsalar, o çatışmayı hemen çözümleyiverirlerdi.)
- "Ben teklifinizi beğendim, ama ortaklarım beğenmediler."
- "Teknolojinizin gelişebileceğini kanıtlamalısın."

Aslında, çoğu kere yatırımcının size söylemek istediği şudur: "Çıkmaz ayın son çarşambasında!" Bununla birlikte, yatırımcıların gerçekten ilgi duyup da henüz kendilerini bağlayamadıkları olaylar da vardır. Onlardan yatırım sağlayabilirsiniz, ama bu iş kedi sürüsü gütmek kadar zordur.

Kedileri başarıyla güdebilmenin yolu (karma bir metafor olarak), bitiş çizgisine yakın olan birkaç tanesindense, çantanızdaki bir tanesini seçmenizdir. Eğer o kedi iri, güzel ve tanınmış bir kediyse işe yarar, ama illa böyle olmak zorunda da değildir.

Bir yatırımcıyı kazanmak yalnızca sunumunuzla nesnel, ölçülebilir enformasyon, iş planı ve referanslar vermenize bağlı değildir. Bu analitik bir süreçten çok flört etmeye benzer. Yani size hayır "diyecek gibi" görünen yatırımcı, aslında hâlâ ne yaptığınızı gözlemektedir:

- Sunumdan sonra anlaşma yapmaya çalıştınız mı?
- Sunum sırasında sorulan soruları yanıtladınız mı?
- Durumunuzu destekleyecek ek enformasyon sundunuz mu?
- Büyük müşterilerle önceden iş bitirerek ya da toplantı kriterlerini önceden karşılayarak yatırımcıyı şaşırttınız mı?
- Size çek yazmış herhangi bir üst düzey yatırımcı var mı?

Bu konulardaki inatçılığınız, semere verebilir ve kedileri güdebilmek için asıl sunumunuzu izleyen haftalar ve aylar boyunca bu tür güncelleştirmeler sunup durabilirsiniz. Bununla birlikte, gözle görülür elle tutulur gelişmeler kaydetmeden ısrarcılığınızı sürdürmeniz, statünüzün "ısrarcı"dan "baş belası"na dönüşmesine de yol açabilir. Kimse de baş belalarına fon sağlamaya yanaşmaz.

NASIL BİR İŞE GİRDİĞİNİZİ KAVRAYIN

Para toplamak, hele de girişim sermayedarlarından para toplamak zorlu ve uzun bir süreçtir —tabii o da işler yolunda giderse. 1990'lar dönümündeki o debdebeli günler bir daha ya gelir ya gelmez ve ancak bir andavallı piyasanın zamanlamasına takılıp kalabilir.

Profesyonel yatırımcılar ile girişim sermayedarlarının nasıl insanlar olduğunu göstermek için, sizlere bir öykü anlatayım. Bu öyle otomobiline roket motoru takıp da olanca hızıyla dağın yamacına bindiren adamınki gibi bir şehir efsanesi değil. Bunu doğrudan doğruya girişim sermayedarı bir kadının ağzından dinledim.

Sermaye Oluşturma Sanatı

Sözünü ettiğim kadın, bir akşam babasını otopark servisi olan şık bir restorana yemeğe götürüyor. Yolda giderlerken, babası, gösterişli bir BMW aldığı için kızını azarlıyor. Kadın, restoranın önünde duruyor ve inip içeri giriyorlar.

Birkaç saat sonra baba kız restorandan çıktıklarında, otomobilin hâlâ park ettikleri yerde durduğunu görüyorlar. Fırsatı kaçırmayan kadın, babasına dönüp şöyle diyor: "Şimdi anladın mı? Restoranlar, gösterişli otomobilleri kapının önünde bırakırlar, çıkınca getirilmesini beklemek zorunda kalmazsın!"

O anda, otoparkçı kadının yanına yaklaşıp "Hanımefendi," diyor, "anahtarları vermemişsiniz. Otomobilinizi parka çekemedik."

Bu kendinden emin girişim sermayedarının öyküsünden çıkartacağımız ders ne mi?

1. Girişim sermayedarları, kuralların kendileri için farklı olduğuna inanırlar.
2. Özel muamele hak ettiklerine inanırlar.
3. Otopark servisi olan bir yere gittiğinizde, inerken otomobilini çalışır durumda bırakmalısınız.
4. Girişim sermayedarlarının sizden ya da benden farklı olması gerekmez —sadece onlar bir şekilde yüz milyonlarca doları yönetiyorlardır o kadar.

Doğru yanıt mı? "Hepsi." İzninizle girişim sermayedarlarının havasını açıklayayım:

- Sektörünüz hakkında sizden fazlasını bilmezler. Gene de yüzlerce milyon doları yönettiklerine bakıp bilmediklerini nasıl düşünebilirsiniz ki?
- Önde gelen bir yatırımcınız olması, başarılı olacağınızın güvencesi değildir. Bir sürü işe para yatırırlar ve çoğunun sonuç getirmeyeceğini varsayarlar.
- Dışardan bir dolar aldığınız anda, "kontrolü" kaybetmiş olursunuz. Kontrolün oy sahibi hisselerle bir ilintisi yoktur. Dışardan para anlığınızda, azınlık olsalar bile bütün hissedarlara karşı yükümlülük üstlenmişsiniz demektir.
- Yatırımcıların sizin için yapacakları konusundaki beklentilerinizi düşürün, düş kırıklığına uğramazsınız. Dış yatırımcılar size ortaklık ve hızlı satışların kapılarını açabilir. Gelecek için yatırımcılar bulmanıza yardımcı olabilir. Başka şirketlerin benzer hatalarını görebilirlerse, sizin de hata yapmanızı önleyebilirler. Dünyanın sizi biraz daha ciddiye almasını da sağlayabilirler, ne de olsa "size yatırım yapmışlardır." Ama hepsi o kadar.

TREN BİLETİNİZİ BULUN

Bunun gerçek bir öykü mü, yoksa bir şehir efsanesi mi olduğunu bilemiyorum, ama iyi bir girişimci ya da yazar, gerçeklerin iyi bir ders çıkarmamıza engel olmasına asla izin vermez.

Albert Einstein trendedir. Bütün ceplerini ve çantalarını araştırmasına karşın biletini bulamaz. Bu arada kontrolör yaklaşır ve şöyle bir şeyler söyler: "Dr. Einstein, sizi herkes tanır. Princeton'un size başka bir tren bileti alacak parası olduğunu da biliyoruz."

Einstein'ın yanıtı da şöyle olur: "Benim endişem para değil. Bileti bulmak zorundayım, çünkü nereye gittiğimi unuttum."

Tıpkı Einstein gibi, sizler de para için değil, nereye gittiğiniz için endişelenmelisiniz. Nereye gittiğinizi keşfederseniz, para da zaten gelir.

MİNİ BÖLÜM: MELEK SERMAYESİ OLUŞTURMA SANATI

İşe yeni atılanların tek para kaynakları profesyonel yatırımcılar ya da girişim sermayedarları değildir. Fon sağlayabilecek daha yüzlerce varlıklı birey vardır. Ancak, bunlardan para alabilmek farklı bir yaklaşım gerektirir, çünkü onların amaç ve hedefleri profesyonel yatırımcılarınkinden farklıdır. Bu, onların daha kolay para alınabilecek kişiler olması demek değildir —yalnızca farklıdırlar. Bu mini bölümde bu süreci açıklayacağız.

- **ONLARI HAFİFSEMEYİN.** Evet, yatırımlarının parasal getirilerine profesyonellerden daha az düşkündürler, ama bu onların enayi oldukları anlamına gelmez. Onlara da tıpkı üst düzey bir girişim sermayedarına, örneğin Kleiner Perkins Caufield & Byers ya da Sequoia Capital'e sunum yaptığınız profesyonellik düzeyinde yaklaşın.
- **MOTİVASYONLARINI ANLAYIN.** Profesyonel yatırımcılar öncelikle para kazanmak, sonra da topluma belki bir şeyler kazandırmak isterler. Buna karşılık melekler, öncelikle topluma bir şeyler vermek, sonra da belki para kazanmak isterler. Melekler, topluma kazandırmak için iki yol gözetirler: genç insanların bir işe atılmalarına yardımcı olmak ve bir ürün ya da hizmetin piyasaya anlam yaratmasına yardımcı olmak.
- **BAŞKALARI İÇİN YAŞAMALARINA İZİN VERİN.** Çoğu melek için yatırımından elde edeceği yan yararlardan biri de gençliklerini ya da romantik geçmişlerini yeniden yaşama hissini tatmaktır. Başka bir işe atılamasalar ya da atılmak istemeseler bile, sizin bunu yapmanızı izlemekten mutluluk duyabilirler.
- **HAYAT ARKADAŞINA UYGUN BİR ÖYKÜ ANLATIN.** Bir meleğin "yatırım komitesi" eşi, hayat arkadaşıdır. Yani komitede ne üstatlar vardır ne de eski girişimciler ya da kılı kırk yarıcılar. Bu da işinizi yalın deyimlerle anlatmanıza önem kazandırır.
- **SEVİMLİ OLUN.** Bir profesyonel, kim olursanız olun "para paradır" diyerek yatırım yapabilir, ama melekler öyle değildir. Melekler, girişimcilere babacıl ya da anacıl bir tarzda âşık olurlar: "Ne cici bir kız. Başlamasına yardım etmek istiyorum."

Bu nedenle sevimli, cana yakın ve yaklaşılabilir olun. Aslında düşünürseniz, bunun profesyonel yatırımcılarla iş yaparken de geçerli olduğunu görürsünüz.
- **BİR "KULÜP ÜYESİNİ" ETKİLEMEYE BAKIN.** Melekler, çoğu kere kâr sağlamak için olduğu kadar, toplumsallaşmak için de yatırım yaparlar. Bu nedenle eğer "kulübün" bir üyesini etkilerseniz, genellikle onu izleyecek başkalarını da etkilemiş olursunuz.

MİNİ BÖLÜM: BİR YÖNETİM KURULUNU İDARE ETME SANATI

Orduda olmak, tıpkı izci oymağında olmak gibidir, tek fark izcilerin bir yetişkinin denetiminde olmasıdır.

—Blake Clark

Para, yanında sorumluluğu da getirir. Dışardan yatırım sağlamanın muhteşem ve feci yanlarından biri de bir yönetim kurulu oluşturmak zorunda kalmanızdır. Bu mini bölümde size yönetim kurulunu idare sanatını açıklayacağım.

İlk konunuz, kurulun kompozisyonudur. Başlıca yatırımcılarınız mutlaka birer koltuk isteyeceğinden, bazı koltuklarınız da baştan dolmuştur. Toplam olarak iki tür uzmanlığa gereksininiz vardır: şirket kurulumu ve derin piyasa bilgisine. İşte size dağıtılması gereken tipik roller:

- **"MÜŞTERİ."** Bu kişi, müşterilerinizin gereksinimlerini anlar. Kendisinin bir müşteri olması gerekmez, ama pazarınızın ne almak istediğini kavrayacak biri olmak zorundadır.
- **"KILI KIRK YARICI."** Bu kişi, gelişme çabalarınızı gerçeklik sınamasından geçirir. Örneğin, teknolojiniz fizik yasalarına meydan okuyor mu? Hatta bir teknoloji şirketi olmasanız bile, soru aynıdır: Görevi başarmamız mümkün mü?
- **"BABACIK."** Babacık (ya da Annecik) yönetim kurulunun yatıştırıcısıdır. Sorunlarda arabuluculuk yapacak ve onları çözümleyecek bir deneyim zenginliği ve olgunluğa sahiptir.
- **"ŞEYTANIN AVUKATI."** Bu kişi yalan ve hatalarınızı yüzleyecek ve size yasal ve etik yola yönlendirecek kurul üyesidir.
- **"BAY BAĞLANTI."** Bu kişi de endüstri bağlantıları mükemmel olan ve bunları kurumunuz için kullandırtmaya gönüllü bir üyedir.

İkinci konunuz, yönetim kurulu üyeleri ile iyi yürüyen ilişkiler kurmanızdır. İşte size bazı tüyolar:

- **AĞAÇLARI KORUYUN.** Az kâğıt, çok kâğıttan daha iyidir. Kurulunuzu belgelere gömmeniz hata olur, çünkü üyelerin hepsi de meşgul insanlardır. Muhasebe ve mali raporlarınızı beş sayfayla sınırlayın. Bunlarda kâr-zarar bildiriminiz, nakit akışı tahminleriniz, bilânçonuz ile başarı ve sorunlarınızın bir listesinin bulunması yeterlidir.
- **KULLANIŞLI METRİKLER SUNUN.** Tek başlarına muhasebe ve mali raporlar yeterli değildir. Mali olmayan (parasal olmayan) metrikler —müşteri sayısı, tesis sayısı ya da sitenize giren ziyaretçi sayısı gibi— de aynı derecede önemlidir. Bu enformasyon, raporlarınızı üç ya da dört sayfadan fazla uzatmayacak şekilde yazılmalıdır.
- **RAPORLARI YÖNETİM KURULU TOPLANTISINDAN İKİ GÜN ÖNCE GÖNDERİN.** Yönetim kurulu toplantıları stratejik konuların görüşülüp tartışılacakları yerlerdir —raporlarınızdaki ayrıntılı enformasyonlara ayrılacak zaman yoktur. Toplantıda, verilere kısa zaman ayırmalısınız —gelecekte nasıl geliştirileceğine ise uzun zaman ayırın. Bu nedenle, raporları önceden göndermenizde yarar vardır. Bununla birlikte, kurul üyelerinin bunları okuyacaklarını da varsaymayın —her halükarda toplantıda özetlemeniz gerekir,
- **KURULU ASLA ŞAŞIRTMAYIN (İYİ HABERLER DIŞINDA).** Kötü haberlerin açıklanabileceği en kötü yer ve zaman yönetim kurulu toplantılarıdır —tabii eğer bir sırtlan sürüsü tarafından parçalanmak istemiyorsanız. Kötü bir haberiniz olduğunda, toplantıdan önce üyelerle teker teker konuşup olup biteni açıklayın.
- **GERİ BESLENİMİ BAŞTAN SAĞLAYIN.** Yönetim kurulunu asla şaşırtmama ilkesinin anahtarı, üyeleri önemli kararlara önceden hazırlamaktır. Yaklaşan toplantıda böylesi hayati bir konunun tartışılacağını biliyorsanız, her üyeyle toplantı öncesinde konuşun. Sağlayacakları geribeslenim, karar konusundaki bakış açınızı değiştirecektir.

SSS

Bu SSS bölümü, kitaptakilerin en uzunu. Uzunluğu bile çoğu insan için para toplamanın ne kadar zor bir süreç olduğunu gösteriyor. Bu konuda en sık karşılaştığım soruları bölümün içeriğinde yanıtladım ve sadece en özel olanlarına yer verdim.

S. Şirketime 5 milyon dolar yatırmak isteyen bir girişim sermayedarı var! Şirketle kurmak isteyeceği etkileşim konusunda neler beklemeliyim?

Y. İşler yolunda gittiği sürece, girişim sermayedarınız sizi rahat bırakacaktır. Bir girişim sermayedarının hayatını anlamanız gerek: Her çeyrekte, hatta ayda bir katılması gereken en azından on yönetim kurulu toplantısı vardır; yatırım yapacak paraları

Sermaye Oluşturma Sanatı

bulmak ve yaklaşık yirmi beş yatırımcıyı haberdar edip mutlu kılmak zorundadır; her gün birkaç teklifle karşılaşır: ve bunları diğer beş ortağıyla tartışır.

Daha önemli olan soru "İyi bir girişim sermayedarından ne umabilirim?" olmalı. İşte yanıtı: Size müşteri adaylarınız ve ortaklarınız ve şirketinizin üst düzeyi için adaylarla yapacağınız görüşmelerin kapılarını açacak ayda beş saatlik bir fikir alışverişi.

S. Benim likidite zaman çerçevemle örtüşmeye yeterli olgunlukta taze fonları olan girişim sermayesi şirketlerini nasıl saptayabilirim?

Y. Çok fazla düşünüyorsun. Bir fonun zamanlamasını kestirmek hiç kolay değildir. Zaten sen o şirketi değil, o seni bulup seçer, üstelik likidite zaman çerçevesini kestirmenin de yolu yoktur.

S. Girişim sermayedarları sıralamasına hangi sırayla yaklaşmalıyım: birinci sıra, ikinci, üçüncü, ya da bunun başka bir yolu var mıdır?

Y. Hâlâ çok fazla düşünüyorsun. Erişebildiğin herhangi bir firmaya sunumunu yapmana bak. Para bulmak çabasıyla geçireceğin dokuz aydan sonra, ansızın bütün paraların renginin aynı olduğunu anlayıverirsin. Dahası, kimin birinci sırada ya da ikinci ya da üncü sırada olduğu da o kadar açık değildir.

S. Birinci, ikinci ya da üçüncü sıradaki girişim sermayedarlarından beklenen iç verim oranı nedir? Bu tahmine ne kadar sadık kalırlar?

Y. Her şeyden önce, bir girişim sermayedarının, şirketinin birinci sırada olmadığını kabullenmesi pek olası değildir. Kabullense bile, ortaklarına ve yatırımcılara "Birinci sırada olmadığımıza göre, yüzde 10'a razı olalım" diyemez.

Bütün girişim sermayedarları, sizin yatırımınızdan yüksek bir verim beklentisi içindedir, kendi ortalama hedeflerindekiyle yetinmezler. (Unutmayın: Şirketinizin patlama yapma olasılığının yüksek olduğunu bilirler.) Fakat sorunuzda bir başka noktayı atlamışsınız. Girişim sermaye şirketlerinin kendi iç verim oranı performanslarına göre sıralandırılmasına karşın, girişim yatırımcıları iç verim oranı sıralamalarına bakarak münferit anlaşmaları değerlendirmez. Girişim sermayedarları bile o kadar vizyoner olduklarını düşünecek kadar kibirli değildir.

Gerçek hayatta yatırımcıların baktığı nakde-nakit getirisidir —eğer bugün 1 milyon dolar koyarsam, dört ya da beş yılda bana ne olarak geri döner? (Yani 5 milyon dolar, 5 kat geri dönüşümdür.) Bu nakde-nakit verim de şirketin prestijine değil, yatırımcıya ve yatırım yapılan sektöre göre değişir. İlk aşamalarda, örneğin bir ileri teknoloji yatırımı için, yatırımcınızı elinizde üç ile beş yıl arasında 5 kat ile 10 kat arasında geri dönüşüm sağlayacak gerçekçi bir plan olduğuna inandırabilirseniz iyi olur.

S. Bugüne kadar satışlarımızın hareketsiz (hatta ölü) olduğunu itiraf etmeli miyim?

Y. Evet, ama ben bunu biraz farklı ifade ederdim: Satışlarınız ölgün değil —sadece "son derece inovatif bir ürünle henüz satış döngüsünün başındasınız." Ayrıca, bu yüzden de ne kadar uzun süre özkaynaklarınıza dayanırsanız, o kadar gelir elde eder ve ilerlersiniz.

S. Bütün bu işlerde yeni olduğumu da girişim sermayedarıma itiraf etmeli miyim?

Y. Nasılsa apaçık ortada olacağından bunu yapmak zorunda değilsiniz. Tabii gerçeği de söyleyebilirsiniz. Bununla birlikte, durumun tehlikesini azaltmak için çevrenize deneyimli yönetici ve danışmanlar toplasanız iyi edersiniz. Ayrıca, "kurum için doğru olanı yapacağınızı ve doğrusu o olacaksa kenara çekileceğinizi" de açıkça belirtebilirsiniz.

S. Girişim sermayedarları kendi aralarında ne kadar konuşurlar? Biri karşısında kırdığım potları anlatıp da sonra el birliğiyle suyumu zehirlerler mi?

Y. Girişim sermayedarlarının günlerini dolduran onca toplantı ve girişimci görüşmeleri arasında sizi konuşacak zaman bulabileceklerini hiç sanmam. Konu edilmek için inanılmaz bir aptallık yapmanız gerek.

S. Sermaye oluşturma öncesinde bir hukuk bir de muhasebe şirketiyle anlaşmam gerekir mi?

Y. Şart değil, ama bir hukuk şirketiyle anlaşsanız, iki nedenle iyi edersiniz. Birincisi, şirket maliyesi/girişim sermayesi alanlarında tanınmış bir hukuk şirketi bulun, bu ne yaptığınızı bildiğinizi gösterir. İkincisi, finansmanın bürokratik işlemleri için uzman bir şirket finansmanı hukuku avukatına gereksiniminiz olabilir. Muhasebe şirketi ise o kadar önemli değildir. Çünkü henüz muhasebesi yapılacak pek bir hesabınız da yoktur.

S. Likidite sağlayacak bir olaya kadar gereken bütün proje desteğini nakit mi istemeliyim, yoksa sadece ilk bir ya da iki yıl için gereksindiğim kadarını istemem yeter mi?

Y. Likidite sağlanıp sağlanamayacağını, olacaksa bunun ne zaman olacağını ve o zamana kadar ne kadar para gerekeceğini kestirememen olasıdır. Bununla birlikte, senin almak istediğin ve yatırımcıların vermek istedikleri, bir sonraki kilometre taşına erişmene yetecek bir sermayedir ve geciktiğin takdirde de altı ay kadar daha seni idare edebilmelidir.

S. Yatırım sermayesini çekebilmesi için işimin bütünüyle işler ve kârlı olması gerekir mi?

Y. Girişim sermayesi işi daireseldir —kimi buna bulimiadan esinle bulimik de der. Ziyafet zamanlarında, yatırımcılar PowerPoint'i olan herkesi fon sağlarlar. Perhiz zamanlarında ise çoğu girişim sermayedarı temkinli davranmaya başlar ve "bütünüyle fonksiyonel ve kârlı" şirketlere yatırım yapmak isterler.

Size düşen, "kendini kanıtlamamış" şirketlere daha ilk adımlarında oynayabilecek girişim sermayedarları bulmaktır. Girişim sermayedarları size sadece "kendini kanıtlamış" şirketlere yatırım yaptıklarını söylerse, bilin ki yalandır. Aslında söyle-

Sermaye Oluşturma Sanatı

dikleri "bu işe girmek istemiyoruz, ama bunu dile getirmekte de zorlanıyoruz. Eğer size gerçekten inanırsak, o zaman şans tanırız"dır.

S. Hedef pazarımın apaçık bir lideri olması, fon sağlayabilmemi olanaksızlaştırır mı?
Y. Kestirmeden "duruma göre değişir," derim. Eğer o pazarın hayat devresinin erken evreleri ise ve devasa bir piyasa olacağı "apaçık" ise, fon sağlayabilirsiniz. Commodore, kişisel bilgisayar pazarının tartışmasız lideriydi, ama ondan sonraki şirketler de fon sağlayabildiler. Öte yandan, olgunlaşmış, örneğin otomotiv gibi sermaye yoğun bir endüstride işiniz zor olabilir.

Fon sağlayabilmeniz yatırımcıya da bağlıdır. Bazıları piyasa liderinden ürker. Başkaları ise bir liderin varlığını, piyasanın varlığının kanıtı olarak görür ve liderle boy ölçüşmek ister.

Düşünülmesi gereken bir nokta daha var. Sorunuz, özellikle fon konusunda. Ne var ki fonlandırılabilirlik ve yaşayabilirlik aynı şey değildir. Piyasa lideriyle boy ölçüşme fikriniz fonlandırılmayabilir, ama gene de yaşayabilir, bu nedenle yatırımcılardan alacağınız olumsuz yanıtlar sizi durdurmamalıdır.

S. Az sayıda ama büyük yatırımcılar mı, yoksa çok sayıda daha küçük yatırımcılar mı iyidir?
Y. Eğer böyle bir seçeneğiniz olursa, kendinizi şanslı saymalısınız. Az sayıda yatırımcı demek, uğraşılacak daha az ilişki demektir. Ayrıca, yatırımcılarınız ne kadar çoğalırsa, işinizin sofistikeliği de o kadar azalır, unutun gitsin.

Bununla birlikte, fazladan yatırımcı bulmanın zorlayıcı nedenleri de vardır: (1) Daha fazla yatırımcı demek, kapıları açmanıza, eleman bulmanıza ve adınız çevresinde fırtınalar kopartmanıza yardımcı olacak daha fazla yardımcı demektir. (2) Ek sermayeye gereksindiğinizde, elinizin altında çeşitli kaynaklar olması iyidir. (3) Anlaşmazlığa düşerseniz, tek bir yatırımcınız olması tehlike yaratır.

S. Melek parası kabul ettiğimde, eğer borcumu faiziyle birlikte ödeyebileceksem hisselerimi elimde tutabilmem için, bir buy-out (tüm hisseleri satın alma) maddesi koymak mantıklı ve alışılmış iş midir?
Y. Kesinlikle hayır. Melekler, en riskli dönemlerde şirketinize para yatırdıklarına göre, herkes kadar yarar sağlayabilmelidirler. Böyle bir madde, size kötü karma puanı kazandırır —ve bir yeni başlayanın da alabildiği kadar iyi karma puan alması gerekir.

S. Hâlihazırdaki yatırımcılarım, olası yatırımcılara yapılacak sunumlara katılmalı mıdırlar?
Y. Eğer olası yatırımcılarınız tamam diyorsa, bu genellikle olumlu bakılan bir yaklaşımdır: "Hâlihazırdaki yatırımcılarımız da sunuma katılmak istiyorlar." Hele hâlihazırdaki yatırımcı tanınmış biriyse, her ne olursa olsun onu da toplantınıza götürmelisiniz.

S. Yatırımcılara hangisi daha cazip gelir: Zaten bazı büyük oyuncuların var olduğu kendini kanıtlamış milyar dolarlık bir pazarda bir ürün konsepti mi yoksa potansiyel olarak milyar dolarlık bir pazar vaat eden ve kısa vadede rakip çıkmayacak yepyeni bir ürün fikri mi?

Y. Bu yatırımcısına bağlıdır. "Cesur yeni dünya" yatırımları yapmaktan hoşlanan bir avuç yatırımcı vardır, ama ezici çoğunluğu bizonlara benzer: Sürünün geri kalanı öyle yapıyor diye başlarını öne eğip kayaya toslamaya koşarlar. Bir yerde, para toplamak bir sayı oyunudur: Size çek yazacak tek bir yatırımcı bulmak için bir sürü sunum yaparsınız.

S. Hangisine daha fazla odaklanmalıyız: Ürünümüzün boşluğu nasıl gidereceğine ve rekabet analizlerine yönelik sunumlara mı, yoksa yatırımcının yüzde kaç geri dönüşüm kazanacağına yönelik sunumlara mı?

Y. Birincisine, ikincisine asla yeltenmeyin. Likiditenin ne zaman ve nasıl ortaya çıkacağını kimse kestiremez. Bunu yaparsanız, budala olduğunuza hükmedilir.

S. Bir girişimci, yatırımcıdan sermaye alma çabasına ne zaman son vermelidir?

Y. Bugüne kadar bir girişimcinin olumsuz bir kararı tartışarak olumluya çevirdiğine hiç rastlamadım. Bir yatırımcı "hayır" dediğinde (daha önce de sözünü ettiğimiz gibi birçok sözcüklerle), kararını sevinçle karşılayın.

Bununla birlikte, bir "kanıt" yaratabildiğinizde, mutlaka geri dönün. Ürün ya da hizmetinizi tamamlamanız, hatırı sayılır müşteriler kazanmanız, başka kaynaklardan para toplamış olmanız ve müthiş bir takım oluşturmanız yeterli kanıt sayılır. Kanıtınız olunca da ısrarcılığınız semere verir.

S. Bir CEO'nun, yatırımcıyı ürkütmeden kendisi için belirleyeceği makul ücret ne olmalıdır?

Y. Kesin rakam söyleyebilmek açısından zor soru. Teknolojiye yeni adım atanlar için 2004 koşullarında, bu rakamın yılda 125.000 dolar olabileceğini söyleyebiliriz. Zaman sınamasını göz önünde tuttuğumuzda, verilebilecek daha iyi bir yanıt da şu olabilir: CEO'ya ödenecek ücret, en düşük ücretle tam zamanlı çalışan bir elemanınkinin dört katından fazla olmamalıdır.

S. Melekler, girişimcilerin kendi paralarını da kullanmasını bekler. Benimse işe yatırım yapabilecek param yok. Bu sorunu nasıl aşabilirim? Bugünlerde yatırım sermayedarlarının "kendi paranı kullanmak" konusundaki beklentileri nelerdir?

Y. Girişimcinin parası olması, gerek yatırım sermayedarları gerekse melekler için hoştur —ama şart değildir. Tabii saçma bir fikre para koydunuz diye diğer yatırımcıların da peşinizden geleceğine de inanmayın.

Eğer girişim sermayedarının size "hayır" demesinin yegâne nedeninin paranızın olmaması olduğunu düşünüyorsanız, ne yaparsanız yapın zaten olumsuz yanıt alacaksınız demektir. Asıl önemli olan, ne kadar süredir ürününüz üzerinde çalıştığınız, tanıtımını yaptığınız ve ne kadar yol almış olduğunuzdur.

Sermaye Oluşturma Sanatı

Tam tersini düşünürsek, girişim sermayedarı sırf sizin oyunu canlandıracak paranız var diye yatırım yapmışsa, bu onun aptal olduğunu gösterir ve siz de zaten onu istemezsiniz. Ayrıca, hemen her durumda, işe para yerine terinizi akıtacağınız kesindir.

S. Eğer bir melek yatırımcı, yatırımı karşılığında ne elde edeceğini sorarsa, verebileceğim en iyi yanıt nedir?

Y. Böyle bir soruya verebileceğiniz en iyi yanıt, onun pek sofistike bir yatırımcı olmadığı, eğer öyle olsaydı, böyle bir sorunun yanıtı olmadığını da bilmesi gerektiğini söylemektir. Ama bahse girerim ki, bunu söyleyecek yüreği bulamazsınız. Onun için, meleğinizden mali tahmininizi birlikte incelemenizi isteyin sonra da "Gerçekçi olanın ne olduğunu düşünüyorsun?" diye sorun.

S. Girişim sermayedarlarıyla toplanırken nasıl giyinmeliyim?

Y. Bu ülkenin hangi bölgesinde olduğunuza göre değişir. Doğu Kıyısı'nda ceket-kravat uygundur. Batı Kıyısı'nda ise çok daha spor giyinebilirsiniz —Docker ayakkabılar ile bir polo kazak yeterlidir. Ama ülkenin neresinde olursanız olun, eğer gerçek bir dahi iseniz üstünüzde bir tişört, ayağınızda da bir kot olması bile fark etmez.

S. Çıkış stratejimde, İHA (İlk Halka Arz) ya da şirket devri yoksa, yatırımcılara cazip gelmeyi gene de başarabilir miyim? Sizce yatırımcılar, yatırımları karşılığında kâr payı almak ya da gelecekteki beş ya da on yıl içinde şirketi kuruculardan satın almak ile ilgilenirler mi?

Y. Ancak ve ancak o yatırımcı anneniz olursa! Eğer yatırımcı dedikleriniz, gerçekten profesyonel yatırımcılar ise, stratejinize İHA ya da devri eklemedikçe, onlardan para alabilmeyi de unutun. Eğer yatırımcılarınız melekler ise, o zaman şirketiniz onlarda bir sempati ya da elektrik yaratabilir —o zaman da likiditenin fazla önemi olmaz. Ama kâr payı ya da şirketi satın almakla ilgilenebilecek yatırımcı sayısı çok azdır.

S. Girişimciler, işlerine yatırım yapmak isteyen girişim sermayedarlarının teklif ettikleri değerlemeyi kabul etmek zorunda mıdırlar?

Y. İlk teklif ne olursa olsun, yüzde 25 fazlasını isteyin, çünkü nasıl olsa sizden bu beklenir —aslına bakarsanız, eğer geri çekilmezseniz, girişim sermayedarı sizin iyi bir pazarlıkçı olmadığınız düşüncesiyle ürkebilir. Bu yüzden, neden daha yüksek bir değerleme istediğiniz üzerinde biraz tartışmak iyidir —onlara, bu kitabın sizlere geri çekilmenin yeterli olmadığını anlattığını da söyleyebilirsiniz.

Gene de günün sonunda, değerleme aklınıza uygunsa, parayı alın ve işe girişin. Sonunda ya aklınızdan bile geçmediği kadar çok para kazandığınızı görürsünüz ya da şirketiniz batar. Her iki durumda da değerleme ve birkaç puan daha fazla yüzde almanız arasında pek bir fark olmaz.

2004 koşullarında, değerleme konusunda kaba bir tahmin için Kawasaki'nin Ön Değerleme Yasası'na başvurun: Her tam zamanlı mühendis için 500.000 dolar ekleyin. Her tam zamanlı MBA sahibi için de 250.000 dolar.

Eğer bu size hiç de bilimsel gelmiyorsa, o zaman Venture One (www.ventureone.com)'a girip son zamanlardaki finansmanları araştırın.

S. Az sayıda yatırımcının bir gizlilik sözleşmesi imzalayacaklarını varsayan bir girişimci, fikrini nasıl korumaya alabilir?

Y. Çok haklısınız. Gerçekten de çok az sayıda yatırımcı böyle bir anlaşmaya yanaşır ve hatta imzalasalar bile bu fikrinizin çalınmayacağını garantiye almaz. Gene de bendeniz, bugüne kadar bir girişimcinin yatırımcısına fikrini açtığını, onun da girişimciyi kazıkladığını hiç görmedim.

Yatırımcılar, fikirlerle karşılarına gelen insanları değil, onları uygulayacak insanları ararlar. Fikirler kolaydır. Uygulamak ise zordur —ve para da asıl buradadır. Dürüst konuşursak, bir fikri uygulayabilecek yatırımcı sayısı parmakla sayılacak kadar azdır —zaten onlara yatırımcı denmesinin nedeni de budur... Neyse, konu dışına çıktım.

İşte sizlere gizlilik sözleşmeleri konusunda birkaç tüyo:

- İlk toplantınızda, yatırımcılardan bir gizlilik sözleşmesi imzalamalarını asla istemeyin. Bu kadar erken imza atan birisi, asla aradığınız yatırımcı olamaz.
- Eğer daha ilk toplantınızda ve sadece fikrinizi açmak için bir gizlilik sözleşmesi imzalanmasını isteyecek olursanız, o günü boşa geçirdiğinizi bilin, çünkü budalanın tekisiniz demektir. Bugüne kadar, benden örneğin online kitap satışları gibisinden bir sürü fikri dinlemem için gizlik sözleşmesi imzalamam istenip durdu!
- Rapor özetinizi de PowerPoint sunumunuzu da hiç çekinmeden dağıtın. Bu tür belgeler, yatırımcıları bir adım sonrası için isteklendirir. Büyülü sosunuzun tarifini açık etmeyeceklerdir.
- Eğer yatırımcı teklifinizle ilgilenip de daha ayrıntılı, hatta en ince ayrıntılarına kadar bilgi edinmek isterse, o zaman siz de bir gizlilik sözleşmesi imzalamasını isteyin. Bu sözleşme, materyal bilimler ve canlı bilimleri üzerine çalışan şirketler için hayatidir.
- Patentlerinizi aldıktan sonra, bir gizlilik sözleşmesi büyülü sosunuzun sırrını açıklamak konusunda kendinizi biraz daha rahat hissetmenizi sağlayabilir —hiç yoksa artık patent hırsızlığı davaları için zaman ve para yaratmaya çalışmak zorunda değilsinizdir.

İşin ana fikri, bir fikri korumaya almanın en iyi yolunun o fikri uygulamak olduğudur.

S. Daha iyi bir teklif alabilmek için arayışıma/görüşmelerime ne zaman son verip de önerileni almalıyım?

Y. Arayış ve görüşmelerinize son vermeniz için bordronuzu karşılayamayacak duruma gelmiş olmanız iyi bir noktadır. Eğer size verilen teklif, istediğinizin yüzde 20 altındaysa, kabul edip parayı alın. En iyi teklifi alabilmeyi bir yana bırakıp, işinizi kurmaya odaklanın. Uzun vadede, ne kadar para kazanacağınızı yatırımcılarla yıllar süren pazarlıklarınız değil, işinizin kalitesi belirleyecektir.

S. Pay oranımın azalması, işimin gerçek gereksinimleri ya da yatırımcıların koymak istedikleri miktar beni endişelendirmeli mi?

Y. Burada sıralamanız şöyle olmalı: işinizin gerçek gereksinimleri, yatırımcıların koymak istedikleri miktar ve en son ve en önemsizi de pay oranınızın azalması.

S. Yönetim kurulumdan nasıl daha fazla değer yaratabilirim?

Y. Atacağınız ilk ve en önemli adım, toplantılarda Blackberry'lerini ellerinden almaktır. Sonra isteyin. Şaşırtıcıdır, ama birçok girişimci, kendilerini fiilen yöneten yönetim kurullarından fazlasıyla korkar. Onlara görevler verin ve kendilerini sorumlu tutun. Ama tabii onlar da sizi sorumlu tutacaktır.

OKUNMASI TAVSİYE EDİLEN KAYNAKLAR

Stross, Randal E. *eBoys: The True Story of Six Tall Men Who Backed eBay, Webvan, and Other Billion-Dollar Startups.* New York: Crown Business, 2000.

BÜYÜME

8. BÖLÜM

Ortaklık Sanatı

İttifak, i. Uluslararası siyasette, elleri birbirlerinin ceplerine bir üçüncüyü tek başlarına soyamayacakları kadar derinlemesine girmiş iki hırsızın ortaklığı.

—Ambrose Bierce

BİBİBF

1990'ların nokta.com fenomenine kapılan herkes, bir sürü ortaklık oluşturdu. Bunlar araştırma ortaklıkları, pazarlama ortaklıkları, dağıtım ortaklıkları ve satış ortaklıklarıydı. Dürüst konuşacak olursak, ortada, gelirlerden çok ortaklık vardı.

Çoğu kurumun aldığı ders de, ortaklıkların yürütülmesi zor bir iş olduğuydu. Her ne kadar iki taraf da 2+2'nin 5 etmesini istese de, sonunda 3'e razı oluyorlardı. Sorun, basında yer alan çekici, baştan çıkartıcı yorumların çoğu kurumu abuk sabuk ortaklıklara sürüklemesindeydi.

İyi bir ortaklığın özü, nakit akışını hızlandırmak, gelirleri yükseltmek ve maliyetleri düşürmektir. Böyle ilkeleri temel alan ortaklıkların, başarı şansları çok daha yüksek olur.

Bunu bir kere anladınız mıydı, ortaklık da yalın bir uygulama işi olup çıkar: gerçek iş yapan insanların hisse alacaklarından emin olmak, içerdeki şampiyonları keşfetmek, güçlere odaklanmak, kazan-kazan anlaşmalar bağlamak avukatları ve yasal belgeleri devreye sokmak için doğru zamanı beklemek ve ilişkiyi sona erdirecek yollar oluşturmaktır.

"HESAP ÇİZELGESİ" NEDENLİ ORTAKLIKLAR

Verimli bir ortaklık işe yeni başlayan girişimci adına çekici sonuçlar yaratabilir. Yeni coğrafi alanlara ya da piyasa segmentlerine girişi hızlandırabilir, yeni dağıtım kanalları açabilir, yeni ürün geliştirme sürecini hızlandırır ve maliyetleri düşürür. Bendeniz bütün bunlara "hesap çizelgesi" nedenli ortaklıklar diyorum, çünkü hepsi de mali tahminlerinizi değiştirirler. Ne yazık ki çoğu kurum, ortaklıklarını hesap çizelgelerini etkilemeyecek nedenlerle kurarlar. Tam tersine ya psikolojik anlamda ayla çekimine kapılarak ya eleştirileri susturmak adına ortaklık kurarlar çünkü herkes böyle yapmaktadır ya da kendilerini yarışın heyecanına kaptırırlar.

Örneğin, Apple ve Digital Equipment Corporation seksenli yılların sonlarında, sırf basında her iki şirkete yönelik eleştirilerden kurtulmak uğruna bir ortaklık kurmuşlardı. İşin özeti Apple'ın data iletişim geçmişi, Digital'ın ise kişisel bilgisayar geçmişi yoktu.

Bu ittifak pek bir şey getirmedi —hiçbir ürünleri ne Apple'a büyük işlerde yasallık kazandırdı ne de DEC'i kişisel bilgisayar pazarına sokabildi. Korkarım ki alabildikleri tek sonuç, her iki şirketin de hesap çizelgelerine yansıdı, çünkü her ikisinin de maliyetleri yükselmişti. Ortaklık, en iyimser yaklaşımla, basını her iki şirketin de ensesinden çekmek için düzenlenmiş bir PR manevrasıydı.

Ama bendeniz bu deneyimden en azından bir ders çıkarttım: Sırf basını mutlu etmek için asla ortaklık kurmamak gerekir.

Buna karşılık Apple, yepyeni bir girişimciyle, PageMaker'ın yayıncısı Aldus Corporation ile çok daha başarılı bir ortaklık kurdu. O günlerde Apple çalkantıdaydı, çünkü büyük iş dünyası Macintosh'u bir "iş bilgisayarı" olarak değil, küçük ve şirin bir grafik oyuncağı olarak görüyordu.

Apple'ın, Macintosh'un satışlarını roketleyecek bir "öldürücü uygulamaya" gereksinimi vardı. Aynı şekilde Aldus da envanterleri dağıtım kanallarına sokarak, perakende satış elemanlarını eğiterek, büyük hesaplar açarak ve son kullanıcıları eğiterek yazılımını satabilmek için yardıma gereksiniyordu.

Bu inanılmaz bir şanstı: Her iki kuruluş da gelirlerini yükseltebilmek için diğerine muhtaçtı. Satış gücü, reklamları ve pazarlama ustalığıyla Apple, Aldus'un kritik kitleye erişmesine yardım edebilirdi. Aldus da insanlara Windows bilgisayarları yerine Macintosh almaları için zorlayıcı nedenler sunarak üzerine düşeni yapabilirdi.

Apple-Aldus ortaklığı, masaüstü yayıncılık adıyla bilinen yepyeni bir pazar açtı ve masaüstü yayıncılık bir yandan Apple'ı "kurtarırken", beri yandan da Aldus'u "yarattı."

ALIŞTIRMA

"Özkaynaklarla Yaşama Sanatı" başlıklı 5. Bölüm'de yaptığınız tabandan-tavana gelir tahminine dönüp bir bakın. Aklınızdan geçen ortaklık, herhangi bir rakamı değiştirmenize yol açar mı?

SUNULABİLECEKLERİ VE HEDEFLERİ SAPTAYIN

Eğer iyi bir ortaklık kurmanın, hesap çizelgesi nedenlerine dayanması gerektiği kuramını kabul ediyorsanız, ikinci adımınızın neden sunulabilecekleri ve hedefleri saptamak olduğunu da anlayacaksınız demektir. Bunlar arasında sayılabilecekler şunlardır:

- ek gelirler yaratmak
- maliyetleri düşürmek
- yeni ürün ve hizmetler oluşturmak
- yeni müşteriler bulmak
- yeni coğrafi pazarlara girmek
- yeni destek programları oluşturmak
- eğitim ve pazarlama programları hazırlamak

Bugüne kadar sunulabilecekleri ve hedefleri çok az şirketin saptamış olmasının iki nedeni vardır. Birincisi, ortaklıkları kum üstüne bina edildiğinden, sunulabileceklerin ve hedeflerin öne sürülmesi bile zordur. Bu da kötüye işarettir.

Daha az bunaltıcı olan ikinci neden ise, insanların fazlasıyla meşgul, tembel ya da dağınık olmaları yüzünden, sunulabilecekleri ve böylesi hedefleri belirleyecek disiplinden yoksun olmaları —ya da sadece sonuçları ölçümlemekten korkmalarıdır.

İşte size bu kapsamda göz önünde tutmanız gereken noktaların bir listesi:

- Her kurum ne sunacak?
- Bunu ne zaman sunacaklar?
- Bunu nereye sunacaklar?
- Her kurumun erişmek zorunda olduğu kilometre taşları neler?

Bunlara dikkat eder de ortaklığınızı hesap çizelgesindeki rakamlara göre ve sunulabilecekleri ve hedefleri saptayarak kurarsanız, sonunda ortaklıktan beklediğiniz başarının da üçe katlandığını göreceksiniz.

ORTA VE ALT KADEMELERİN ANLAŞMADAN HOŞNUT OLDUKLARINDAN EMİN OLUN

Apple-Digital ortaklığındaki ikinci temel çatlak, her iki şirketin de orta ve alt kademelerinin (gerçek işin yapıldığı kesimler) anlaşmaya inanmamış olmalarıydı.

O günlerde bendeniz de bir Apple çalışanı olarak şöyle düşünüyordum, *Doğu Kıyısı'nın mini bilgisayar üreten bir avuç adamının, Apple'a katabileceği ne olabilir ki?* Buna karşılık DEC çalışanlarının da şöyle düşündüklerini varsaymak hiç de yanlış olmaz, *Birkenstocks ve de Grateful Dead tişörtleri içindeki California'lı hippilerin bü-*

tün gün yumuşacık koltuklarından oturmaktan başka bir iş yapmadığı bir şirketle neden ortak oluyoruz ki?

Eğer ortaklığınızın yürümesini istiyorsanız, CEO'larla üst yönetimin anlaşmaları ve sonra da bir basın toplantısında boy göstermelerine odaklanmayın. Tersine, orta ve alt kademelerinizin bu ortaklığın anlamını kavradıklarından, yürümesini istediklerinden ve katkı sağlayacaklarından emin olmaya bakın.

Bu tür işbirlikleri ancak gerçek bir kazan-kazan çözümün varlığı ve her iki tarafın da diğerine gereksinim duymasıyla kurulabilir. Bir açıklama, eğer yapılacaksa, ancak ortaklığın iyi yürüdüğünden emin olduktan *sonra* yapılmalıdır. Gerçekten de en iyi yürüyen ortaklıklar, her iki şirketin üst yönetimlerinin işe en az karıştığı ortaklıklardır.

İÇERDEKİ ŞAMPİYONLARI KEŞFEDİN

Başarılı bir ortaklık kurmak için, her iki kurumun da ortaklığın yürümesini sağlayacak birer şampiyon keşfetmesi gerekir. Bu işi CEO'ların üstlendiğine ender rastlanır, çünkü CEO'lar dikkat eksikliğinden maluldürler. Bu görevi ilişkiye yürekten inanmış ve ölüm-kalım sorunu yapmış bir ya da bir grup insanın üstlenmesi gerekir.

Çoğunuz Apple'ın eski CEO'su John Sculley'i duymuşsunuzdur. Ama John Scull adını duyanlarınızın sayısı azdır. John Scull, Apple'ın içindeki masaüstü yayıncılık şampiyonuydu. Yıl 1985'ti ve John Scull da Apple'ın bu emekleyen piyasaya girme çabalarının anahtar ismiydi.

Herhangi bir anda, Aldus'a yardımcı olmak için Apple'ın mühendislik, satış, eğitim, pazarlama ya da PR bölümlerinde onu görebilirdiniz. Apple'ın ürün enformasyonu, yazılım kopyaları ve müşteri şirketler için gereken analizlere duyduğu gereksinimlerin karşılanması uğruna, eş zamanlı olarak Aldus'la da çalışıyordu. Dahası, basını ve piyasanın üstatlarını masaüstü yayıncılığa iman ettirmeye çabalayan da oydu. Gerek şirket çalışanları gerekse dışarıdakiler için o John Scull değil, Bay Masaüstü Yayıncılık'tı.

Eğer masaüstü yayıncılık başarısızlığa uğrasaydı, bunun faturası John'a çıkacaktı. Ama başarıya eriştiği için, herkesin fikri oluverdi. (Şampiyonların kaderi de budur zaten!) Bu arada, tabii eğer masaüstü yayıncılık başarısızlığa uğramış olsaydı, Apple da olamayabilirdi. İşte size John'un masaüstü yayıncılıktaki başarısının sizlerin kullanımına amade kıldığı anahtarlar:

- **HER KURULUŞTA ANAHTAR BİR KİŞİ BELİRLEYİN.** Ortaklığın başarısı, her biri zamanlarının bir diliminde katkıda bulunan çok sayıda kuruluştan oluşmuş bir matris üstüne bina edilemez.
- **ORTAKLIĞIN BAŞARISINI ŞAMPİYONUN TEK HEDEFİ KILIN.** Kilit adamınız için ortaklık, her şeyi üstünde olmalıdır. Bu nedenle, şampiyonlar da nadiren yöne-

ticilerden biri olabilir, çünkü onların her zaman için uğraşacakları başka işleri de vardır.

- **ŞAMPİYONUNUZU YETKİLENDİRİN.** Ortaklığın yürümesi iç bölümlerin, önceliklerin ve gruplaşmaların üstündedir. Bu iş, insanları ayaklarına basmayı da gerektirir, onları yapmak istemedikleri işleri yapmaya zorlamayı da. Bütün bu nedenlerden dolayı, şampiyonun yetkilendirilmiş olması ve herkesin de onun yetkili olduğunu bilmesi gerekir. Ayrıca, John Scull örneğinde olduğu gibi, adı kulaklara CEO'nunkiyle eşdeğer gelen birinin varlığı işlerin yürümesine de yardımcı olur.

GÜÇLÜ YANLARINIZI VURGULAYIN, ZAAFLARINIZI ÖRTMEYİN.

Apple-DEC ortaklığındaki üçüncü temel çatlak, ittifakın zaaflar üzerine bina edilmiş olmasıydı. Her iki kuruluş da ürün tekliflerindeki temel boşlukları kapatmaya çabalıyordu. Felsefeleri "Sen bizim zaaflarımızı ört, biz de seninkileri. Böylece herkesi kandırırız" idi.

Oysa çok daha iyi bir felsefe, iki ortağın da güçlü yanlarını vurgulamaları olabilirdi: "Sen bu işi gerçekten iyi yapıyorsun; izin ver de daha iyi yapmana yardım edelim. Biz de şu işi iyi yapıyoruz, lütfen daha iyi olmamıza yardım et."

Apple-DEC örneğinde, işler şöyle de yürüyebilirdi: "Apple, sen müthiş bir kişisel bilgisayar yaptın. Eğer data iletişimin daha iyi olsa, işlerin daha da iyiye giderdi." Buna karşılık "DEC, sen data iletişiminden gerçekten de iyi anlıyorsun. Kullanımı kolay olduğundan, data iletişimini kitlelerin ayağına götürsen, daha da iyi duruma gelirdin."

Bunun tam tersine Apple-Aldus ortaklığı ise, karşılıklı olarak birbirlerinin güçlü yanlarını vurguladılar. Apple'ın güçlü yanları pazarlama kaynakları, alan satış gücü, eğiticileri ve ulusal müşteri bağlantılarıydı. Aldus'un gücü ise sayfa kompozisyonu yazılımı ve yayıncılıktan kaynaklanıyordu.

KAZAN-KAZAN ANLAŞMALAR BAĞLAYIN

Ürün, hizmet, müşteri ve para akışının gerçekten işleyebilmesi, iki tarafın da kazanmasına bağlıdır. Çoğu ortaklık çok farklı büyüklüklerdeki kuruluşlar arasında kurulduğundan, sık rastlanan eğilim de kazan-kaybet anlaşmalara yönelik olmaktadır.

1990 yılında United Parcel Service (UPS) ile Mail Boxes Etc. Bir kazan-kazan anlaşması yaptılar[38] Mail Boxes Etc. perakende mağazalar aracılığıyla paketleme, yükle-

---
[38] George Gendron, "A Sweet Deal," *Inc.*, Mart 1991.

me, mal alım ve tahsilât, sekreterlik, faks ve fotokopi hizmetlerini yürütüyordu. UPS, şirkete yaklaşık 11 milyon dolarlık yatırım yaptı: işte her iki tarafın da nasıl kazançlı çıktıkları:

- UPS, ülke çapında, müşterilerin paketlerini alabilecekleri ve bırakabilecekleri bir ağ oluşturdu. Böylelikle de kendi bürolarını açmak için zaman ve para harcamamış oldu.
- Mail Boxes Etc. ise UPS'in işletmesine kenetlendi ve böylelikle o da kendi bürolarını açmaya kalksa, UPS ile arasında doğacak rekabetten kurtulmuş oldu.

Böylesi çoğu ortaklıkların orantısızlıkları, gereklilikler yüzünden doğmaz. Çoğu kere bu iş, daha büyük olanın küçüğü zayıf anlaşmalara itmesi "yüzünden olup biter." Bu, her iki taraf için de iyi bir fikir sayılmaz:

- Kazan-kaybet anlaşmaları uzun ömürlü olmazlar. Baskının sürdürülebilir bir sistem olduğuna ender rastlanır.
- Eğer orta ve alt kademelerinizin de ortaklığınızı desteklemelerini istiyorsanız, her iki tarafın da birlikteliği kazanç olarak görmesi gerekir.
- Bu kötü karmadır ve karma ise bir ortaklığın can damarıdır.

Eğer işe yeni atılıyorsanız, koşulları ne kadar çekici olursa olsun, kazan-kaybet anlaşmalara girmekten sakınmalısınız. Bunlar nadiren yürür. Eğer büyük bir şirketseniz, hormonlarınızı dizginleyin ve gene de kazan-kazan ortaklığına girmeye bakın. Sürdürülebilir tek ortaklık türü budur.

BELGELERLE İZLEYİN

Size kuramsal olmayan bir sorum var. Hangisi önce gelir: fikirlerin havada uçuştuğu bir toplantı mı, yoksa ortaklığı ayrıntılandıran bir yasal belge taslağı mı? Ne amaçladığımı tahmin edebilirsiniz.

Çoğu girişimci, tartışmaların düzenli ilerlemesi için ortağına tıpkı Troya Atı yollar gibi, belgenin taslağını gönderir. Bunun altında yatan düşünce, kendilerinin, ortaklığa girmek istedikleri o devasa kuruluştan daha açıkgöz olduğundan başka bir şey değildir. Bu yüzden, siz daha hızlı davranabilir ve taslağı hazırlayabilirsiniz. Ayrıca, taslağı kendiniz hazırlayacak olursanız, karşı taraf da pazarlığa kendi çıkış noktasından değil, sizin çıkış noktanızdan başlamak zorunda kalabilir.

Aslında bu çok riskli bir yaklaşımdır, çünkü belgelerin de bir yaşam döngüleri vardır. Örneğin, gönderdiğiniz taslak pekâlâ "bunun sadece ilk çıkış noktanız" olduğundan haberi olmayan bir yöneticiye —daha da kötüsü bir avukata (gelecek bölüme bakın)—

geçilebilir. Ortalıkta elden ele dolaşan bir belge de ortaklık sürecini raydan çıkartabilecek kırmızı bayrakların erkenden kaldırılmasına yol açabilir.

Gelin sizlere daha iyi bir yaklaşım göstereyim:

1. Oturup yüz yüze görüşün. Anlaşma maddelerini tartışın.
2. Anlaşma zemini oluşunca, beyaz bir sayfa açıp maddeleri birer birer yazmaya başlayın.
3. Bunun ardından ortaklığın "çerçevesini" özetleyecek bir ya da iki sayfalık e-mektuplara geçin.
4. Bütün ayrıntıları e-mektuplar, telefon görüşmeleri ve bunlara ilişkin toplantılarla elden geçirin.
5. Son olarak da yasal bir belgenin taslağını yazın.

Çoğu kişi, 1. Adım'dan dosdoğru 5. Adım'a zıplamaya çabalar —bu hiç de iyi bir fikir değildir. Bir belge her zaman tartışmalardan sonra hazırlanmaya başlamalı, asla tartışmaları yönlendirmemelidir.

YASALLIK İÇİN SABREDİN

Ellisini aşan pek çok insan için mahkemeye başvurmak, cinsel ilişkinin yerini alır.

—Gore Vidal

Eğer bir ortaklığın yürümeyeceğini anlamanın bir yolu varsa, o da hukuksal tavsiyelere çok erken başvurmaktır. Eğer böyle yaparsanız, çok geçmeden anlaşmayı yapmamanızı gerektiren nedenlerin, kurmanızı gerektirenlerden ne kadar fazla olduğunu da öğreniverirsiniz. Önemli olan hukukçulara ve avukatlarınıza danışmaya başlamadan *önce* iş kavramları üzerinde anlaşmaya varmanızdır. Ancak bundan sonra, anlaşmaları önlemek değil gerçekleştirmek isteyen bir avukat bulabilir ve yasal çerçeveyi hazırlattırabilirsiniz.

Çoğu avukat kendisini budalaca fikirlerin anlaşmaya dönüşmesini önlemekle yükümlü bir "erişkin denetmeni" olarak görür. Bununla birlikte, kafalarındaki saplantı, işlerliği kanıtlanıncaya kadar bütün anlaşmaların kötü birer anlaşma olduğudur. Bu tür avukatlardan kendinizi sakının. Bulmanız gereken avukat, rolünün sorun çözücülük ve size, müşteriye, hizmet sunuculuk olduğunun bilincine varmış bir avukattır.

Böyle bir avukatı bulunca da şu bakış açısını yerleştirmeye çalışın: "Benim yapmak istediğim budur. Şimdi, bana hapse düşmememin yollarını göster." Bu "Bu işi yapabilir miyim?" diye sormaktan çok farklı bir sorudur.

ANLAŞMAYA BİR "ÇIKIŞ" MADDESİ KOYUN

Japonların dedikleri gibi (aynen alıyorum) "Mazel tov"—anlaşmayı hemen hemen tamamladınız. Herkesin kazanması gerektiğinden, isteyip isteyebileceğiniz en son şey ortağınızın anlaşmaya son vermesidir, öyle değil mi?

Mantığınıza tersmiş gibi gelebilir, ama gene de her zaman anlaşmada "İki taraf da otuz günlük ihbar süresine uymak koşuluyla anlaşmayı sona erdirebilir" gibi bir cümle bulunduğundan emin olmalısınız. Bunun nedeni kolay bir "çıkış"ın, her iki tarafın da kendilerini içinden çıkılmaz bir kapana kıstırılmış gibi hissetmemelerini sağlayarak, anlaşmanın uzun ömürlülüğünü güven altına almasıdır.

Böylesi bir güven, herkesin rahatlamasını ve —en kötü durumda bile sona erdirmenin kolay olduğu bilinciyle— anlaşmanın yürümesi için canla başla çalışmasını sağlar. Ayrıca, anlaşma kaya gibi katı olmadığı sürece, insanlar da hem fırsatları değerlendirmeye hem de inovatifliğe daha istekli olurlar.

Beni yanlış anlamayın: Kolayca sona erdirilebilecek türden ortaklıkları savunuyor değilim. Tam tersine, iyi bir ortaklığın her iki tarafın da üstlenecekleri ciddi yükümlülüklere dayanması gerektiğine inanıyorum. Bununla birlikte, ortaklığın bozulması, anlaşmanın katı olmasından değil, ortaklığın iki taraf için de önemli olması yüzünden zor olmalıdır.

MİDEDEN KURTULUN

The Venture Imperative'in ortak yazarlarından Heidi Manson, kendinizden daha büyük ve oturmuş bir kuruluşla ortaklığa girmeye çalışmayı "yılanın midesinde mahsur kalmaya" benzetir. Kurtulabilirsiniz, ama ancak bir torba dolusu kemik olarak! Bu nedenle, ortaklığın en önemli on yalanını anlamanız ve yorumlayabilmeniz çok önemlidir.

MİNİ BÖLÜM: MUHABBETÇİLİK SANATI

Sizin ne bildiğinizin ya da kimleri tanıdığınızın önemi yoktur, önemli olan kimlerin sizi tanıdığıdır.

—Susan RoAne

Zaten tanıdığınız —ya da daha doğrusu, sizi zaten tanıyan— insanlarla oraklık kurmak çok daha kolaydır. Bu tür sosyal bağlantılar kurma sürecine muhabbetçilik diyoruz.

Eğer muhabbete yatkın değilseniz —belki utangaçlığınızdan, belki de bunun saldırgan ya da kışkırtıcı olduğuna inandığınızdan— vazgeçin. *Frog and the Prince* (Kurbağa

BÜYÜK KURULUŞUN SÖYLEDİĞİ	SİZİN ANLAYACAĞINIZ
1. "Bunu, stratejik nedenlerle yapmak istiyoruz."	1. Bu ortaklığın neden önemli olduğunu kavrayamamışlar.
2. "Yönetimimiz bunu gerçekten yapmak istiyor."	2. Başkan yardımcılarının biri öneriyi otuz saniye dinlemiş ve "hayır" demeye henüz zaman bulamamış.
3. "Hızlı davranabiliriz."	3. Henüz hiç kimse hukuk bölümüyle konuşmamış.
4. "Hukuk bölümümüz sorun olmaz."	4. Hukuk bölümü inanılmaz bir sorun yaratacak.
5. Ortaklığımızı, ürünümüzün yeni versiyonunun piyasaya çıkışıyla eş zamanda açıklamak istiyoruz."	5. Piyasaya sürme gecikecek ve ortaklığı ertelemek konusunda elimizden gelen bir şey yok.
6. "Mühendislik ekibimiz bunu gerçekten sevdi."	6. Pazarlama ekibi bunu öldürecek.
7. "Pazarlama ekibimiz bunu gerçekten bayıldı."	7. Mühendislik ekibi bunu öldürecek.
8. "Mühendislik ve pazarlama ekipleri bu işi sevdiler."	8. Avukatlarımız bunu öldürecek.
9. "Mühendislik, pazarlama ve hukuk ekiplerimiz bu işe gerçekten bayıldılar."	9. Kendini çimdikleyiver —uykudasın ve düş görüyorsun.
10. "Bu projenin başarısını garantiye almak için çapraz fonksiyonlu bir ekip kuruyoruz."	10. Bu projenin başarısı kimsenin sorumluluğunda değil.

ile Prens) adlı kitabında Darcy Rezac, *ağ oluşturma*yı "bir başkası için ne yapacağınızı keşfetmek"[39] diye tanımlar.

---

[39] Darcy Rezac, *The Frog and the Prince: Secrets of Positive Networking* (Vancouver: Frog and the Prince Networking Corporation, 2003), 14.

Dünya çapındaki muhabbetçiler de Rezac'ın tanımına uygun bir *senin için ne yapabilirim* tavrı sergilerler. Bu yoğun ve uzun ömürlü bağlantılar kurmanın anahtarıdır. Bu temelde, gelin sizi daha fazla insanın tanımasını nasıl sağlayabileceğinize bir bakalım:

- **DIŞA AÇILIN.** Muhabbetçilik, bir ilişki kurma sporudur. Bunu evinizde ya da büronuzda kendi başınıza yapamazsınız, bu yüzden kendinizi fuarlara, toplantılara, seminerlere, konferanslara ve kokteyllere katılmaya zorlayın.
- **GÜZEL SORULAR SORUN VE ÇENENİZİ KAPATIN.** İyi muhabbetçiler, konuşmaları yönlendirmeye kalkışmazlar. İlginç sorularla muhabbeti başlatıp sonra dinlemeye geçerler. İyi geyik muhabbetçileri, iyi birer konuşmacı değildir; iyi birer dinleyicidir. İnsanları iyi bir dinleyiciden daha fazla etkileyen de yoktur. Sorabileceğiniz en iyi açılış sorusu ise: "Ne iş yapıyorsunuz?"dur.
- **ARDINI BIRAKMAYIN.** Biriyle konuştuktan yirmi dört saat sonra onu arayın. Bir e-mektup gönderin. Telefon edin. Yeni kitabınızdan bir tane yollayın. Bazıları, taciz edilmekten korktukları için, telefon numaralarını ya da e-mektup adreslerini vermekten kaçınırlar. Bu benim başıma hiç gelmedi. İşte bu yüzden görüşmenin ardını kesmeyen az sayıdaki insan da bilinmeye değer ve özel olarak kabul görür.
- **ERİŞİLMESİ KOLAY BİRİ OLUN.** Garip çelişkidir ama müthiş birer geyikçi olmaya can atan pek çok kişi, kendilerini erişilmez kılar. Örneğin, kartvizitleri yoktur ya da varsa bile üzerlerinde e-mektup adresleri ya da telefon numaraları yoktur. Hatta bütün bunlar olsa bile, e-mektuplara ya da sesli mesajlara karşılık vermezler.
- **İLGİ ALANLARINIZI AÇIĞA VURUN.** Eğer yalnızca işinizden söz edip durursanız, can sıkıcı biri olup çıkarsınız. İyi muhabbetçiler çok ve farklı konularda coşkuyla konuşmayı becerenlerdir. Konuşmalarına kattıkları bu duygusallık, insanlarla bağlantı kurmanın başka yollarını da açar.

    Sırf işiniz için iyi olacağı düşüncesiyle bir hobi edinmeniz gerektiğini söylemiyorum. Örneğin, ben berbat bir golfçuyumdur. Buna karşılık, hokey sayesinde birçok iş bağlantısı kurmuşumdur —tabii bu arada iş aracılığıyla da birçok hokey bağlantısı kurduğumu da söylemeliyim.

    Hokeyden de hoşlanmıyorsanız aklınızda bulunsun diye duygusal bağlantı kurabileceğimiz başka alanları da sıralayayım: Audi otomobiller, Breitling saatler, kulak çınlaması/Ménière hastalığı, bokserler (köpek türü), evlat edinilmiş çocuklar, Londra, dijital fotoğrafçılık ve Macintosh. Bu sekiz aşkım sayesinde, dünyanın herhangi bir yerindeki herkesle bağlantı kurabilirim.
- **OBURCA OKUYUN.** Eğer hiçbir ilgi alanı olmayan ümitsiz bir insansanız, o zaman hiç yoksa oburca okuyun ki birçok konuda söyleyebilecek bir şeyleriniz

olsun. Ana sayfanızı Google News (http://news.google.com/) yaparsanız, işiniz kolaylaşır.

- **İYİLİKLER YAPIN.** Gökyüzünde *karmik*[40] bir skor levhası vardır (daha fazlası için 11. Bölüm'e, "Adam Olma Sanatı"na bakın). Burada, insanlar için neler yaptığınız yazılır. Eğer dünya çapında bir muhabbetçi olmak istiyorsanız, skor levhasındaki puanlarınızın büyük çoğunluğunun *geçer* olduğundan da emin olmalısınız.

  Bunu da insanlara yardım ederek başarırsınız —özellikle de sizin için bir şey yapamıyormuş gibi gözüken dostlarınıza. Üstelik bunu, karşılığında bir şey beklemeden yapın. Hiç kuşkunuz olmasın, skor levhası da size yardım edecektir.

- **İYİLİKLERE KARŞILIK VERİN.** İyilik yapmaya inandığım için, iyiliğe karşı iyilik yapmaya da inanırım. Sizin için bir şey yapıldıysa, buna karşılık vermek için etik bir yükümlülük üstlenmiş olursunuz. Büyük muhabbetçiler, iyilikleri karşılıksız bırakmazlar ve bunu da coşkuyla yaparlar. Bu sadece skor levhasındaki geçer puanlarınızı yükseltmekle kalmaz, aynı zamanda size daha fazla iyilik isteme hakkı da kazandırır.

- **İYİLİKLERİNİZİN KARŞILIĞINI İSTEYİN.**[41] İlk bakışta size ters gelebilir, ama yaptığınız iyiliklerin karşılığını da istemelisiniz. Bu, kendisini size borçlu hissedenler üzerindeki baskıyı azaltır ya da ortadan kaldırır. Böylelikle hesap temizlenmiş olur. Bu da karşı tarafın sizden yeni iyilikler istemesini sağlar.

MİNİ BÖLÜM: E-MEKTUP KULLANMA SANATI

Bu (mektubu) uzun tuttum, çünkü kısa tutacak kadar çok zamanım yoktu.

—Blaise Pascal

İyi muhabbet kurmanın anahtarı e-mektuptur. Hızlı, hemen hemen bedava ve her yerde hazır ve nazırdır. Gene de çoğu insan tarafından kötü kullanılmaktadır. İşte size e-mektubunuzun verimliliğini müthiş bir muhabbetçiliğin silahı olarak kullanma yolları:

- **KONU SATIRINIZI VE ADINIZI SABİTLEYİN.** Eğer insanlar, mesajlarınızın birer spam olduğunu düşünürlerse, asla okumazlar. Spam filtrelerinin mesajlarınızı ayıklamasını engelleyemeyebilirsiniz, bu yüzden de güzel konu satırları kullanının ki mesajlarınızın birer spam olmadığı kolayca anlaşılabilsin.

---

[40] Ç.N. Budizm ve Hinduizm'de yer alan insanların iyi ya da kötü yazgılarının, dünyaya daha önceki gelişlerinde yaptıkları iyilik ve kötülüklere bağlı olduğu öğretisi. Karma öğreti.
[41] Susan RoAne, *The Secrets of Savvy Networking* (New York: Warner Boks, 1993), 56.

Örneğin, "Toplantımızın ardından", "Konuşmanız çok güzeldi", "Sizinle Kona'da karşılaşmak çok hoştu" gibi konu başlıkları, kuşkusuz "Viagra, şimdi çok ucuz!", "Satışlarınızı yükseltin" ya da "Nijerya fonları" gibi başlıklardan çok daha ayırt edicidir. Ayrıca, kendi kendinize de bir e-mektup yollayarak, "kimden" bölümünün alıcıya nasıl göründüğüne de bakın. Eğer e-mektup istemci yazılımınız, özenle yazdığınız adınızın ve soyadınızın ilk harflerini ayırt edemiyorsa, onu da çözümleyin.

- **YİRMİ DÖRT SAAT İÇİNDE YANITLAYIN.** Daha önce de dediğim gibi, bir bağlantıyı pekiştirmek için yanıtlama önemli bir faktördür. E-mektubu sıcağı sıcağına yanıtlamanız gerekir. İnsanın gelen mesaj kutusunun ilk ekranının altında kalan mesajlar çoğunlukla unutulup gider.
- **MEKTUBU BÜYÜK HARFLE YAZMAYIN.** Baştan sona büyük harflerle yazılmış mesajların okunması hem zordur, hem de okuyucuyu "AZARLIYORMUŞ" gibi görünürler. Hiç yoksa bu, sizin mesaj yazmakta özensiz davrandığınızı gösterir ve özensizlik de başarılı bir muhabbet için hiç de iyi bir giriş değildir.
- **"ALINTI"LI YANITLAYIN.** Yanıtladığınız e-mektuptaki soruyu ya da bir bölümü alıntı olarak kullanın ki gönderen neden söz ettiğinizi anlayabilsin. İnsanlar, günde yüzlerce e-mektup aldıklarından, yalnızca bir "Evet, aynı fikirdeyim," hiç de iyi bir yanıt sayılmaz.
- **KISA VE YALIN TUTUN.** Fazlalıkları atıp dosdoğru notunuzu yazın. Bir e-mektubun ideal uzunluğu beş cümledir. Eğer söylemek istediğinizi beş cümlede anlatamıyorsanız, daha fazla söze de gerek yok demektir.

HTML değil, yalın metin kullanın. Bütün HTML'lerin birer spam olduğu düşündüğümden, bilgisayarım da bunları otomatik olarak siler. Eğer söyleyecek önemli bir şeyiniz varsa, bunu kalın, gölgeli, kırmızı harflerle ya da grafiklerle anlatmak zorunda değilsiniz.

İzniniz olmadan dosya eklemeyin. Tam müşteriniz otelinde oturmuş internetle yavaş bir telefon bağlantısı kurarken, ona iki megabaytlık bir PowerPoint dosyası yolladığınızı bir düşünsenize. Olumlu bir karşılık alacağınızı mı sanıyorsunuz? Üstelik insanlar, yabancılardan gelen eklenmiş dosyaların virüs olduğunu düşünürler.

- **GENİŞ GRUPLARA BCC E-POSTALAR YOLLAYIN.** İşin temel kuralı, e-mektup yolladığınız insan sayısı artıkça, alacağınız yanıt sayısının azalacağıdır. Bu yüzden ya o e-mektubu herkesin alıp almaması gerektiğini ya da elinizdeki alıcı listesini gözden geçirmelisiniz. Çok sayıda insana e-mektup yollayacaksanız, gerek yanlış mesajlaşmaları önlemek ve gerekse alıcı adreslerinin herkesin eline geçmesinden sakınmak için, her defasında mutlaka BCC formatında olmasına dikkat etmelisiniz.

Ortaklık Sanatı

- **CC'LERİ AZALTIN.** Bir insanın e-mektup almaya gereksinimi olsun ya da olmasın. Bir CC genellikle anlamsızdır —tabii o kişiyi bilgilendiriyorsa hoş olabilir. CC'lerin çirkin (ve verimsiz) kullanımı ise, ya önlem amaçlı ("Ama sana CC'lemiştim!) ya da tehdit amaçlı olabilir ("Gördün mü?! Patronuna CC'ledim.") Bendenize bir CC e-mektup yollandığında, konunun başkalarını ilgilendirdiğini varsayar ve e-mektubu açmam bile.
- **GÜZEL BİR İMZA EKLEYİN.** "İmza" yazılımınızın yolladığınız her e-mektubun sonuna otomatik olarak ekleyeceği birkaç satırdan ibarettir. İyi bir imza adınızı, kurumunuzu, posta adresinizi, telefon ve faks numaralarınızı, e-mektup adresinizi ve internet sitenize ilişkin enformasyonu içermelidir. Bu kopyalamak için de, bir takvime ya da veri tabanına yapıştırmak için de kullanışlıdır. Bir de sizi gerçekten yanıtlamak isteyen birinin çıktığını ve onca veriyi yazmak için didinmeye koyulduğunu düşünsenize. Benim "imzam" şöyle bir şey:

   Garage Technology Ventures
   3300 Hillview, Suite 150
   Palo Alto, CA 94304
   650-354-1854
   650-354-1801 (faks)
   kawasaki@garage.com
   www.garage.com

- **KOMİK OLDUĞUNU DÜŞÜNDÜĞÜNÜZ BİR ŞEYİ FORWARD'LAMAYIN.** Büyük olasılıkla gönderdiğiniz kişi bunu en azından on kere almıştır bile. Eğer kendiniz komik bir şey yarattıysanız, işe yarayabilir. Ama size forward'lanmış bir komikliği forward'lıyorsanız, alıcınızı bunaltabilirsiniz.
- **ÖFKEYE KAPILINCA BEKLEYİN.** Her ne kadar aldığınız bir mesajı yirmi dört saat içinde yanıtlamanız gerektiğini söylediysem de, yanıtlamadan önce yirmi dört saat beklemenizi gerektiren bir durum da vardır: öfkelendiğinizde, saldırganlaştığınızı ya da kırıcı olabileceğinizi hissettiğinizde. Böylesi duygular altında yazdığınız bir e-mektup, başınıza dert olabilir, bu yüzden yanıtı yollamak için yirmi dört saat bekleyin. Daha da iyisi, e-mektup duygu ve ses tonunu yansıtmakta yetersiz olduğundan, böyle durumlarda bir telefon da açabilirsiniz.

SSS

S. Ortaklıkların yüzde 50-50, kazan-kazan olacağı varsayıldığına göre, karşı tarafın toplantılar düzenlemede, süreci ilerletmede, çalışanlarını işbirliğine sürmede sizinle ortada bir yerde buluşması gerekmez mi?

Y. "Gerekmek" ile "yapmak" farklı kavramlardır. Karşı tarafın sizinle ortada buluşması gerektiği konusunda haklısınız, ama belki de buluşmayacaktır. Bir ortaklık, satış ya da hemen hemen her türlü geçişin gerçekleşmesini istiyorsanız, bunu zorlamalısınız. Evet, karşı taraf size bir telefon ya da yanıt borçlu olabilir, ama bunu beklemekle yetinmemelisiniz. Yeniden arayın. Bir şeyleri gerçekleştirmek adına belki çabanın yüzde 80'ini siz göstereceksiniz, bu yüzden gururunuzu susturmayı da bilin.

S. **Kendi alanlarında tanınmış yöneticilerin, yeni gelenleri pek hoş karşılamadıklarını fark ettim. Bu bende sanki fikri "hak etmediğim", ilk onlar geldiği için öncelik hakkının da onlarda olduğu duygusu yarattı. Olası ortaklarımla bu duygular altında nasıl çalışabilirim?**

Y. Öyleyse siz de ortaklık kuracak başkalarını bulun.

S. **Eğer benden daha büyük, daha oturmuş ve daha iyi kaynaklara sahip iseler, sözleşmeli ortaklarım tarafından itilip kakılmaktan nasıl sakınabilirim?**

Y. Güçlünün haklı olduğuna asla inanmayın ya da hiç yoksa inandığınızı belli etmeyin. Önünde sonunda filin de sizin ürün ya da hizmetinize gereksinimi vardır. Masaya, kazan-kazan ilkesi çerçevesinde oturun. Eğer baştan kazan-kaybet tavrı sergilerseniz, bunu bir daha düzeltemezsiniz, o zaman da anlaşmayı yapmayın.

S. **Hiçbir yere varamayan bazı ortaklıklar içindeyim. Onları çalıştırmak için zaman ve para yatırmama değer mi, yoksa kısa yoldan ayrılmalı mıyım?**

Y. Eski bir tıp özdeyişi vardır, şöyle der: "Bir cesedin kokmasını önlemeye çabalamaktan daha zor bir çaba olamaz, ama onun kadar beyhude bir çaba da yoktur."[42] Enerjinizi yürüyen ortaklıklara ve daha büyük gelecek vaat eden yenilerine harcayın. Ama yeni bir ortaklığa bağlanmadan önce de, hâlihazırdaki ortaklığınızın neden yürümediğini bulmayı ihmal etmeyin.

TAVSİYE EDİLEN OKUMALIKLAR

Rezac, Darcy. *The Frog and The Prince: Secrets of Positive Networking.* Vancouver: Frog and Prince Networking Corporation, 2003.

RoAne, Susan. *The Secrets of Savvy Networking.* New York: Warner Books, 1993.

9. BÖLÜM

Marka Yaratma Sanatı

En mükemmel markalar bile, hiçbir zaman müthiş bir marka oluşturmak niyetiyle yola çıkmamıştır. Büyük —ve kârlı— bir ürün ya da hizmet yaratmak ve onu yaşatacak bir kurum oluşturmak için yola çıkmışlardır.

—Scott Bedbury

BİBİBF

Markalaşmaya yönelik iki temel düşünce akımı vardır: Birincisine göre bu iş, pazarlamacıların uyguladığı akıl almaz bir kara büyüdür. Bendeniz, ikinci akımdanım ve buna göre de olay yalnızca pazarlamanın dört klasik temel unsurunu, yani ürün, yer, fiyat ve promosyonu uygulamaktan ibarettir.

Bazıları bu listeye bir beşinci unsuru da eklerler: dua. Pek de haksız sayılmazlar —ama gene de ben dua yerine, başkalarını kendi inancınıza, doktrininize ya da davanıza döndürme anlamında *yola sokma* sözcüğünü tercih ederim.

Yola sokma ya da evangelizm günümüzün, enformasyonun bedava, anında her yerde elde edilebildiği bu müthiş rekabetçi dünyasında, işe yeni atılanlar adına markalaşmanın çekirdeğidir. Markalaşma sanatı, insanlara coşku aşılayacak, elde edip denemelerini kolaylaştıracak, onlardan yayılmasını isteyebilecek ve çevresinde bir toplum oluşturacak bulaşıcı bir şeyler yaratmayı gerektirir.

Her ne kadar ben pazarlamayı sevsem de büyük markalar, büyük bir ürün ya da hizmetle başlar, bizler de oradan başlayacağız.

BULAŞICI BİR HASTALIK YARATIN

Bendeniz buna "Guy'ın Altın Dokunuşu" diyorum. Tabii dokunduğum her şeyi altına döndürmek gibi bir iddiam yok, daha alçak gönüllü ve de yalın bir şeyden söz ediyorum "Altın namına ne varsa, Guy ona dokunur."

Markalaşmanın sırrı da burada yatıyor: Altın bir ürüne ya da hizmete sarılın —ya da altın kesilinceye kadar onu geliştirin. Bunu yaptıktan sonra, başarılı bir markalaşma da mutlak olmasa bile, kolaydır. Rekabetin bıktırıcı berbatlıkta olduğu 1984 yılında Macintosh'u markalandırmanın ne kadar zor olduğunu düşünebiliyor musunuz?

Eğer elinizde altın olan bir şey varsa, onunla bir sürü hata yapabilir, ama gene de başarılı olursunuz. Eğer yoksa, o zaman hemen her şeyi doğru yapmak zorundasınızdır. İşinizi kolaylaştırın ve kalıtsal olarak bulaşıcı nitelikte olan ürün ya da hizmetleri bulun ya da yaratın. İşte size bulaşıcılığın anahtar unsurları:

- **COOL.** Cool güzeldir. Cool alkışlanmaya hazırdır. Cool "nevi şahsına münhasır"dır. Ve cool, bulaşıcıdır. Ancak bir avuç şirket, bilinçli olarak cool olmayan ürün ya da hizmetler tasarlar, ama bizler yüzlerce göz kamaştırıcı çabayı izlemeyi sürdüreceğiz. Apple neden iPod kadar cool bir MP3 player çıkartmak zorunda kaldı dersiniz?
- **ETKİLİ.** Çöpü markalaştıramazsınız. İşe yaramayan bir şeyi markalaştıramazsınız. Eğer hemen hiç çaba gerektirmeksizin dilediğiniz televizyon programlarını kaydetmese, hiç kimse TiVo'nun adını bile duymazdı.
- **FARKLI.** Bulaşıcı bir ürünün fark edilmesi kolaydır ve kendi kendisinin reklamını yapar. Rakiplerinden farklı olduğunu su götürmez. Siz hiçbir Hummer'ı diğer araçlarla karıştırana rastladınız mı?
- **YIKICI.** Bulaşıcı ürünler yıkıcıdır. Ya statükoyu alt üst ederler ("Vay canına, bu daha iyi. Başımız dertte.") ya da karşınızdakileri yadsımaya zorlarlar ("Hadi canım sen de, insan neden bir grafik kullanıcı arayüzü istesin ki?") Ama insanları etkilemeden bırakmazlar da.
- **DUYGULANDIRICI.** Bulaşıcı bir ürün ya da hizmet, beklentilerin ötesine geçer ve bunu yapmakla da sizleri mutlu kılar. Bende bu yüzden Miele elektrikli süpürgesine bayılıyorum —böylesine güçlü, bu kadar gürültüsüz olmasına hayranım.
- **DERİN.** Bulaşıcı bir ürün ya da hizmetin "bacakları" vardır. Neler yapabileceğini kullandıkça kavrayabilirsiniz. Gene TiVo örneğine dönelim, eğer kayıt yaparken reklamları atlamak istiyorsanız sırayla şu düğmelere basmanız yeter: Select, Play, Select, 30, Select. Sonra sizi kaydettiğiniz programın sonuna götürecek düğmeye basın (-->I) ve bütün o otuzar saniyelik araları atlayıverin.
- **ŞIMARTICI.** Bulaşıcı bir ürün ya da hizmeti satın almakla kendinizi de bulaşıcı hastalığa yakalanmış hissedersiniz. Çünkü benzerlerine oranla pahalıdır, daha

cooldur ya da gereksindiğinizden de ötededir. Bu da sizi sıradanlıktan kurtarır. Örneğin Miele'nin sloganı şudur: "Başka hepsi birer ödündür."

- **DESTEKLİ.** Mükemmel servis, bir ürün ya da hizmeti bulaşıcı kılar. Bir keresinde, kulak sorunlarımı gideren tıbbi aygıtımı kırmıştım. Yapımcısı Medtronic Xomed bir gece içinde bana ücretsiz bir başkasını geçici olarak yolladı. Dahası, onu aldığım gün benimkini de onarıp geri yolladılar —tabii gene ücretsiz. Üstelik o gün ulusal bir tatildi. Bu da yetmezmiş gibi, Medtronic beni saydığını ve kişisel ilgisini göstermek için aygıtımı onarıp bana geri yollayan teknisyenin adını, e-mektup adresini ve dijital bir fotoğrafını da yollamaktan geri kalmadı. Şimdi bendeniz bu ürünü bırakıp da benzer kulak sorunlarına çözüm getiren diğerlerine bakar mıyım?

ALIŞTIRMA

Bir daha bir şirketten teknik destek sağladığınızda, sizinle ilgilenen kişiden adını, e-mektup adresini ve fotoğrafını isteyin.

BENİMSEME ENGELLERİNİ YIKIN

Etkili olması için, bir inovasyonun basit ve odaklandırıcı olması gerekir. Tek bir iş görmelidir, yoksa akıl karıştırır. Eğer basit değilse, işe yaramıyor demektir.

—Peter Drucker

Benimseme duvarlarını yıkmak, bu kitapta sıkça yinelenen bir deyiştir. Bunu markalaştırmaya olduğu gibi, büyü oluşturmaya da uyarlayabilirsiniz. Ürün ya da hizmetiniz ne kadar yaygınsa, büyük bir marka bina etmeniz de o kadar olasıdır.

Kunming adlı bir Çin eczacılık şirketi, ne yapılmaması gerektiğini sergilemişti. Sözünü ettiğim şirket, çocukların açamayacakları bir aspirin şişesi yapmaya kararlıydı ve oturup on üç hareketli parçadan oluşan ve de tam otuz dokuz aşamada açılabilen bir şişe yaptılar. Daha da güvenli kılmak için, şirket her altı ayda bir de şişenin şeklini değiştiriyordu. Ama ortada bir sorun vardı; hedef kitledeki insanlar, şişeyi açmayı beceremiyorlardı! Sonunda şirket, işin asıl ironik yanını da keşfetmekte gecikmedi, büyükler hapları alıyor, şişeleri ise yap-boz çözmece niyetine çocuklarına veriyorlardı.[42]

---

[42] Brad Schreiber, *Weird Wonders and Bizzare Blunders: The Official Book of Ridiculous Records* (Deephaven, MN: Meadowbrook Press, 1989), 17.

İşe yeni atılanların, istemeden de olsa, diktikleri en yaygın engel karmaşıklıktır. Tabii Çin nüfusunun yüzde 1'i bile kutusunun güvenli olması nedeniyle aspirininizi alsa bile inanılmaz satış yapmış olacağınız kesindir. Ama ürününüzün ya da hizmetinizin nasıl kullanılacağının (ya da şişenizin nasıl açılacağının) öğrenilmesi çok uzun zaman alacağından, markalaşmanızı zorlaştıracağı da kesindir.

Karmaşık ve kullanılması zor ürün ya da hizmetler sunmak için kurulmuş birkaç şirket olabilir, ama gene de piyasada neden bu kadar çok anlaşılmaz karmaşıklıkta ürün ya da hizmet olduğunu da merak ediyorsunuzdur. Örneğin, Japonya'dan gelen hemen bütün tüketici elektroniği ürünleri böyledir. (Nasıl kullanılacağını açıklamak için de kırık dökük bir İngilizce ile, üstelik de gri kağıtlara basılmış kırk sayfalık, okunur okunmaz birer kullanım kılavuzu ile de sorunu çözdüklerine inanırlar.) İşte sizlere karmaşıklığı azaltmanın bazı yolları:

- **ÖĞRENME EĞRİSİNİ DÜZLEŞTİRİN.** Tüketici, ürün ya da hizmetin temel işlevselliğini, kılavuza bakmasına gerek kalmadan, daha kutuyu açar açmaz anlayabilmelidir. Bir otomobil aldığınızı ve radyosunu açabilmek, istasyon değiştirmek ve ses ayarı yapabilmek için de kılavuzu okumak zorunda olduğunuzu düşünsenize. Bu noktayı tasarımcılarınıza belletin: Müşteriler, kılavuzu açmadan, anında memnun edilmelidir.

- **İYİ BİR KILAVUZ YAZIN VE İNDEKSLEYİN.** Genellikle ve çoğunlukla, el kılavuzunu yazan şirketin alt kademelerinde çalışan biridir ve yazma işini de son dakikada yapar. Bu yüzden de kılavuz test edilmez ve elinize küçücük puntolarla yazılmış yazılarla ve güncelliğini yitirmiş şekillerle dolu bir kitapçık gelir.

    Oysa hazırlayacağınız kılavuz, sizin için pazarlama bir fırsatıdır. Ürün ya da hizmetinizin ruhuna açılan bir penceredir! Kılavuzunuz ne kadar iyi olursa, o kadar çok insan da ürün ya da hizmetinizi kullanmaktan mutlu olur. Bu da markalaşmanız için kulaktan kulağa reklam demektir.

    Eğer kılavuzun yazımı totem direğinin tepesi ise, indeksiniz de direğin yere gömülü kısmıdır. Siz hiç bugüne kadar otomobilinizin lastikleri için doğru hava basıncı vermeyi isteyip de el kılavuzunuzun indeksinde "lastik basıncı" başlığına rastlayabildiniz mi?

    Müşterinin ürün ya da hizmetinizle yapmak isteyebileceği her şeyi düşünmeli ve her biri için indeksinizde bir başlık açmalısınız. Eğer mükemmel bir indeks örneği görmek istiyorsanız *Chicago Manual of Style*'ın indeksine bakın. Kurumunuza bu standardı yerleştirin.

- **RESİMLİ OLSUN.** El kılavuzları için bir sözüm daha var: Resim ve şekiller ekleyin. Bu kılavuzunuzun maliyetini artırır, ama buna da değer. Her kullanıcı metin düşkünü değildir. Üstelik de bir resim bin sözcüğe bedeldir.

> **ALIŞTIRMA**
>
> Bir yarışma açıp müşterilerinizden ürün ya da hizmetiniz için en iyi el kılavuzunu yazmalarını isteyin. Birkaç güzel kılavuzunuz olur, ayrıca birkaç da evangelist keşfedersiniz.

- **BABANIZ YA DA ANNENİZDE SINAYIN.** Yaş ayrımcılığı gibi gelebilir ama, yeni ürün ya da hizmetinizi sınamanın en kesin yolu, ana-babanızın onu kullanıp kullanamadığına bakmaktır. Eğer ana-babanız hayatta değilse, o zaman kırkını aşmış herhangi biri üzerinde de sınayabilirsiniz.

Buna karşılık, sakın gençlerde denemeye kalkmayın —her şeyi keşfedebilirler, bu yüzden de geribeslenimlerine güvenilmemelidir. Eğer bedavadan, kulaktan kulağa markalaşmak istiyorsanız, her ölümlünün kavrayabileceği bir kullanıcı arayüzü yaratmak için zaman ve enerji harcayabilirsiniz.

Karmaşıklığa ek olarak, yüksek fiyatlandırma da markalaşmanın önündeki engellerden biridir. Bundan kaçınmak için, örneğin Toyota lüks otomobil kategorisindeki Lexus'u piyasaya çıkartırken, Alman rakiplerininkinden daha düşük bir fiyatlandırmaya gitmişti. Bu otomobiller daha ucuz olduğundan, kullanıcı sayısı da fazladır. Kullanıcı sayısı fazla olunca da onlardan söz edecek ve de ne kadar müthiş olduklarını öğrenecek birilerini nasıl olsa bulursunuz.

Fiyat rekabetine girip de parayı masada bırakmaktan nefret ederim. Ne var ki müşteriden son kuruşuna kadar sızdırmak da genelde doğru bir felsefe değildir. Bir markanın yaratılmasını tetikleyebilecek makul bir fiyat, ileride daha büyük getiriler sağlar.

> **ALIŞTIRMA**
>
> Hangi şirketin sahibi olmayı isterdiniz: Toyota'nın mı, yoksa Rolls-Royce'un mu?

Ürün ya da hizmetinizin benimsenmesinin önündeki son engel, insanları var olan ürün ya da hizmetten (para, zaman ya da çaba olarak) yeni ürününüze döndürebilmektir. Ürün ya da hizmetiniz ucuz ve kolay kullanımlı olabilir, ama dönüp de bağlanılması zor ise markalaşmanız da zor olacak demektir.

Markalaşma bir yana, döndürme işini de olabildiğince kolaylaştırmak gerekir. Bazı şirketler bunu bile bile zorlaştırmakla birlikte, bazıları da düşük dönüşüm maliyetinin iyi bir pazarlama olduğunun ayırtına varmıştır.

Son olarak şunu söylemeliyim, ürününüzden *dönmeyi* zorlaştırmanın iyi bir fikir olduğunu düşünebilirsiniz. Bu müşterilerinizi bağlamanın bir yoludur, ama gene de çıkış engelleri aynı zamanda giriş engelleridir. Eğer ürününüzden dönmeyi zorlaştırırsanız, alıp da denemeleri konusunda tüketicilerin gözlerini korkutabilirsiniz.

EVANGELİSTLERLE ÇALIŞIN

Evangelistler, ürün ya da hizmetinize sizin kadar inançla bağlanırlar ve onları ileri götürmek için sizinle birlikte ve sizin adınıza savaşırlar. Evangelistleri işe almanız kalıcı, sürekli ve düşük maliyetli bir yola sokma ve markalaşma için kritik kitleye erişmenize yardımcı olacaktır. Eğer politika, kâr amacı gütmeyen kurumlar, okullar ve kiliselerle ilintiniz varsa, evangelizm de başarıya ulaşmanız için özellikle güçlü bir araç olacaktır.

Konu evangelizme gelince, "istemezsen alamazsın" yaklaşımı doğru değildir. Ürününüz, hizmetiniz ya da fikriniz bulaşıcı türden ise ve çevresindeki engeller de alçak ise çoğu zaman istemeden de "alırsınız." Ama ısrarla isterseniz, o zaman hem daha çok hem de daha hızlı alabilirsiniz. Ne var ki birçok şirket, şu düşüncelerle istemekten çekinir:

- "Eğer yardım isteyecek olursak, insanlar zayıf olduğumuzu düşünürler. Microsoft gibi güçlü şirketler, asla müşterilerinden yardım istemezler."
- "Yardım isteyeceğimiz insanlar, karşılığında bizden bir şeyler bekler: indirim, özel muamele vs. O zaman ne yaparız?"
- "Müşterilerimiz, onları çok da sevsek, bize yardımcı olamazlar. Ne yapmamız gerektiğini biliyoruz ve bunu kendi başımıza da yapabiliriz."
- "Özel destek programları çok pahalıya patlar. Çabalarımızın odağını da bozarlar."

Bütün bu bahaneler sahtekârlıktır. Müşterileriniz size yardımcı olmak istiyorsa, önlerini kesmek yerine yollarını açın ve paranoyalarınızı bir yana bırakıp yardımlarını kabul edin. Çok geçmeden müşterileriniz de birer evangelist kesilip iyi haberlerinizi yaymaya koyulacaklardır.

Aşağıda okuyacaklarınız, evangelistleri işe alıp da onlarla çalışmanın anahtarlarıdır. Bunlar ile 6. Bölüm'deki ("Eleman Alma Sanatı") konseptler arasında çeşitli benzerlikler olduğunu göreceksiniz ve bu da bir rastlantı değildir. Çünkü bir anlamda "çalışanları" işe alıyorsunuz —sadece bunlara para ödemek zorunda değilsiniz o kadar!

- **İSTEYİN.** İlk ve en iyi müşterilerinize gidip yardımlarını isteyin. Onlara, kritik kitleye erişmek istediğinizi ve adınızı yaymaya gereksiniminiz olduğunu anlatın. Bu zaaf belirtisi değildir —açık yüreklilik ve saldırganlık işaretidir. Ne kadar

çok insanın size yardıma gönüllü olduğunu ve sadece bunu istemenizi beklediklerini görünce şaşıracaksınız.
- **NE AKADEMİK GEÇMİŞE NE DE İŞ DENEYİMİNE ALDIRMAYIN.** (Çok) kuramsal olarak, bir yazılım ürünü için en mükemmel evangelist MIT'den bilgisayar bilimleri doktorası olan biridir. Bu tür düşünmekten sakının. Konu evangelizm olunca, bu tür geçmişlerin önemi azalır. En muhteşem Macintosh evangelistleri, bir taneye sahip oluncaya kadar hiç bilgisayar kullanmamış insanlardı.
- **ÖNEMLİ OLANA ODAKLANIN: İNANIYOR VE YARDIM ETMEK İSTİYORLAR MI?** Yirmi yıl önce bilgisayardan bihaber, işi elmas yontmak olan birini (örneğin bendenizi) ele alalım. Yeni işletim sisteminizin evangelisti olmak için uygun bir aday mıdır? Geriye dönüp baktığımda, benim için en önemli olanın Macintosh'a duyduğum aşk ve onunla dünyayı değiştirme isteğim olduğunu görüyorum.
- **BIRAKIN YÜZ EVANGELİST ÇİÇEK AÇSIN.** Bu da kitabımızın yinelenip duran bir başka teması: Evangelistlerin size nasıl yardım edecekleri konusunda müşkülpesent olmayın. Onlara ürün ya da hizmetinizi gösterin, sonra da bırakın yapabildikleri neyse öyle yapsınlar. Size, ürün ya da hizmetinizin pazarlanması konusunda, asla kendi başınıza geliştiremeyeceğiniz yollar göstereceklerdir.
- **GÖREVLENDİRİN VE GÖREVİN YAPILMASINI BEKLEYİN.**[43] Bir kuruma yardım etmek için gönüllü olduğunuz, ama hiç göreve çağrılmadığınız oldu mu? Eğer istemediğiniz bir işi yapmanızın istenmesinden beteri varsa, o da istediğiniz bir işi yapmanızın istenmemesidir. Eğer evangelistlerle çalışacak olursanız, onların kendilerini davanıza adadıklarını göreceksiniz. Bu yüzden de onları iyi kullanmakla yükümlü olacaksınız.
- **KESİNTİSİZ "YOLDAŞLIK."**[44] Verimli evangelizm, tıpkı iyi ebeveynler ile çocukları arasındaki ilişki gibidir. Her ana-baba size çocuklarının her zaman için çocukları olarak kalacağını söyler. Asla gerçek anlamda yuvalarını terk etmezler ve siz de onları yuvadan itemezsiniz. Evangelistler de öyledir —sürekli ve ebedi sevgi isterler.
- **YAYACAKLARI ARAÇLARI VERİN.** Evangelistlerinize gerekli enformasyon ve promosyon araçlarını vererek, size yardım etmelerini kolaylaştırın. Örneğin, Bose evangelistlerine Bose QuietComfort 2 Akustik Gürültü Giderici Kulaklık olayında, kendilerine ürün hakkında soru soranlara vermek üzere on adet "ayrıcalık kartı" vermişti. Kartlarda ürün hakkında daha fazla bilginin nasıl edini-

---

[43] Brad Schreiber, *Weird Wonders and Bizzare Blunders: The Official Book of Ridiculous Records* (Deephaven, MN: Meadowbrook Press, 1989), 92-93.
[44] A.g.e. 47.

leceği, nasıl satın alınacağı ve ücretsiz telefon hattından nasıl daha fazla kart alınabileceği yazılıydı!

- **ARZULARINA KARŞILIK VERİN.** Evangelistlerinizin arzuları doğrultusunda, iki nedenle ürün ya da hizmetinizi revize etmeniz gerekir. Birincisi, onun nasıl daha da iyileştireceğini en iyi onlar bilirler. İkincisi ve ilki kadar önemlisi, onlara kulak verdiğinizi göstermeniz hem size bağlılıklarını hem de çalışma coşkularını artırır.
- **ONLARA BİR ŞEYLER VERİN.** Bedava vereceğiniz tişört, kahve fincanı, kalem ya da not defteri gibi nesnelerin nasıl etki yarattığını görünce şaşıracaksınız. (Apple, tişört için yılda 2 milyon dolar harcıyordu.) Evangelistler, bu tür küçük şeylere bayılırlar. Kendilerini hem ekibin parçası hem de özel hissederler. Bu yerinde harcanmış bir paradır, ama hiçbir zaman 25 dolardan değerli şeyler de vermeyin. Örneğin bir Montblanc dolmakalem çizgiyi aşar ve paranızı savuruyormuşsunuz izlenimi uyandırır.

Varsayalım ki müşterilerinizi birer evangelist yapmakta başarılısınız. Peki, onlardan ne yapmalarını istemelisiniz? Bu da aşağıdaki kısmın konusu.

CEMİYET OLUŞTURUN

Bir grup işadamı ve toplum lideri, 1980'lerin sonlarında Calgary Flames Ambassadors adıyla anılan bir kurum oluşturmaya başladılar. Hepsi de Flames takımının yandaşlarıydı ve Ulusal Hokey Ligi'ndeki takımlarının başka bir kente yerleşeceği haberinden fena halde ürkmüşlerdi. Grubun başkanı Lyle Edwards'a göre, "Ambassadors, Calgary sokaklarında dört dönüyor ve insanları daha fazla bilet almaya teşvik ediyorlardı."

2004 yılında, grubun elli üyesi var ve artık bilet satışına yardım işiyle uğraşmıyorlar. Ambassadors'a katılabilmeniz için, kurumlarına 100 Kanada doları ödemeniz ve mevsimlik kombine bilet almanız gerekiyor. Evet doğru okudunuz; bu evangelistler, Flames'in taraftarlığını yapma ayrıcalığı karşılığında bir de para ödüyor. Maçlarda taraftarları karşılamak, sosyal erişimi sağlamak ve toplumsal etkinlikler düzenlemek de onların işidir.

Evangelistlere iş vermenin amacı, ürününüzün ya da hizmetinizin çevresinde bir cemiyet oluşturmaktır. Tanınmış cemiyetler oluşturan şirketler arasında Apple, Harley-Davidson, Motley Fool ve Saturn'u sayabiliriz. Bu cemiyetler müşteri hizmetleri, teknik destek ve bir ürünün kullanımının ya da hizmetten yararlanmanın daha güzel bir deneyim olmasını sağlayacak toplumsal ilişkiler sunarlar —ayrıca insanların daha fazla ürün, hizmet ya da bilet almalarını sağlamak için de çabalarlar.

Şaşırtıcı gelebilir, ama çoğu şirket, bu cemiyetlere *tepkisini* ancak onlar ortaya çıktıktan *sonra* gösterir ve bu tepki de: "Hiç duymadım... Yani sırf ürünümüz yüzünden birleşmiş bir müşteri grubu olduğundan mı söz ediyorsun?" şeklindedir.

Baştan aşağı aptalca olmasa bile, bu sıradanlıktır. Bazı şirketlerin kendiliğinden oluşmuş cemiyetler sayesinde ne kadar kazanç sağladıklarını gördükten sonra, siz de kendi cemiyetinizi kurmak için canla başla çalışmalısınız:

- **ÜRÜN YA DA HİZMETİNİZİN "BRONTOZORLARINI" SAPTAYIP ONLARA İŞ VERİN.** Bunlar, yaptığınızdan en büyük heyecanı duyan ve lider konumunda hizmet vermeye gönüllü müşterilerdir.
- **TEK AMACI BİR CEMİYET OLUŞTURMAK OLAN BİRİNİ TUTUN.** Bu kişi, cemiyetin gereksinimleri açısından, sizin kurum içindeki şampiyonunuzdur; evangelistleri evangelist olmaya iter ve iç kaynaklar uğruna savaşır. Başarıya erişmeye başlayınca, cemiyet desteğini kurumsallaştırmak için bu kişinin çevresinde bir bölüm oluşturun.
- **CEMİYET DESTEĞİ İÇİN BÜTÇE YARATIN.** Fazla bir şeye gereksiniminiz olmaz ve niyetiniz de kendinize bir cemiyet "satın almak" değildir. Ama gene de

toplantılar düzenlemesi, bültenler bastırıp dağıtması ve online varlığını destekleyebilmesi için cemiyete bir bütçe gerekir.
- **CEMİYETİN MEVCUDİYETİNİ SATIŞLARINIZA VE PAZARLAMA ÇALIŞMALARINIZA VE ONLINE SİTENİZE ENTEGRE EDİN.** Örneğin, internet sitenizde cemiyet hakkında enformasyon ve katılım koşulları yer almalıdır.
- **CEMİYETİN ÇALIŞMALARINA EVSAHİPLİĞİ YAPIN.** Bunun anlamı, cemiyetin toplantıları için binanızı kullanmasına izin vermeniz olduğu kadar, örneğin bir e-mektup liste sunucusu, online chat ve bülten ekranını internet sitenize ekleyerek dijital destek sağlamanız da olabilir.
- **KONFERANS DÜZENLEYİN.** Kimsenin elektronik iletişimden benim kadar hoşlandığını sanmıyorum, Ama cemiyetler için yüz yüze görüşmeler çok önemlidir. Bu tür konferanslarda, cemiyet üyeleri hem birbirleriyle buluşabilir hem de şirketiniz çalışanlarıyla etkileşim kurabilirler.

Müşterilerinizden ve evangelistlerinizden bir cemiyet oluşturmak için harcayacağınız her dolar, bir markanın desteklenmesi adına yapılmış en ucuz yatırımdır, bu nedenle cemiyetin kendi kendisini oluşturmasını beklemekle zaman harcamayın.

ALIŞTIRMA
En sevdiğiniz şirketin internet sitesine girip nasıl bağış yapılacağı ve şirket için gönüllü çalışılabileceği hakkında enformasyon taraması yapın.

İNSANA ÖZGÜ ÖZELLİKLERE SAHİP OLUN

Bazı büyük markaları düşünün: Apple, Coca-Cola, Levi Strauss, Nike ve Saturn. Bunların hepsi de insanlara özgü özelliklere sahiptir: Apple'ın eğlenceliliği, Coca-Cola'nın neşesi, Levi Strauss'un gençliği, Nike'ın kararlılığı ve Saturn'un dost canlılığı.

Elbette ki bu nitelikleri sergilemeyen markalar da vardır—Microsoft, Oracle ve IBM gibi. Bana romantik diyebilirsiniz ama sıcak bir markanızın olması daha iyi ve eğlenceli olmaz mıydı? Eğer bana katılıyorsanız bunu nasıl başaracağınızı anlatayım:

- **GENÇLERİ HEDEF ALIN.** Ürün ya da hizmetinizi kim satın alırsa alsın, genç insanları hedef almak markanıza sıcaklık katar. Elimde bunu destekleyecek veriler yok ama öyle görünüyor ki pek çok ileri yaşlı insan başlangıçta gençleri hedef alan ürünleri satın alıyor. Örneğin, kaç kel kafalının Toyota Scion, PT Cruiser ve Mini Cooper kullandığına bir bakın bakalım.

- **KENDİNİZLE ALAY EDİN.** Çoğu şirketin kendileriyle ilgili bir espri anlayışı yoktur. Böyle bir espri anlayışını intiharla eş tutarlar: "Biz kendimizi ciddiye almazsak hiç kimse almaz." Belki de kendi imajlarına o kadar saplanıp kalmışlardır ki kontrolün tamamen kendi ellerinde olmaması onları korkutur. Ne derler bilirsiniz: "Hatasız kul olmaz." Bu yüzden hata yapmaktan ve bu hatayla dalga geçmekten korkmayın.
- **PAZARLAMADA MÜŞTERİLERİNİZİ KULLANIN.** Pazarlama materyallerinde müşterilerine yer veren şirketler insana özgü nitelikler kazanır. Örneğin, Saturn pazarlama materyallerinde kendi araç sahiplerini kullanır. Saturn'un internet sitesinde "Benim Hikayem" başlıklı müşterilerin Saturn deneyimlerini paylaştıkları bir bölüm bile vardır.
- **HİZMETE MUHTAÇ VE İMKANLARDAN YOKSUN OLANLARA YARDIM EDİN.** Hizmete muhtaç ve imkanlardan yoksun olanlara yardım eden bir kuruluş, insani değerler iletişimi yapar. Örneğin Hallmark Cards, pek çok toplumsal programa gönüllü olarak katılıyor ve para sağlıyor. İnternet sitesinde de bu tür kaynaklara nasıl başvurulacağını anlatan, bulması kolay bir bölüm var. Böylece şirket bir taşla iki kuş vuruyor: Topluma karşı ahlaki yükümlülüğünü gerçekleştirmenin yanı sıra markasının etkisini artırıyor.

ALIŞTIRMA

En sevdiğiniz şirketlerin sitelerine girin ve şirket için nasıl bağış yapılacağı ve gönüllü olunacağı hakkında bilgiler bulmaya çalışın.

TANITIMA ODAKLANIN

California, East Palo Alta'daki Ikea mağazasının açılışına daha haftalar vardı ve kent sakinleri bu muhteşem açılış hakkında adeta bir haber bombardımanına tutulmuşlardı. Örneğin, Thaai Walker'in 14 Ağustos 2003 tarihli *San Jose Mercury News*'ta yer alan bir yazısı şöyle başlıyordu:

IKEA MÜŞTERİLERİNE TAŞIMADA KOLAYLIK SUNUYOR
KENT TRAFİĞİ AÇILIŞ GÜNÜ YOĞUNLUĞUNA HAZIRLANIYOR

İki buçuk mil karelik bir kentte, 8.000 otomobile tıkışmış 16.000 müşterinin ulaşımını, tam da East Palo Alto'nun yaşayacağı en büyük ve yoğun açılış gününde, nasıl sağlayabilirsiniz?

Eğer o günlerde yerel gazeteleri okumuş, radyoları dinlemiş ya da televizyon izlemiş olsaydınız, Ikea'nın East Palo Alto'da bir şube açacağını ve bunun müthiş bir gösteriye dönüşeceğini öğrenmemiş olmanız olanaksızdı.

Ikea gibi markalar reklam üzerine bina edilmezler. Reklam markaları destekleyebilir, yayılmalarını sağlayabilir ama onları oturtan da tanıtımdır. İşte sizlere halkın ve medyanın ilgilisini çekmenin anahtarı olan bazı konseptler:

- **GÜRÜLTÜ KOPARTIN.** Çoğu kuruluş, medya yayınlarının okurların müşteri olmaya can attığı durumlarda gürültü koparttığına inanır. Bu modası geçmiş bir görüştür. Gelin işlerin nasıl yürüdüğüne bir bakalım: Önce, müthiş bir şey yaratırsınız. Sonra, benimseme duvarlarını alçaltıp onun insanların eline geçmesini sağlarsınız. Onlar da buna karşılık gürültü kopartırlar. Medya da ancak o zaman yazıp söylemeye başlar.

- **DOSTLUKLARINIZI GEREKSİNİM DUYUMADAN ÖNCE KURUN.** Apple için çalıştığım günlerde, medya her an "Apple yöneticileri" ile söyleşi yapmak isterdi, çünkü Apple sıcak bir şirketti. Böylesine gözde olunup da pohpohlanılan günlerde, her zaman için eğilim önemli yayın organlarına odaklanmaktır: *The New York Times, The Wall Street Journal, Forbes* vs.

  Bendeniz ise, tam tersine, adlarını bile duymadığınız yayınların muhabirlerine yardımcı olmaktan yanaydım. Aradan yıllar geçti ve o muhabirlerin çoğu, bugün önemli birer yayın organında çalışıyorlar ve o dönemde kendilerine nasıl yardımcı olduğumu da hiç unutmuyorlar. Burudan çıkartılacak ders şu, "Dostluklarınızı onlara gereksinim duymadan önce kurun —hatta size yardımcı olabilecek duruma gelmelerinden bile önce.

- **TABANCA DEĞİL, TÜFEK KULLANIN.** Muhabir dostlarım bana, şirketlerin, basın odalarına genellikle "çifte atışı" yaptıklarını anlatırlar —bunun anlamı muhabirlerin ya bir basın kiti ya da yeni bir ürün ya da hizmetin ne kadar muhteşem olduğunu anlatan bir e-mektup almalarıdır. Bu yaklaşım, çoğu kere işe yaramaz, çünkü yolladıklarınız alanların işlerine yaramayan nesneler ya da bilgilerdir.

  Onun yerine, öncelikle öykünüzün haber değeri olup olmadığına karar vermeniz gerekir. Siz öyle zannetseniz de, haber değeri olmayabilir. *Computer World*'ün editörlerinden Mitch Betts, yayına uygun olanları şöyle tanımlar: "Eğer General Motors, Wal-Mart, Amazon gibi şirketlerin CIO'ları ilgileniyorsa, biz de ilgileniriz."[45] İşte böylesine ilintili olmanız gerek.

---

[45] Bkz. http://www.marketingsherpa.com/sample.cfm?contentID=2420.

İkinci olarak, sizin kendi alanınızla hangi muhabirin ilgilendiğini saptamanız gerekir —örneğin yeni girişiminizin yazılım paketi konusunda bir sanat muhabirine yapacağınız sunum, sizi hiçbir yere götüremez.

Üçüncü olarak da ilgili muhabire, ancak öykünüz şu önemli sınavı geçebilirse sunum yapın: "Acaba okurlar için yararlı ve kullanışlı mı?" Burada sorulacak soru "Şirketimiz için iyi mi?" değildir. İster inanın, ister inanmayın ama yayınlar okurları için vardır ve hiçbiri de sizin reklam aracınız değildir.

- **KARA GÜN DOSTU OLUN.** Çoğu kuruluş işler yolunda giderken ve habere gereksinim duyduklarında medyacılarla sarmaş dolaştır. Ama işler kötüye sardığında ya da yoğunlaştığında ortadan kaybolurlar ve medyacıların ne telefonlarına ne de e-mektuplarına yanıt verirler. İyi günde ve kötü günde, medya ile iyi ilişkilerinizi sürdürmek zorundasınızdır
- **DOĞRUYU SÖYLEYİN.** İşler kötüye giderken, genel eğilim medyaya yalan söyleyerek başını dertten kurtarmak doğrultusundadır. Sakın böyle yapmayın. Saygınlığınızı iyi günlerde değil, kötü günlerde pekiştirirsiniz. Kötü günlerde dürüst olduğunuzu kanıtlamışsanız, medya iyi günlerde söylediklerinize de inanır.
- **KAYNAK OLUN.** Öykünüzün haber değeri bulunmadığı ya da muhabirin yazısında şirketinizin adından söz etmeyeceği günler de olabilir. Buna diyecek bir şey yoktur. Böyle zamanlarda, sadece bir kaynak olun ve muhabirlere iyi haberler yazmaları konusunda yardım edin. Karşılığını alırsınız.

DEDİKLERİNİZLE YAPTIKLARINIZ BİR OLSUN

Hidden Villa, California Los Angeles'ta yaklaşık 650 hektar büyüklüğünde bir çiftlik ve yaban yaşamı koruma alanıdır. Josephine ve Frank Duveneck Ailesi, çevre ve çok kültürlülük farkındalığı yaratmak amacıyla bu toprağı Kuzey California halkına bağışlamıştır. Programları arasında yaz kampları, çevre eğitimi, cemiyet sosyal yardımlaşması, pansiyon yerleşkeleri ve organik tarım yer almaktadır.

Kısacası Hidden Villa dediğini yapmaktadır —yani cemiyet için inanılmaz anlam taşımaktadır ve hedeflerine de ulaşmıştır. (Bu da birçok kuruluşun hep iyi oynadıklarından söz edip de hiç sonuç alamamalarıyla keskin bir çelişki oluşturur.) Bununla birlikte, kurum, çalışanları ve yöneticilerinin bunu uygun ve yeterli düzeyde tanıtacak araçlardan yoksun olduklarının farkına vardı.

Sorunu çözmek için kurum "Talk the Walk" adıyla anılan ve Hidden Villa'yı anlatan tek satırlık espriler yaratmaya yönelik bir program geliştirdi. Ardından da Hidden Villa'nın çalışan ve yöneticileri, bu espriler kullandıkları bir rol oynama seansı gerçekleştirdiler. Artık ister bir Hidden Villa etkinliğinde olsunlar, ister bir arkadaşlarıyla süpermarket gezintisinde, her çalışan bunlardan söz edebilmektedir.

Markalaşmanın çıkış noktası, kendi kuruluşunuzun içindedir, bu yüzden her çalışanınızın vaatlerinizi anlatabildiğinden, bunları gerçekleştirebildiğinden" ve şirketinizin adını coşkuyla yaydığından emin olmalısınız.

MİNİ BÖLÜM: KONUŞMA SANATI

Neden söyleyecek bir şeyleri olanlar bunları söyleyemezken, söyleyecek tek bir şeyi bile olmayanlar söyleyip dururlar?

–Anonim

"Sunum" genel anlamıyla, olası yatırımcılara, müşterilere ve ortaklara onların bürosunda yapılan küçük ve gayrı resmi bir tanıtımdır. Buna ek olarak konferanslardaki panellere, seminerlere ve endüstri etkinliklerine katılırsanız, konuşma yapma fırsatları da bulursunuz. Bütün bunlar, kurumunuz hakkında farkındalık yaratmak için yararlı araçlardır.

Konuşmalarınızın amacı para toplamak değil (bununla birlikte iyi bir konuşmanın yatırımcılarda ilgi yaratacağı da kesindir), kurumunuzun farkındalığını yükseltmek ve bir marka bina etmektir. Bugüne kadar konuşmalar yapan ve panellere katılan düzinelerce yöneticiyi dinledim ve ender istisnaların dışında hepsinin de işi berbat ettiklerine tanık oldum. Bunun nedenlerini şöyle sıralayabilirim:

- Yöneticilerin çevreleri krala çıplak olduğunu söyleyecek ne bilgileri, ne yürekleri ne de uzmanlıkları olan dalkavuklarla kuşatılır.
- Yöneticiler ego-manyaktır. Kendilerini erişilmez gördüklerinden, anadan doğma birer hatip olmadıklarına asla inanamazlar.
- Yöneticiler, uygulamaya çok az zamanları olan meşgul insanlardır —ya da daha doğrusu, uygulamaya az zaman *ayırırlar*. Uygulama gereksinimi olduğunu yadsımak ile uygulamaya zaman bulamamanın bileşimi ise tam anlamıyla bir ölüm öpücüğüdür.

Şimdi, öncelikle etkili bir konuşma yapmanın ilkelerini göreceğiz. Konuşma fırsatı etkili bir silahtır, çünkü sahne tümüyle sizindir. Size ayrılan zamanı, çoğu kere, tam anlamıyla kullanabilirsiniz.

- **İLGİNÇ BİR ŞEYLER SÖYLEYİN.** Bu son derece açık olmakla birlikte, çoğu kere göz ardı edilen bir noktadır. Eğer söyleyecek ilginç bir şeyleriniz yoksa, konuşmayın. Konuşmazsanız, insanlar da sizin bir kaybeden olduğunuzu anlamazlar. Konuşmakta ısrar ederseniz, her şeyi anlarlar. Birinci seçenek, ikincisinden iyidir.

- **ŞIK GİYİNİN.** Sunum yaparkenkinin tersine, konuşma yaparken şık olmanız gündelik giyinmenizden daha etkilidir. Dinleyiciler, gündelik giyinmiş olmanızı "fazla zahmete girmeyi gerektirecek kadar önemli değilsiniz," şeklinde yorumlarlar. Şık giyinirseniz, hakkınızda düşünebilecekleri en kötü şey, fazlasıyla profesyonel olduğunuzdur.
- **SATIŞ PROPAGANDASI YAPMAYIN.** Konuşmanızı dinlemeye gelenler, sizden şatafatlı bir satış sunumu değil, enformasyon istedikleri için ordadır. Mantıklı gelsin gelmesin, dinleyiciler iyi konuşmacıların iyi bir ürün ya da hizmet sunduğuna inanma eğilimindedir. Eğer onlara geniş kapsamlı ve önemli enformasyon veren bir konuşma yaparsanız, alıcı olabilirler. Satış sunumu yapmaya kalkarsanız, olmazlar.
- **ÖYKÜLER ANLATIN.** Kimine göre ilginç bir konuşma yapmak, Microsoft Windows'un kapasitesini yükseltmekten daha zor bir iştir. İyi konuşmacılar yalnızca çıkarsamalar yapmaz, öyküler de anlatırlar. Bir noktaya parmak bastığınızda, onu gözlerde canlandırabilecek bir öykü de anlatın, başka bir konuya gelince de başka bir öykü anlatırsınız.
- **KONUŞMANIZDAN ÖNCE DİNLEYİCİLERE AŞİNA OLUN.** Bendeniz yılda elli açılış konuşması yaparım ve dinleyiciler arasında tanıdığım yüzleri görmenin beni yüreklendirdiğini keşfettim. Birkaç dost yüzü görmem, daha iyi bir konuşma yapma güvenimi yükseltir. Konuşmanızı dinlemeye gelen dostlarınızın anlattığınız fıkraya herkesten önce gülmeye başlamaları, içgörürlerinizle aynı fikirde olduklarını belli eden baş sallamaları ve performansınızı alkışlamaları sizi gerçekten de yüreklendirecektir.
- **ÇOCUKLARINIZDAN SÖZ EDİN.** Eğer kendinizi dinleyicilere sevdirmenin mutlak bir yolu varsa, o da kesinlikle çocuklarınızdan söz etmenizdir. Eğer çocuğunuz yoksa, akrabalarınızın çocuklarını anlatın, dostlarınızınkilerden söz açın ya da kendi çocukluğunuzdan dem vurun. Bunca yıldır, güzel bir çocuk öyküsünden hoşlanmayan dinleyiciye hiç rastlamadım.
- **KENDİNİZLE DALGA GEÇİN.** Dinleyicileri kazanmanın bir başka yolu da kendi kendinizle dalga geçmenizdir. Eğer sinirli iseniz, sinirliliğinizden söz edin. Dinleyiciler arasındaki çoğu kişi sizinle duygudaşlık kuracaktır. Kendini kendinizle dalga geçebileceğiniz bir şey bulamıyorsanız ya çekilmez birisinizdir ya da tam bir kendini beğenmiş.
- **BİR ETKİNLİĞİN BAŞINDA KONUŞUN.** Eğer size tercih hakkı tanınıyorsa, bir konferansın ilk günü konuşmayı seçin. Katılım ve ilgi enerjisinin en yüksek olduğu gün, ilk gündür ve bu da iyi bir konuşma için gerekli atmosferi yaratır. Son güne kalırsanız ya katılımcıların çoğu gitmiş olur ya da zamanınızı sizi dinler görünenleri uyandırmak için harcarsınız. Böylesi fazladan bir baskı altında iyi bir konuşma yapabilmek daha da zordur.

- **KÜÇÜK BİR ODA İSTEYİN.** Eğer becerebilirseniz, konuşmanızı küçük ve kalabalık bir odada yapın. Dinleyici enerjisi demek kaç kişinin sizi dinlediği değil, odanın ne kadar dolu olduğu demektir. Örneğin, 250 kişi kapasiteli bir odadaki 250 kişinin varlığı, 1.000 kişilik bir odadaki 500 kişiden çok daha iyidir. Eğer küçük bir oda alabilmişseniz, bu kere de odanın bir tiyatro salonu gibi (yalnızca koltuklar) değil, sınıf gibi düzenlenmesini isteyin (masalar ve iskemleler).
- **ETKİNLİĞİN BAŞINDA NELER OLDUĞUNU ÖĞRENİN.** İşte ilk gün konuşmanın neden iyi olduğunun bir başka sebebi: Sizden önce neler olup bittiğini öğrenmek zorunda değilsinizdir. Aslında, siz, kendiniz diğer konuşmacıların kopya çekecekleri bir "etkinlik" olursunuz.

  Bununla birlikte, eğer ilk konuşmacı değilseniz ya sizinkinden önceki oturumlara da katılın ya da hiç yoksa katılmış olanlara çarpıcı güzellikte, kötülükte ya da gülünç bir şeyler olup olmadığını sorun. Sonra da konuşmanızda bu olaya da değinin. Bu size iki artı sağlar: Birincisi, konuşmanızı duruma göre değiştirebildiğiniz izlenimi uyandırır; ikincisi de orada bulunduğunuz sırada olup bitenlerle yeterince ilgilendiğinizi gösterir.
- **RAKİPLERİNİZE KARA ÇALMAYIN.** Bir konuşma yapmak hem ayrıcalıktır hem de onur. Size düşen, dinleyicilere enformasyon vermek ve onları eğlendirmektir. Konuşma, rakiplerinize kara çalma fırsatı değildir. Bunu yaparsanız, leke rakiplerinize değil, size bulaşmış olur ve amaçladığınızın tam tersi bir etki yaratır.
- **PRATİK YAPIN.** Konuşmacılığın ana kuralı, ancak yirmi beşinci konuşmanızda iyiyi yakalayacağınızdır. Oysa çok az konuşmacı aynı konuşmayı yirmi beş kere yapabilir. İyi konuşmacı sayısının az olmasının nedeni de budur. İşin ironik yanı, ne kadar çok pratik yaparsanız, o kadar spontane konuşuyormuş gibi görünürsünüz.
- **EN İYİ ON LİSTESİ FORMATI KULLANIN.** Ben en iyi on listesi formatını kullanırım ve dinleyiciler de konuşmam boyunca gelişmeleri izleyebilirler. Benimle aynı görüşte olan çok az uzman vardır, ama sizlere bunu denemenizi salık veririm. Eğer hakkında söz edebileceğiniz on ilginç şey bulamıyorsanız, o zaman konuşmayın.

Şimdi gelelim panellerde konuşmanıza. Paneller, başkalarına –genellikle de rakiplerinize— karşı konumlandırmanıza elverdiğinden, marka bina etmeniz için mükemmel birer fırsattır. Gelin nasıl müthiş bir panelist olabileceğinize de bir bakalım.

- **SİZİ NASIL TANITACAKLARINI KONTROL EDİN.** Panele gelirken yanınızda mutlaka bir biyografinizi de getirip sizi tanıtacak olan oturum başkanına verin. Başkanın açınımlarına bağlı kalmayın. Ayrıca, tıpkı konuşmalarınızda olduğu gibi, kurumunuz hakkında sunum yapmaya da kalkmayın. Kurumunuzun iyi gözükmesini istiyorsanız, yüksekten atıp böbürlenen biri değil, enformatif bir panelist olun.

- **YALNIZCA BİLGİ VERMEKLE KALMAYIN, EĞLENDİRİN.** Başkanın ya da dinleyicilerin sorularını yanıtlamak, panelistin işinin yalnızca bir bölümüdür. Asıl önemli görevi ise, dinleyicileri eğlendirmektir. Bunu yeni içgörüler yaratarak da yapabilirsiniz, fıkralar anlatarak da. Kendinize her zaman şunu sorun: *Eğlendirici olabiliyor muyum?*
- **GERÇEĞİ SÖYLEYİN —HELE DE GERÇEK, AŞİKÂRSA.** Çoğu insan, panelistlerin zor bir soruyla karşılaştıklarında yalan söyleyeceğini düşünür, bu nedenle eğer yalana başvurmuyorsanız, ondan sonraki yanıtlarınız için saygınlık kazanırsınız.
- **AÇIK VE YALIN OLUN.** Moderatörler sıklıkla teknik sorular sorarlar, genel eğilim bu tür sorulara teknik yanıtlar vermektir. Bu genellikle yanlıştır. Açık ve yalın olun: Konuyu ve ne hakkında konuştuğunuzu bildiğinizi gösterin, ama dinleyicilerin yüzde 80'inin anlayamayacağı bir dilden de konuşmayın.
- **ASLA SIKILMIŞ GÖZÜKMEYİN.** Mutlu gözükebilirsiniz, neşeli, üzgün, öfkeli ya da kuşkucu da gözükebilirsiniz, ama asla sıkılmış gözükmeyin. Dinleyicilerden birinin gözü size takılmış olabilir, bir fotoğrafçı o anda deklanşörüne basabilir ya da kameraman sizi çekiyor olabilir. Ne yazık ki diğer panelistler konuşup da ilginç olmayan şeyler anlattığında sıkılmamak elinizde olmayacaktır.
- **MODERATÖRE BAKMAYIN.** Başkana değil, dinleyicilere oynayın; dinleyiciler yüzünüzü yandan değil, cepheden görmek isterler. Zaten iyi bir başkan da ne kasıtlı olarak size bakar ne de sizinle göz teması kurmaya çalışır.
- **SOHBET EDERCESİNE KONUŞUN.** Evet, sahnedesiniz, ama değilmişsiniz gibi davranın. Yalnızca başkan ve diğer panelistlerle sohbet edin. Ahkâm kesmeyin ve sakın "konuşma yapmayın." Herkesle (dinleyicilerle bile) sohbet edercesine etkileşim kurun.
- **SORULMAK İSTENENİ YANITLAYIN, AMA KENDİNİZİ BUNUNLA SINIRLAMAYIN.** Örneğin eğer size "Dosya güvenliğini koruma sistemi önemli bir teknoloji midir?" diye bir soru yöneltilirse, sadece "hayır"la yetinmeyin. "Hayır, ama izin verirseniz asıl önemli olanı anlatayım," diyebilirsiniz. Çoğu panelist, iki aşırı uçtan birine kayar: Yalnızca soruyu yanıtlar ya da soruyla ilintisi olmayan bir yanıt verir.
- **ASLA "DİĞER PANELİSTLERİN SÖYLEDİKLERİNE KATILIYORUM" DEMEYİN.** Ya farklı bir şeyler söyleyin ya da yeni. Eğer diğer panelistler, söylemek istediklerinizin hepsini söylemişlerse (pek olası değildir), alçakgönüllü olun: "Söylenebi-

lecek her şey söylendi. Dinleyicilerimizin sabrına saygı gösterelim." Düşünceli görünmek, budala gözükmekten iyidir.

MİNİ BÖLÜM: TİŞÖRT TASARIMI SANATI

Kıvıracak bir şeyler arayan, işe gömleğinin kollarından başlamalıdır.

–Garth Henrichs

Bir şirket ya da ürünü dünyaya duyurmak için tişörtler yapmak Silicon Vadisi'nde bir gelenek halini almış ve 1980'lerin ortasında da Apple tarafından doruğuna çıkartılmıştır. Önce tişörtleri bastırıp dağıtır, ardından ürünümüzü açıklar, sonra geliştirmeye başlardık.

1997'de Garage'ı açtığımızda da ilk ürünümüz çocuklar için hazırlattığımız ve üzerlerinde "Ben küçük bir girişimciyim. En sevdiğim harfler de I, P ve O'dur" yazıyordu. Yüzlerce sattık —bunlarla e-ticaretin öncüsü olduğumuzu bile söyleyebilirim.

Bir marka oluşturmak ya da bir şeyler yaratmak isteyen birçok şirket de tişörtler bastırır. Ne yazık ki bunların çoğu çirkindir ve adeta "Bizler hiçbir işe yaramayan ucubeleriz!" diye haykırırlar. Açık konuşacak olursak, tişörtler marka yaratmanın önemli bir parçası değildir, ama gene de bir işi yapacaksanız doğru yapmak zorundasınızdır.

- **BEYAZ OLMAMALILAR.** İnsanlar çamaşır makinelerini kullanmaları gerektiği gibi kullanmadıklarından, beyaz çabucak griye dönüşür. Tişörtlerinizi beyaz yaparsanız, giyilme ömürlerini de ciddi biçimde kısaltmış olursunuz, çünkü insanlar rengi atmış giysileri giymekten hiç hoşlanmazlar.
- **YAZIYI MİNİMİZE EDİN.** Tişörtlerinizi hareketli birer bilbord olarak düşünün. Bilbordlara paragraflarca yazı yazılmaz. Altı ya da on sözcükten fazlasını kullanmayın. Garage için bastırttığımız tişörtün üzerinde şöyle yazıyordu: "Yeniyiz, dehşetiz, peşin çalışırız!"
- **BÜYÜK (ALTMIŞ PUNTO) FONT KULLANIN.** Bir şirket tişörtünün amacı, herhangi bir şeyi tanıtmaktır. Eğer on iki puntoluk font kullanırsanız, yazıyı kimse okuyamaz. Eğer bir tişörtün üzerindeki yazıyı 60-70 santimetre uzaklıktan okuyamıyorsanız, tasarımı yanlış demektir.
- **TASARIMA BİRKAÇ DOLAR HARCAMAKTAN KAÇINMAYIN.** Tişörtleriniz sanatsal olmalı. Eğer üzerlerine öylesine bir yazı yazmakla yetineceksiniz, hiç zahmet etmeyin. Bu, özellikle kadınların giyeceği tişörtler için geçerlidir. Tişörtleriniz cüretkâr ve de göz alıcı mı —öyleyse haydi! Ne de olsa önünde sonunda birer tişört.

- **ÇOCUK BEDENLERİ DE YAPTIRIN.** Bazı yetişkinler tişört giymezler —moda standartlarının altındadır (onlara bakınca bunu anlayamasanız bile). Bununla birlikte, çocukların ne giydiğine aldırış etmezler ve çocuklar da tişörte bayılır.

SSS

S. Reklam yapmalı mıyım, yoksa özellikle evangelizm, gürültü kopartmak ve kulaktan kulağa yayılmaya mı bağlı kalmalıyım?

Y. *Anatomy of Buzz* adlı kitabında Emanuel Rosen, reklam ile gerilla pazarlama arasındaki ilişkiyi çok güzel açıklar. Reklamın, markalaşmanın önemli bir parçası olduğuna tartışmasız inanmaktadır. Sıraladığı nedenler arasında gürültü yaratma sürecine atlarcasına girmek, tercih belirleyicilerin yüreğine erişmek, müşterilere güven aşılamak ve verileri sunmak yer almaktadır.[46] Konuyu reklamın gürültüyü nasıl tetiklediği ya da öldürdüğünü anlatarak sürdürür. Kitabı gerçekten satın almaya değer.

Eğer tek bir teknik seçecekseniz, gerilla pazarlamayı seçin. Ama eğer yeterli kaynağınız varsa, ikisini de kullanın.

S. Bir PR şirketine gereksinimim var mı? Ya da bir PR bölümüne?

Y. Gerek PR şirketi gerekse kendi içinizdeki bir PR bölümü için verilecek yanıt aynıdır. İşte size yapabilecekleri: sizi somut bir marka mesajı yaratmaya zorlamak; sizden önce varolan ilişkilerine dayanarak, size medya kapılarını açmak; toplantılar ve söyleşiler düzenleyerek prezantabl olduğunuzu göstermek; söyleşiler sonrasında size geribeslenim sağlamak; toplantı ve sunum becerilerinizi geliştirmenize yardımcı olmak. Bunlar da yapamayacakları: ikinci sınıf ürün ve hizmetleri alıp da bunlar hakkında sayısız yazı yazdırtmak; şirketi her zaman güzel göstermek; şirketin her daim berbat gözükmesini önlemek.

Bir de asla yapamayacakları var: dış iletişimlerin ve markalaşmanın "onaydan geçmesini" takip edecek sert polis olmak.

S. Evangelistlerime, yardımları karşılığında para ödemeli miyim?

Y. Hayır. Ürün ya da hizmetinizi para uğruna yaymıyorlar ki. Bunu, dünyayı daha yaşanası bir yer halinle getirmek adına yapıyorlar. Onlara verebileceğiniz en güzel üç karşılık ürün ya da hizmetinizi daha da iyiye götürmeniz, yığınla enformasyon ve belge sağlamanız ve onları herkesin önünde onurlandırmanızdır.

S. Bulunduğunuz bölgede bir marka oluşturmak mı daha önemlidir, yoksa hızla uluslararası arenaya çıkmak mı?

Y. Genel olarak, dışa açılmadan önce ürün ya da hizmetinizi —dolayısıyla da marka-

---

[46] Emanuel Rosen, *The Anatomy of Buzz: How to Create World-of-Mouth Marketing* (New York: Doubleday/Currency, 2000), 206-9.

nızı— yerel olarak yerleştirmelisiniz. Önce bulunduğunuz küçük bölgede sağlam bir marka kurmanız, ardından da birçok alana açılmanız daha yerinde olur.

Bununla birlikte, müşterileri dünyanın dört bir yanına dağılmış olan ürün ya da hizmetler de olabilir ve *müştereklik* de coğrafi değil, parametrelere dayalı bir olgudur. Buna da diyecek yoktur. Önemli olan, enginlere açılmadan önce derine inmenizdir —hangi parametre "derin" gözükse de.

S. Ya bir markalaşma konseptinin kalitesiz olduğunu hisseder ya da tam da marka kampanyasının orta yerindeyken yönümüzü değiştirmek istersek?

Y. Belki de kafanızı karıştıracak türden birkaç yanıt vereyim. Birincisi, ben "marka kampanyalarına" inanmam, bu bende markalaşmanın kısa vadeli bir proje olduğu izlenimini uyandırır.

İkincisi, kalitesiz olduğuna nasıl karar verdiniz? Yani logonuzdan, görüntüsünden ve hissettirdiklerinden, sloganından ya da mantrasından mı bıktınız? Bunu soruyorum, çünkü tipik olgu sizin bütün bunlardan bıktığınız dönem, aslında insanların tam da onları benimsedikleri andır.

Üçüncüsü, eğer gelir elde edemiyorsanız, o zaman derdiniz daha temelde, örneğin ikinci kalite ürün ya da hizmette demektir.

Dördüncüsü, eğer ürün ya da hizmetiniz temelde iyi ise ve siz gerçekten de kötü konumlanmış bir markaya sahipseniz, o zaman hiç durmayın değiştirin. Ürün ya da hizmetinizi satın alanlara, ne için var olduklarını sorun —bu genellikle etkili bir markalaşma için müthiş bir başlangıçtır.

OKUNMASI TAVSİYE EDİLEN KAYNAKLAR

Aaker, David. *Managing Brand Equity: Capitalizing on the Value of a Brand Name.* New York: Free Press, 1991.

Bedbury, Scott. *A New Brand World: 8 Principles for Achieving Brand Leadership in the 21st Century.* New York: Viking, 2002.

Borden, Richard. *Public Speaking—as Listeners Like It!* New York: Harper & Brothers, 1935. (Bu kitabın baskısı tükenmiş, ama ben Amazon.com'dan bir kopyasını bulabildim.)

Gladwell, Malcolm. *The Tipping Point: How Little Things Can Make a Big Difference.* Boston: Little Brown, 2000.

Nielsen, Jacob, et al. *E-Commerce User Experience.* Fremont, CA: Nielsen Norman Group, 2001.

Norman, Donald. *The Design of Everyday Things.* New York: Doubleday/Currency, 1988.

Ries, Al ve Laura Ries. *The 22 Immutable Laws of Branding: How to Build a Product or Service into a World-Class Brand.* New York: Harper Business, 2002.

Rosen, Emanuel. *The Anatomy of Buzz: How to Create Word-of-Mouth Marketing,* New York: Doubleday/Currency, 2000.

10. BÖLÜM

Yağmurculuk Sanatı

Kolay para kazanmayı bırakın da hayatınıza değecek bir şey üretmeye başlayın. Alıp satarak yaşamak yerine yaratın.

—Carl Fox (*Wall Street* filminden)

BİBİBF

Bir Kızılderili yağmurcusu çeşitli ritüeller ve büyüler kullanarak yağmur yağdıran insandır. İşe yeni atılanlar için ise yağmurcu, çok sayıda iş üreten insandır. Kızılderili büyücüleri gibi, girişimciler de kendi ritüel ve büyülerini yaratmışlardır.

Yeni başlayanlar için yağmurculuğu zorlaştıran iki unsur vardır. Birincisi, girişimcilerin bir ürün ya da hizmeti özel amaçlarla tasarlamalarına karşın, bunu kimlerin alacağını ve hangi amaçlarla kullanılacağını tam olarak bilmelerinin bir yolu yoktur. Bu yüzden de yağmurculuğun ilk adımı, söz konusu ürün ya da hizmetin 1.0 versiyonunu yapıp, meyvesini verip vermeyeceğini görmek için piyasaya sürmektir. Bu arada gözünüzü dört açmalısınız, yoksa kendinizi goril piyasasının ortasında buluverirsiniz.

İkincisi, yeni başlayanların ürün ya da hizmetleri, öyle hemen satın alınacak türden değildir. Tersine, küçük ve düşük sermayeli bir kuruluştan ürün ya da hizmet almak isteyen müşteri sayısı az olacağından, satılmaları şarttır. Bu yüzden de yağmurculuğun ikinci adımı, direnişi kırmaktır.

Başlamadan önce, sizlere ürününü kimlerin alacağını keşfeden ve direnişi de kırmayı başaran bir girişimcinin öyküsünü anlatmak istiyorum. Bir keresinde Paris'teki bir mağaza, parfüm toptancısı Estée Lauder'in bir ürününü almayı reddetmişti. Öfkeden çılgına dönen Estée de bütün şişeleri mağazanın tabanına boca ediverdi. Ne mi oldu?

Mağazaya giren her müşteri, bu güzel kokunun ne olduğunu sormaya başladı. Bazen birkaç damla bile yağmur olup çıkabilir.[47]

BIRAKIN YÜZ ÇİÇEK AÇSIN

Bu deyişi Mao Tse Tung'dan çaldım, hem de Kültür Devrimi boyunca hiç uygulamamış olmasına karşın. İşe yeni atılanlar bağlamında, bu konseptin anlamı şu:

> Sayısız tohum atın. Kök salınca neye tomurcuklandığını izleyin. Sonra da o pazarı bereketlendirin.

Birçok şirket, hiç de niyet etmedikleri tomurcukların çiçek açmaya başladığını görünce neye uğradığını şaşırır. Hemen ürün ya da hizmetlerini, alıştıkları müşterilerin alışılmış biçimde kullanabilmeleri için, yeniden konumlandırmaya kalkışırlar. Bu baştan aşağı budalalıktır —taktik düzeyde, paraya bakın! Çiçekler tomurcuklandığında, göreviniz nereye ve neden tomurcuklandıklarına bakmak ve sonra da işinizi bu enformasyona göre ayarlamaktır.

İşte sizlere, girişimcilik yazarlığının duayeni Peter F. Ducker'ın kaleminden gözlerinizi açacak üç tomurcuklanmış çiçek örneği:

- Novocain'in bulucusu, onu hekimler için gelen bir anestezi aracı olarak öngörmüştü. Ne var ki hekimler onu kullanmayı reddedip geleneksel yöntemlerini uygulamakta ısrar ettiler. Buna karşılık diş hekimleri, hızla benimsediler ve bulucu hiç de öngörmediği bir piyasaya odaklandı.
- Univac, bilgisayarların ilk öncülerindendi. Ne var ki bilgisayarların biliminsanlarına yönelik bir aygıt olduğunu öngördüğünden, iş dünyasına sunmakta tereddüt etti. Buna karşılık IBM bilim dünyasına kilitlenip kalmadığından, ürününün iş piyasalarında da tomurcuklanmasına izin verdi. İşte bu yüzdendir ki IBM her evde tanınan bir marka olup çıkarken, Univac tarih kitaplarının sayfalarında kaybolup gitti.
- Bir Hint şirketi, destekleyici motoru olan bir Avrupa bisikleti imal etmek için lisans almıştı. Bisikletin kendisi başarısız oldu, ama şirket motor için çok sayıda sipariş geldiğini fark etti. Bu tuhaf gelişmeyi araştıran şirket, motorun bisikletten çıkartılıp tarla sulamasında kullanılan el pompalarına takıldığını keşfetmekte gecikmedi.[48]

---

[47] http://www.anecdotage.com/index.php?aid=14700'den bulabilirsiniz.

[48] Peter F. Drucker, *Innovation and Entrepreneurship: Practice and Principles* (New York: Harper & Row, 1985), 190-91.

Aşağıdaki matris, tomurcuklanan çiçekleri düşünmek için yararlı bir yol sunuyor. Çoğu şirket, sol üst köşede yer almayı ister. Oysa asıl faaliyet sağ alt köşededir. Bu nedenle, esnek ve öngöremediğiniz müşterilere ve kullanımlara da açık olun.

	ÖNGÖRÜLEN MÜŞTERİ	ÖNGÖRÜLMEMİŞ MÜŞTERİ
Öngörülen kullanım	Beklendiği gibi	Parlak (Örneğin: otomobil galerileri —yalnızca özel oto sahipleri değil— kullanılmış otomobilleri eBay'den satın alıyorlar.)"
Öngörülmemiş kullanım	Parlak (Örneğin: kadınlar Avon'un Skin So Soft'unu (cilt yumuşatıcısı) haşere kovucu olarak kullanıyorlar.)	Müthiş (Örneğin: çaylak bilgisayarcılar, Macintosh ile bültenler, dergiler yaratıp şekillendiriyorlar.)

GORİLİ GÖRÜN

Illinois Üniversitesi'nden Daniel J. Simons ile Harvard'dan Christopher F. Chabris, yağmur yaratan ilginç bir deneye girişmişlerdi. Öğrencilerinden, birbirlerine basket atan iki oyuncu ekibinin videosunu izlemelerini istediler. Öğrencilerin ödevi, ekiplerin kendi içlerinde kaç pas yaptıklarını saymaktı.

Daniel Simons ile Christopher Chabris'in video çekimlerinden bir kare. Video, Surprising Studies of Visual Awareness DVD'sinin parçası olarak, Viscog Productions, Inc. (www.viscog.com)'dan alınabilir. Copyright ©2003 Daniel J. Simons, 2003.

Videonun otuz beşinci saniyesinde, goril giysisine bürünmüş bir aktör oyuncuların arasına dalıyor ve dokuz saniye boyunca da göğsünü yumruklayarak görüntüde kalıyordu. Bu konuda soru sorulan öğrencilerin yüzde ellisinin gorili fark etmediği ortaya çıktı.[49] Asıl işleri olan pas sayısını saymaya dalan öğrenciler, bunun dışındaki olaylara karşı körleşmişlerdi.

Aynı fenomen kuruluşular için de geçerlidir: Herkes, düşünülmüş olan müşteri ve kullanımlara odaklandığından, beklenmedik çiçeklerin tomurcuklarını görmeyi başaramazlar. Önceki örneğimizde söz ettiğimiz Univac, bilimsel piyasalara odaklandığından, iş piyasasını görememişti —yani IBM'in tersine. Bu yüzden, bırakın yüz çiçek tomurcuklansın *ve* siz de beklemediğiniz çiçekleri toplayın —goril piyasaların ortasında— ve kendi yağmurunuzu kendiniz yağdırın.

SATIŞ YARATACAK DOĞRU YÖNTEMİ SEÇİN

Birçok girişimci, özellikle de teknik geçmişi olanlar, satışları yükseltmek için, reklam ve telepazarlama gibi geleneksel yöntemlere güvenirler. Bu güvenleri, büyük şirketlerden gelen "kanıtlanmış geçmişli" yöneticilerin de ekibe katılması durumunda desteklenme eğilimindedir.

Bu yöntemler, eğer insanlar işe yeni atılanların ürün ya da hizmetlerini *satın alıyorlarsa* işe yarayabilir. Bununla birlikte, yeni başlayanların ürün ya da hizmetlerinin satın alınmadığını, *satıldığını* da unutmamalısınız. Satışın yürümesi için, girişimcilerin kendi kredibilitelerini yerleştirmeleri ve yüz yüze kişisel bağlantılarını geliştirmeleri gerekir —bu da etkili bir satış yaratma yöntemiyle başlar.

New Client Marketing Institue'tan Henry DeVries, satış artırıcı yöntemler bulmasıyla tanınır. Satışı artıracak en etkili yöntemin ürünün tanıtılacağı küçük ölçekli seminerlerden geçtiğini —reklamlardan, telepazarlamadan, kalın broşürlerden ya da fuarlarda boy göstermekten değil— keşfeden de odur. İşte size en gözde beş yöntemi:

1. Küçük ölçekli seminerler düzenlemek.
2. Konuşmalar yapmak.
3. Yayın yapmak.
4. Proaktif bir şekilde çevre oluşturmak.
5. Endüstri organizasyonlarına katılmak.

Bulgularını her alana genellemek riskli olabilir, ama geleneksel düşüncenin tam zıddı oldukları kesindir ve yağmurculuk yapmaya kolları sıvadığınızda bunları da göz önünde bulundurmanız gerekir.

---

[49] Michael Shermer, "None So Blind," *Scientific American* (Mart 2004).

ANAHTAR KİŞİYİ BULUN

"Data Base Adminisitrator III." Bir karar verici için hiç de uygun bir ad gibi gelmeyebilir. İnsanın gözünde, içi teknik aygıt kılavuzları ile doldurulmuş bir odada öğlen yemeği niyetine Subway sandviçleri yiyen birini canlandırıyor.

Lisa Nirell, BMC Software'in yağmurcularından. Söz konusu Data Base Adminisitrator III (DBAIII), şirketine 400.000 dolar değerinde yazılım satışı getirdi. Telefonları susmak bilmeyen ve odasına tıkılmış bu DBAIII şirketine gelen en büyük siparişleri etkiledi. Başkan yardımcısının aklına ne zaman projeler ve tedarikçiler/taşeronlar ile ilgili bir şey takılsa, doğruca Bay DBAIII'ün odasına koşuyordu.

Büyük şirketlerde ne kadar yükselirseniz, oksijeniniz de o kadar azalır; oksijen azaldıkça da akıllı yaşamı desteklemeniz o kadar zorlaşır. Bu yüzden akıllılık büyük şirketlerin en çok alt ve orta kademlerinde rastlanan bir olgudur. İşte sizlere yağmurculuğun anahtar içgörüsü:

Unvanları bir yana bırakın ve gerçek anahtar kişileri bulmaya bakın.

Mantıksal olarak, bundan sonra sorulacak soru "Anahtar kişilerin kim olduklarını nasıl anlar ve onlara erişebilirim?"dir. Bunun yanıtını sekreterlere, yönetici yardımcılarına ve danışmadakilere sormalısınız —bu da bizleri bir sonraki noktaya taşır: aşağı indirgemek.

AŞAĞI İNİN

Şirketler ve insanlar hakkındaki pek çok kararımı, Apple ve Garage'daki iki müthiş yardımcıma danışarak verdim: Carol Ballard ile Holly Lory'ye. Şöyle sorular sorup dururdum ikisine de: "Bu adam hakkında ne düşünüyorsun?" ya da "Bu fikir hakkında ne düşünüyorsun?" Eğer yanıtları "Tam bir budala", "Çok kaba", "Egomanyak" ya da "Boş fikir" türünden olursa, söz konusu şirketin ya da insanın bizimle işi bitmiş olurdu.

Bir yardımcının benim üzerimde bu kadar etkisi olmasını saçma bulabilirsiniz *—Tabii ki Guy kuralın istisnasıdır. Çoğu olayda, yöneticiler her telefonu, her toplantıyı ve e-mektubu titizlikle inceleyip üzerinde düşünür, sonra da yardımcılarına ne yapılması gerektiğini söylerler.* Siz hayal görmeye devam edin! Size anlattığım, dünyanın nasıl döndüğüdür.

Yağmurculuk, sizin anahtar kişilerinizin ve karar vericilerin birikimlerini gerektirir. Bu da yüz yüze görüşme birikimi, telefon birikimi ya da hatta e-mektup birikiminden başka bir şey değildir. Ne var ki bu tür insanlar, satış elemanlarının bombardımanı altındadır —her birinin "büyük" bir ürün ya da hizmeti vardır. (Hiç kimse çerçöp satmak için sizi aramaz.)

Bu yüzden de anahtar kişiler ve karar vericiler, kendilerini yağmurculardan koruyacak elemanlar çalıştırırlar. Dilerseniz bunlara "şemsiyeler" diyebiliriz. Yağmur yağdırmak için, şemsiyeleri nasıl indireceğinizi bilmelisiniz Bunlar sekreterler de olabilir, yönetici yardımcıları ve hatta bazen DBAIII'ler bile olabilir. Aslında, bunları indirmek gözlerde fazla büyütülmüştür —bunların üstlerine ulaşmak ise, öncelikle şemsiyenin çıtaları arasından geçmezseniz işe yaramaz, bu nedenle okumaya devam edin de etkili bir indirmeyi nasıl yapacağınızı öğrenin.

- **ONLARI ANLAYIN.** Her birinin işinin, sizi erişimi gerçekleştirmekten alıkoymak olduğunu düşünebilirsiniz. Kendinize çok güvenmeyin. O kadar da önemli değilsiniz. Onların işleri, yöneticinin işini yapmasını sağlamaktır —zamanını boşa harcamasını önlemek işlerinin bir parçasıdır.
- **ONLARI SATIN ALMAYA KALKIŞMAYIN.** Satın alınmaktan —ya da daha doğru bir deyişle, satın alınabilecek biri gibi gözükmekten kimse hoşlanmaz, bu yüzden onlara rüşvet niyetine armağanlar göndermeyin. Onları kazanmanın yolu saygın bir sunum ve kaya gibi sağlam bir konumlandırma ve ardından da kurum içindeki her ilişkinizi saygı ve uygarlık çerçevesinde yürütmenizdir.

    Erişim (ister işe yarasın, ister yaramasın) kazandıktan *sonra* ise ilişkinizi bir e-mektup, el yazınızla yazacağınız bir not ya da göndereceğiniz bir armağanla pekiştirebilirsiniz. Pekiştirmenin en etkili yollarından biri de şemsiyenizi oluşturanların ilgisini çekecek bir makalenin fotokopisini yollamaktır. Ne yaparsanız yapın, ama teşekkürün her zaman için rüşvetten daha hoş olduğunu unutmayın.
- **ONLARLA EMPATİ KURUN.** Olasılıkla söz konusu insan, fazla para kazanmıyordur —hele de bir yönetici ile kıyaslandığında. Buna karşılık, gene olasılıkla, şemsiyenin işe katkısı yöneticininkinden fazladır. Şirketler, şemsiyelere düşük ücretler öderler, ama bu yüzden aşağılamanızı "kaldırmak zorunda olduklarını" da sanmayın.
- **ONLARDAN ASLA YAKINMAYIN.** Şemsiyeniz haksız olsa bile, asla bunu başına kakmayın ve ondan yakınmayın. Bunun getireceği ilk sonuç, yakınmanızın şemsiyenin bütün tellerine hemen ulaşması ve sizin de erişime veda öpücüğü kondurmanız olacaktır.

ATEİSTLERİN DEĞİL, AGNOSTİKLERİN PEŞİNE TAKILIN

Geleneksel kuram ve prosedürleri savunanlar, her zaman için sorunların çözüme erişmemiş yeni rakipler olduklarını düşünebilirler, ama onların gözünde ortada sorun yoktur.

—Thomas Kuhn

Yağmurculuk Sanatı

Yağmurculuğun kutsal kaselerinden biri de "referans müşteri"lerdir. Bu büyük ve prestijli bir müşteridir ve paranın olduğu kadar, kredibilitenin de kaynağıdır.

Seksenlerin ortasına dönersek, yazılım şirketleri alanındaki referans müşteriler yeni kişisel bilgisayarlarda Ashton-Tate (dBase) ile Lotus Development (Lotus 123)'u görürüz. Ah, bunların ürünlerini Macintosh'ta çalıştırabilmek... Macintosh'u geçerli kılabilecek olanlar da bunlardı. Ama bu olmayacaktı —olmadı da.

Tanım itibariyle, referans müşteriler başarılıdır ve yerleşmiştir. Genellikle statükonun yerleşikliğinden kazanırlar. Bu noktada bir sorun yatmaktadır: Eğer inovatif bir ürün ya da hizmetiniz varsa, bu müşteriler işinize en az yarayacak olanlardır. Çünkü iş, yeni bir dine geldiğinde, eskisine sımsıkı bağlı olduklarından ateist kesilirler.

Ne yazık ki, birçok yeni kuruluş bu müşterileri açma takıntısındadır —Apple'ın Ashton-Tate ve Lotus'la yaptığı gibi. Onları müşteri yapmak için ellerinden ne geliyorsa yaparlar, çünkü onların varlığı, Papa'nın kutsaması gibi bir şeydir.

Yanlış yapanlardan ders alın: Ateistlere boş verin. Onların yerine agnostikleri —hem sizin dininizi inkar etmeyen ve hem de ürün ya da hizmetinizin varlığı üzerinde en azından düşünmek isteyenleri— arayın. Eğer rüyalarınızdaki referans müşterinizin "işe yaramadığını" görürseniz, o zaman zararınızı olduğu yerde bırakıp başka yöne ilerlemeye bakın.

Agnostikler ya da "müşteri olmayanlar"[50] ya çok pahalı olduğundan ya da yeni sunulanları kullanmak beceri gerektirdiğinden, hiçbir şeyi kullanmayan insanlardır.

Örneğin, seksenli yıllardaki kişisel bilgisayarların tanıtım aşaması sırasında, insanların kişisel anabilgisayar ya da mini bilgisayar alabilecek güçleri yoktu. Olsaydı bile, belirli bir beceri gerektirmeleri yüzünden bu ürünlerin kullanımı zordu.

Bu nedenle, agnostikleri hoşnut edebilmek, ateistleri hoşnut edebilmekten daha kolaydır, çünkü onları daha önce yapamadıkları bir işe alıştırmanız daha kolaydır —yani ürün ya da hizmetinizi değiştirmekten kolaydır. Apple insanları nadiren Windows'tan kopartabilir (bütün o reklam kampanyalarına karşın), ama hayatlarında hiç kişisel bilgisayar kullanmamış olanlar için Macintosh yaşamlarını değiştirecek bir nesnedir.

Bir girişimciyi hiçbir şey agnostiklerle dolu bir piyasaya sızmaktan daha fazla heyecanlandıramaz.

MÜŞTERİ ADAYLARINIZI KONUŞTURUN

Bizlere görmemiz için iki göz, işitmemiz için de iki kulak veren doğa, konuşmamız için sadece bir tek dil vermiştir.

—Jonathan Swift

---

[50] (nonconsumers) Clayton Christensen ve Michael E. Raynor, *The Innovator's Solution* (Boston: Harvard Business School Press, 2003), 110-11.

Eğer bir müşteri adayınız, ürün ya da hizmetinizi almaya istekli ise, çoğu zaman size anlaşmanın tamamlanmasının ne kadar süreceğini de söyler. Böyle durumlarda bütün yapacağınız, susmak ve müşteri adayınızı konuşmaya bırakmaktır.

Süreç basittir: (a) soru sormanız için izin isteyin ve rahat bir ortam yaratın, (b) sorularınızı sorun, (c) yanıtları dinleyin, (d) notlar alın, (e) ürün ya da hizmetinizin gereksinimlerini nasıl karşılayacağını anlatın —ama gerçekten karşılayacaksa. Gene de çoğu insan bunu yapmayı başaramaz, çünkü:

- Yerinde sorular sormaya hazırlıklı değillerdir. Müşteri adayını tanımaları için, görüşme öncesinde araştırma yapmaları gerekir. Dahası, sanki yanıtını bilmiyorlarmış gibi gözükeceklerini düşünerek soru sormaya korkarlar.
- Çenelerini kapatamazlar, çünkü zorla sattıranlar okulundan gelmedirler: Müşteri adayım bunalıp da "evet" deyinceye kadar konuşurum. Belki çenelerini kapatabilirler, ama o zaman da dinleme zahmetine girmezler. (İşitmek için çaba gerekmez, dinlemekse öyle değildir.)
- Not tutmazlar, çünkü ya tembeldirler ya da anlatılanın önemini kavrayamazlar. Not tutmak güzel fikirdir, tıpkı "Sermaye Oluşturma Sanatı" adlı 7. Bölüm'de anlattığım gibi. Birincisi, konuları anımsamanıza yardımcı olur. İkincisi, karşınızdaki, söylediklerini yazmaya değer bulduğunuzu görmekten etkilenir.
- Ürün ya da hizmetlerinin, müşteri adaylarının gereksinimlerini karşılamak için verimli şekilde nasıl kullanılacağını yeterince bilmezler. Bu da bağışlanamaz.

Diyelim ki ürününüzün farklı birkaç yararı (özelliği değil!) var, örneğin para tasarrufu sağlıyor, zihin huzuru veriyor ya da insanları aydınlatıyor. Bu üç yararı sıralayın ve müşteri adaylarınızın tepkisini bekleyin. Bu size, ürününüzün hangi yararının müşteriye çekici geldiğini gösterecektir.

Eğer bir tepki almazsanız, müşteri adayınıza neyin ilgisini çekebileceğini sorun. O noktadan sonra, kulak kesilin, çünkü müşteri adayınız size leziz bir lokma sunmak üzeredir: "Bunu bana nasıl satarsın." İşin püf noktası müşteri adayınızı konuşturmak, onu dinlemek ve sonra da esnek olmaktır. Unutmayın: Siz satıyorsunuz, ama onlar almak zorunda değil. Eğer bir müşteriniz elinizdekini ona nasıl satacağınızı söylüyorsa, kulak kesilseniz iyi edersiniz.

DENEME KULLANIMLARINA İZİN VERİN

İşe yeni atılanların karşılaştıkları en zor engel, statükoya bağlılıktır. Genellikle insanlar, kullanıp yararlandıkları eski ürün ya da hizmetlerin yeterli olduğunu düşünürler: *Metin arayüzlü bilgisayarımla istediğim her şeyi yapabiliyorum. O halde neden grafik arayüzlü bir başkasını alayım ki?*

Yağmurculuk Sanatı

Bu, geniş kullanımı olan her ürünün yeterli olduğu anlamına gelmez —sadece müşteriniz öyle olduğuna inanıyordur. Bu nedenle, girişimcinin görevi, insanlara yeni bir şeye neden gereksindiklerini göstermektir. Bunun geleneksel yöntemi de insanları reklam ve promosyon bombardımanına tutmaktır.

Bununla birlikte, sayısız şirket de zaten aynı iddiayla piyasadadır: daha iyi, daha hızlı, daha ucuz! Ayrıca, yeni bir kuruluş olarak, olasılıkla kritik kitleye erişmenizi sağlayacak reklam ve promosyona yetecek paranız da olmayabilir.

Bu yüzden de yeni başlayanların, müşterileri çekmelerinin en iyi yolu, onlara ürün ya da hizmetlerini deneme olanağı tanımalarıdır. Temelde şöyle bir şeyler söyleyebilirsiniz:

- "Çok akıllı olduğunuzu görüyoruz." (Bu söz zaten sizi şimdiden çoğu kuruluştan farklılaştırdı bile.)
- "Sizi müşterimiz olmaya zorlamayı düşünmüyoruz."
- "Lütfen, ürün ya da hizmetimizi bir deneyin."
- "Kararınızı sonra verin."

Deneme, her iş için farklıdır. İşte size ne kadar geniş uyarlanabilirliği olduğunu gösterecek bazı örnekler:

- H. J. Heinz (2002 geliri 9,4 milyar dolar), 1893 Chicago Dünya Fuarı'nda salatalık turşusunun örneklerini bedava dağıtmıştı. Standı ziyaretçilerin az olduğu bir bölgede yer aldığından, standını ziyaret edeceklere bedava turşu armağan edeceğini belirten kuponları dağıtmaları için bir sürü çocuk tutmuştu.[51]
- General Motors, GM 24-Saat Deneme Sürüşü adlı bir program yaratmış ve bununla isteyenlerin otomobilleri akşam evlerine götürüp gerçek bir deneme sürüşü yapmalarına olanak vermişti. Bunun genelde bir bloküük sürüşe izin veren otomobil satıcılarını vurmasından doğal bir iş olamazdı.
- Salesforce.com, insanlara yazılımlarını kullanmaları için otuz günlük ücretsiz bir süre vermektedir. Bu denemenin güzelliği, bir kere bir şirketin bir ürünü hakkında böylesine bir enformasyona sahip olduktan sonra, veri girişlerinizi yapmış olacağınız için ondan kopabilme şansınızın düşük olmasındadır.

Ürün ve hizmetleriniz için geleneksel ve pahalı pazarlama yöntemlerinden vazgeçin ve deneme kullanımına bir deneme şansı tanıyın. Statükonun üstesinden gelmenin en iyi yolu da budur.

---

[51] Maggie Overfelt, "A World (Fair) Invention," *Fortune Small Business* (April 2003), 31.

GÜVENLİ VE KOLAY BİR İLK ADIM ATIN

Macintosh'u piyasaya sürerken Apple olarak yaptığımız hatalardan biri de enformasyon teknolojisi yöneticilerinden ellerindeki bilgisayarları atıp, onların yerine Macintosh almalarını istemek olmuştu. Onlardan istediğimiz koşulsuz inançtı. Bu teklifi yaptığımız şirketlerin sadece birkaç tanesinin olumlu yanıt vermesinin hiç de şaşırtıcı olmadığını neden sonra kavrayabildik.

Eğer yağmurcu olmak istiyorsanız, okyanusları kaynatmaya kalkışmayın. Tam tersine, müşterilerinize yalın, nazik ve kaygan bir uyarlama eğrisi önerin. Bunun anlamı, müşterilerinizden ürün ya da hizmetinizin işlerinin küçük bölümlerinde, sınırlı ve az riskli kullanmalarını istemenizdir:

- Bir coğrafi bölgede, örneğin bölge bürosunda
- Bir bölüm ya da fonksiyonda
- Bir projede
- Kısa bir deneme döneminde
- Bir destek faaliyetinde

Savaşın en zorlu bölümü, gerçekten de müthiş bir ürün ya da hizmet sunduğunuzu varsayarak kapıları çalmaktır. Şanslı iseniz, ürün ya da hizmetiniz müşteriyi hoşnut eder ve bu da daha geniş uygulamaları tetikler. Ne var ki işler nadiren böylesine yolunda gider, çünkü kapıları çalmak ne kadar zor ise, kullanımı sağlayarak yaymak da bir o kadar zordur. Gene de süreç, kapıları çalmakla başlar.

Mantık ve sezgilerinize ters gibi gözükebilir, ama müşterileriniz için bir de güvenli ve kolay *son adım* imkanı sağlamak zorundasınızdır —bu da müşterinizin sizinle ilişkisine son vermesini kolaylaştırmaktan başka bir şey değildir. Örneğin, DVD abone hizmetleri sunan Netflix'in müşterisinin abonelik hizmetini kesmesi için beş dakikalık dostça ve kolay bir süreci vardır. Bu da insanların, şirket ile son bir olumlu deneyim yaşamalarını sağlar.

Gerçekten de eski müşterilerinizin hakkınızda "Netflix bana göre değil, ne de olsa o kadar çok DVD izlemiyorum," demeleri "Aboneliğimi bozmak için telefonda bir saat boğuşmam ve kredi kartı şirketimle de üç ay savaşmam gerekti. Bir daha asla Netflix kullanmayacağım" demelerinden çok daha iyidir.

Dahası, Netflix'in ayrılma prosedürünün kolaylığının, eski müşterilerinin, birkaç hafta sonra Netflix'ten dostça bir e-mektup almalarının ardından yeniden abone olma isteklerini canlandırdığı gözlenmiştir.

REDDEDİLMEKTEN DERS ÇIKARTIN

Çözümün bir parçası değilseniz, çökeltinin bir parçasısınız demektir.

–Henry J. Tillman

Yağmurculuk Sanatı

Yağmurcular da reddedilirler. Aslına bakarsanız, belki de en sık reddedilenler en iyi yağmurculardır, çünkü onlar diğerlerinden daha çok sunum yaparlar. Bununla birlikte, iyi bir yağmurcu, reddedilişlerinden iki ders çıkartır: Birincisi, yağmurculuğunu nasıl geliştireceğini öğrenir; ikincisi de sakınması gereken müşteri adaylarını. İşte sizlere en sık rastlanan ret gerekçeleri ve bunlardan nasıl bir ders çıkartabileceğinizin listesi:

- **"BİZDEN BİRİ DEĞİLSİN. BİZDEN BİRİ OLMAYA ÇABALAMAYI BIRAK."** Böylesi bir reddedilmeyle genellikle herhangi bir şeyi baştan aşağı değiştirmeye çabaladığınızda karşılaşırsınız. Örneğin, Apple, Macintosh'u piyasaya çıkarttığında, Macintosh'larını enformasyon teknolojisi bölümlerine kabul ettirmeye çalışmıştı (ve de başarısızlığa uğramıştı). İnsanlar sizi reddettiklerinde, ya çevrelerinden dolanın ya da altlarından. Örneğin, Macintosh'larını grafik bölümlerine satmak Apple'ın yolunu açmıştı.
- **"VERİMLİ FONKSİYON GÖSTEREN BİR ORGANİZASYON DEĞİLSİNİZ."** Bu sözle karşılaşmışsanız şu ikisinden biri olmuş demektir: ya gerçekten verimli değilsinizdir ya da birisinin ayağına basmışsınızdır. Sunumunuzu ve insanlarla iletişim kurma yeteneklerinizi zorlayın ve hangisi olduğunu bulun. Eğer ikinci nedenle reddedilmişseniz, o zaman durumu nasıl düzeltebileceğinizi keşfedin.
- **"ANLAŞILMAZSINIZ."** Böylesi bir ret yanıtını genellikle gerçekten de anlaşılmaz olduğunuz zamanlarda alırsınız. O zaman işin temeline dönün: Jargonunuzdan vazgeçin, sunumunuzu baştan yazın ve bunun üzerinde pratik yapın. Bunun zahmetini göze almak zorundasınız —eğer "ürünümüze neden gereksindiğini kavrayacak kadar zeki" bir müşteri bulmak gereksinimindeyseniz, açlıktan ölürsünüz.
- **"SİZ BİZDEN DEĞİŞMEMİZİ İSTİYORSUNUZ, OYSA BİZ BUNU DUYMAK BİLE İSTEMİYORUZ."** Bu tür tepkilerle, genellikle yüksek yaşam düzeyleri olan ve değişmek için hiçbir neden görmeyen başarılı gruplara sunum yaptığınızda karşılaşırsınız. Bundan anlamanız gereken, doğru piyasada olduğunuz, ama yanlış müşterilerle görüştüğünüz olmalı ve alanınızda sıkıntısı olan müşteriler bulmalısınız.
- **"SİZ SORUNUNU ARAYAN BİR ÇÖZÜMSÜNÜZ."** Bunun anlamı, hâlâ değer önermenizin sınırları içinde olduğunuz, ve dışarı baktığınızdır. Uygun tepki ise, değer önermenizin dışına çıkıp (müşteriler gibi) içeri bakıncaya kadar değerler sıralamanızı değiştirmektir. Eğer dışardan bakmıyorsanız, gelin gerçeği konuşalım: Kim bilir, belki de gerçekten sorun arayan bir çözümsünüzdür.
- **"BAŞKA BİR ÜRÜNÜ (YA DA HİZMETİ) STANDARTLAŞTIRMAYA KARAR VERDİK."** Böyle bir karşılık aldığınızda, olasılıkla ürün ve hizmetiniz gerçekten ve gözle görülür biçimde daha iyi olmasına karşın, yanlış insanlarla görüşüyorsunuz demektir. Nihai müşterinize erişinceye kadar ne yapmanız

gerekiyorsa onu yapın. Eğer ürün ya da hizmetiniz gerçekten ve gözle görülür biçimde diğerlerinden daha iyi değil ise, kim bilir, belki o nihai müşteriniz de kapıcısından sizi def etmesini isteyebilir.

YAĞMURCULUK SÜRECİNİ YÖNETİN

Yağmurculuk bir kerelik bir olay ya da Tanrı'nın bir lütfü değil, bir süreç işidir. Onu ne bazı "satış taktiklerine" ne de şansınıza terk edemezsiniz. Bu da bir süreçtir; kurumunuzdaki bütün diğer süreçleri olduğu gibi, onu da yönetebilirsiniz. İşte sizlere bunu nasıl başarabileceğiniz konusunda bazı tüyolar:

- **HERKESİ YAĞMURCULUĞA TEŞVİK EDİN.** Günün birinde, mühendislerinizin ve mucitlerinizin odalarının duvarına yepyeni bir ürün ya da hizmet tasarısını astıklarını ve satış elemanlarınızın da bunu kapıp sattıklarını görebilirsiniz. Ama bugün, henüz o gün değildir.
- **ÖZEL MÜŞTERİLER İÇİN HEDEFLER BELİRLEYİN:** Anlaşmayı imzalayacaklarını umduğunuzda bunu yapın ve ayrıca haftalık, aylık ve çeyreklik satış beklentilerinizi hesaplayın.
- **TEMEL GÖSTERGELERİ İZLEYİN.** Herkesin, örneğin önceki ayın ya da çeyreğin satışları gibi, bir izleme göstergesi vardır. Yeni ürün fikri sayısı, telefonla aramalar ya da satışların gidişi gibi temel göstergeler de önemlidir. Bunlara bakarak nerde olduğunuzu anlamanız kolaydır —tabii nereye gittiğinizi görmeniz hem daha zor, hem de daha değerlidir.
- **GERÇEK BAŞARILARI KABUL EDİP ÖDÜLLENDİRİN.** Yağmurcularınızın kolayca gerçekleştirebilecekleri düşük öngörülerde bulunmasına meydan vermeyin. Hedefleri kabul edip ödüllendirmeyin —hedeflemek kolay, yağmurculuk zor iştir.

Eğer yağmurculuk sürecini yönetmiyorsanız, o zaman işe "Tahminlerimiz muhafazakardır"la başlarsınız. Altı ay sonra söyleyip söyleyebileceğiniz "Satışlarımız beklentilerimizden yavaş gidiyor," olacaktır. Bundan daha üzücü bir şey de olamaz.

SSS

S. Büyük şirketlerde, ilk uygulayıcıları ve risk üstlenicileri nerede bulurum?

Y. Bu soruya genel bir yanıt vermek zor. Bu tür insanları nerede *bulamayacağınızı* söylemek daha kolay: en üst düzeylerde. Öyleyse, bırakın bu tür şirketlerde yüz çiçek tomurcuklansın —ilk uygulayıcıları önyargılarınıza dayanarak bulmak gibi takıntılardan da vazgeçin.

S. Karşımızda bir yağmurcu tutma fırsatı var, ama adam önemli ölçekte hisse senedi opsiyonu, artı yılda 150.000 dolar, artı masrafları için de fazladan 75.000 dolar istiyor. Bu da bizim fuar ve reklam bütçemize ek yük getiriyor. Alalında isim yapmış ve bizden önce çalıştığı şirkete yılda 16 milyon dolarlık satış getirmiş biri ve onu almamızın gelir artışı yönünde atılmış mükemmel bir adım olacağını söylüyor. Neden imalatçıların temsilcileriyle yola devam etmeyip de onu tutmalıyız?

Y. Yağmurcular pahalı adamlardır, ama başarırlarsa buna değer. Eğer sizden dünyayı istiyorsa —zaten senaryonuzdan da böyle anlaşılıyor— ona alacağı sonuçlara bağlı bir ödeme planı sunun. Ben olsam, daha işin başındayken bütün istediklerini önüne sermezdim.

OKUNMASI TAVSİYE EDİLEN KAYNAKLAR

Cialdini, Robert. *İknanın Psikolojisi.* İstanbul: MediaCat Kitapları, 2008.

Coleman, Robert E. *The Master Plan of Evangelism.* Grand Rapids, MI: Spire Books, 1994.

Moore, Geoffrey. *Crossing the Chasm: Marketing and Selling High-Tech Products to Mainstream Customers.* New York: Harper Business, 1999.

YÜKÜMLÜLÜKLER

11. BÖLÜM

Adam Olma Sanatı

Adamlığın gerçek ölçütü, insanın kendisine hayrı dokunmayanlara nasıl davrandığıdır.

—Samuel Jackson

BİBİBF

Bu bölümde sizlere "adamlığa" nasıl erişileceğini açıklayacağım. *Adam olmak*, erdemli, terbiyeli ve takdire şayan insanlar için kullanılan bir deyimdir. Bu sıfat, bir insanın görüşlerine önem verdiği başkaları tarafından onurlandırılabileceği en yüksek payedir.
Bu başlığı iki nedenle kitabıma aldım:

- Her kişi ve kuruluş, toplumun daha geniş bağlamı içinde yer alır. Topluma zarar vermek pahasına kendinizin ya da kurumunuzun çıkarına yaptıklarınız hiç hoş karşılanmaz.
- Eğer gerçek anlamda büyük ve kalıcı bir kurum yaratmak istiyorsanız, çalışanlarınız için en yüksek etik ve moral değerlerden oluşan bir standart saptamalısınız. Tanımından da anlaşıldığı üzere "adam gibi adam" da bu iş için mükemmel bir örnektir.

Adamlığın üç temeli, birçok insana doğru olanı yapmakta ve kazandıklarının karşılığını topluma geri ödemesinde yardımcı olur —bunlar, uygulanması oldukça zor, ama yalın konseptlerdir.

EDEBİLDİĞİNİZ KADAR ÇOK İNSANA YARDIM EDİN

Cennet'e erişmek için sadece Tanrı'yı tanımak yeterlidir, ama bazı kuramlara göre, Cennet'e gittiğinizde de farklı "sınıflar" ile karşılaşırsınız. Gelin biz bunlara "katmanlar" diyelim (daha iyi bir analoji adına): ekonomik, iş adamı ve birinci sınıf. (Cennet'te işler böyle yürümüyor olabilir, ama mademki biz dünyadan söz ediyoruz, o zaman neden olmasın?)

Yani tıpkı uçaklarda olduğu gibi, çarpıcı soru: *Nasıl ederim de bir üst sınıfta yolculuk yapabilirim?* Bu dünyada istediğiniz yere erişebilmeniz için, eski defterlerinizin de karıştırılacağını bilirsiniz, o zaman ne kadar çok insana yardım ederseniz, bir üst sınıfa geçmeniz de o kadar kolaylaşır.

Yardım edilmesi en kolay insanlar, günün birinde gereksininiz olacağını düşündükleriniziz. Ne yazık ki bundan kazanacağınız puanlar daha az değerlidir, çünkü motivasyonunuz saf değildir. Çoğu insan da bunu bile yapmak zahmetine bile girmez.

Asıl büyük ve aynı zamanda "adam" ile "iyi herif"i ayırt eden puanları ise size yardım edemeyecek olanlara yardım etmekle kazanırsınız. Karmik öğreti saflığının aşağıdan yukarı düzeni içinde, bu tür insanlara yardım etmeniz için üç neden vardır:

- Asla bilemezsiniz —belki günün birinde onlar da size yardım etmeyi başarabilirler.
- Kazara benim kuramım doğru çıkarsa düşüncesiyle, karmik puanlar topladığınızdan emin olmak isteyebilirsiniz.
- Bu tür insanlara yardım etmekten gizli bir haz alabilirsiniz.

Birinci neden sizlere ekonomik sınıfta girme hakkı getirecektir. İkincisi sizi iş adamı sınıfına sokar. Üçüncüsü ise sizlere Singapur Havayolları'nın birinci sınıfında, yumuşacık yatağı andıran ve dizüstünüz için bir prizi ve uçuş sırasında internet kullanırken gürültüyü kesen kulaklıkları bile olan koltuklarında yolculuk hakkı kazandırır.

Neyse ayrıntılara inmeyi bir yana bırakalım. Bir "adam" başkalarına ister bu yaşamı, ister bir sonraki yaşamı için yardım edebilir. Zaten başkalarına yardım etmek kadar güzel de pek az mutluluk tadabilirsiniz.

DOĞRU OLANI YAPIN

Doğru olanı yapmak, adamlığın ikinci sacayağıdır. Bunun anlamı ise engebeli, bazen de çok zorlu bir yola girmektir. İşte size üç örnek:

- **ANLAŞMALARIN RUHUNU GÖZLEMLEYİN.** Bir yatırım bankası, şirketinize bir alıcı buluyor, uygun fiyat pazarlığında yardımcı oluyor ve alışverişi tamamlıyor. Ne var ki alışveriş, yükümlülük anlaşmasının süresinin dolmasından bir ay

sonra gerçekleşiyor ve bu gecikme yüzünden kaybınız 500.000 dolar. Gene de bankaya parasını ödüyorsunuz. Hem de memnuniyetle.
- **NE ALDIYSANIZ ONUN KARŞILIĞINI ÖDEYİN.** Bir kuyumcusunuz ve imalatçısından yüzük sevkıyatı aldınız. İmalatçının size on dört ayar altın üzerinden fatura yolluyor, ama yüzükler on sekiz ayar. İmalatçıyı arıyor ve hatasını söylüyorsunuz.
- **ÖNEMLİ OLANA ODAKLANIN.** Çaylaklar hokey ligindesiniz. Mevsimin ortasında durumunuz 8-0, ikinci en iyi takımınki 4-4 ve sonuncununki ise 0-8. En iyi oyuncularınızdan bazıları, son sıradaki takımın oyuncularıyla takas edilmek istediklerini söylüyorlar.[52] Aslında herkes için önemli olan, şampiyon olmak değil, eğlenmektir.

Adam olan doğru olanı yapar —kolay olanı değil, yararlı olanı değil, para tasarrufu sağlayanı değil ya da vurup kaçarım dedirteni değil. Doğru doğrudur, yanlış da yanlış. Yaşamın olmazsa olmaz mutlakları vardır ve adam olanlar da bu gerçeği özümseyip örnek olurlar.

KAZANDIĞINIZIN KARŞILIĞINI TOPLUMA GERİ ÖDEYİN

Adamlığın son sacayağı, kazandığınızın karşılığını topluma geri ödemenizdir. Bu durumda bir adamı, sermaye kârlarına aldırmayan bir yatırımcı olarak da düşünebilirsiniz. Adam olanın amacı, parasına para katmak değil, toplumdan aldıklarının karşılığını topluma geri ödemektir.

Tabii ki bu adam olanın zengin olduğu demek değildir. Aslına bakarsanız para genellikle adam olmayanlara geri döner. (Eğer Tanrı'nın para hakkında ne düşündüğünü anlamak isterseniz, kimlere verdiğine bakın!)

Adam, topluma aşağıdaki armağanlar karşılığında aldıklarını geri vermek isteyen insandır:

- aile ve dostlar
- manevi tatmin
- sağlık
- güzel bir çevre
- ekonomik başarı
- arada bir de üst üste üç sayı yapabilmek

Kazandıklarınızın karşılığını topluma geri ödemek için birçok "ödeme birimi" vardır. Para vermek, bunlardan yalnızca biridir —diğerleri arasında zaman vermeyi, ustalık

---

[52] Sadece karmik skor levhasının nasıl çalıştığını göstermek için yazıyorum, sonuncu sıradaki takım, mevsimi şampiyon olarak kapatıyor.

vermeyi ve duygusal destek vermeyi sayabilirim. Adam dediklerimiz, bu ödeme birimlerini mutlulukla başkalarına verenlerdir. Buradaki anahtar "kazandığının karşılığını geri ödemek"tir —yani bir karşılık bekleyerek *ileri* ödemenin tam tersi.

ALIŞTIRMA

Yaşamınızın sonuna geldiniz. İnsanların sizi anımsamalarını istediğiniz üç şeyi yazın:

1.

2.

3.

SSS

S. Başarımın aklımı başımdan almasını önlemek için ne yapabilirim?

Y. Bu açıdan hastalık ile ölüm birebirdir. İkisi de ne zenginliğinize aldırış ederler ne de ünlü ya da güçlü olmanıza. Hasta ya da ölmüş olursanız da ne zenginliğin ne de ün ve gücün önemi kalır. Size tavsiyem, kendinizi yenilmez hissettiğinizde, bir saniye içinde "hastanedeki en zengin kişi" ya da "mezarlıktaki en zengin kişi" olup çıkabileceğinizi hatırlatın, aklınız hemen başınıza geliverir.

S. Her defasında "müşterime yeni bir yük bindiriyorum" duygusuna kapılmadan nasıl olur da satış telefonları edebilir ya da iş anlaşmaları imzalayabilirim?

Y. Eğer müşterinin gereksindiği bir şey satıyorsanız, asla böyle bir duyguya kapılmamalısınız. Eğer böyle hissediyorsanız, o zaman da her ne satıyorsanız satmayı bırakın —ya da gereksinen insanları bulup onlara satın.

S. Başkalarını da düşünmek ve hayırsever olmak, iş kavramının etiğine —yani para kazanmaya— aykırı olmaz mı? Olası bir yatırımcı, bunu hissederse, benim ya yufka yürekli ya zayıf ya da yetersiz bir işadamı olduğumu düşünmez mi?

Y. Eğer olası yatırımcınız öyle hissedecekse, bu sizin değil, onun sorunudur. İyilik etmek de iyi iş yapmak da tamamen doğrudur. İkisinin birbiriyle çelişmeleri gerekmez. Bununla birlikte, kendi hayırseverlik nedenlerinizin yatırımcılarınızınkilerle aynı olduğunu varsaymayın. Üstelik kendi kaynaklarınızla hayır işleri yapıyorsunuz, başkalarınınkilerle değil.

S. Ya tersi olur da yardımsever ve olumlu olmama rağmen birilerine saldırmam gerekirse?

Y. Ben de eskiden böyleydim. Neyse ki, yaşlandıkça, çenemi kapatmayı (ya da e-mektup yollamamayı) ve omuz silkip yoluma devam etmeyi öğrendim.

S. Çevremdekiler her an benden uzman olarak akıl istiyorlar, ama bu benim asıl yapmam gereken işimi engelliyor. Ne yapmalıyım?

Y. Oturup bir kitap yazın ve akıl isteyen herkese de gidip onu satın almalarını söyleyin.

OKUNMASI TAVSİYE EDİLEN KAYNAKLAR

Halberstam, Joshua. *Everyday Ethics: Inspired Solutions to Real-Life Dilemmas.* New York: Viking, 1993.

Sonsöz

*Kitaplar, kendi çaplarında iyidir, ama yaşamın ancak
cansız ve güçsüz birer ikamesi olabilir.*

—Robert Louis Stevenson

Kitabımı okuduğunuz için teşekkürler. Bu kitap sizler için hem zaman hem de para yatırımıydı. Dilerim ki karşılığında sizler de dünyaya nasıl anlam yükleyeceğiniz ve onu nasıl değiştireceğiniz konusunda bir içgörü kazanmışsınızdır.

Ayrıca, hepinizle günün birinde tanışmayı da dilerim. Eğer kitap yanınızda olursa, bana üzerine yazdığınız notları, altları çizilmiş satırları ya da köşeleri kıvrılmış sayfaları gösterirsiniz. Bir yazar için kitabının ciddiyetle "kullanıldığını" görmekten daha büyük bir haz olamaz.

Zaman zaman lütfen www.artofthestart.com sitesine girin, çünkü bendeniz kullanabilmeniz için örnekler ve başka kaynaklar da yüklemiş olacağım.

Evet, çok zamanınızı aldım. Şimdi mikroskoplardan uzaklaşıp teleskopların başına geçin ve öyle devam edin.

Guy Kawasaki
Palo Alto, California
Kawasaki@garage.com